변화하는 한국유권자 4

이 책은 환경보호를 위해 재생종이를 사용하였으며
간행물윤리위원회가 인증하는 녹색출판 마크를 사용하였습니다.

EAI 여론분석시리즈 ⑥
변화하는 한국유권자 4

지은이 이내영 · 임성학 공편
발행자 이홍구
발행처 (재) 동아시아연구원
편 집 정원칠 · 신영환
디자인 유정화
발행일 2011년 2월 14일

주소 서울 중구 을지로 4가 310-68 삼풍빌딩 909호
전화 02-2277-1683 (代)
팩스 02-2277-1684
홈페이지 www.eai.or.kr

등록 제2-3612호 (02.10.7)

값 15,000원
ISBN 89-92395-13-7 (93340)

변화하는 4
한국유권자

패널조사를 통해 본 2010 지방선거

이내영 · 임성학 공편

EAI

Changing Korean Voters 4
Analysis of the 2010 Korean Local Election Panel Studies

| 서문 |

2010년 6·2 지방선거에서는 2006년 5·31 지방선거 당시 한나라당이 싹쓸이했던 수도권에서 민주당이 예상 외의 약진을 한 반면, 한나라당은 기초단체장과 지방의회는 물론 교육감 선거에서 전국적으로 참패하였다. 그 결과 이전까지 한나라당이 장악했던 지방권력이 상당 폭 민주당으로 이동하여 지방권력의 균점화가 이루어졌다. 역대 지방선거에서 집권여당은 국민들의 견제심리로 고전해왔다는 점을 감안하면 6·2 지방선거에서 한나라당이 고전하고 민주당이 약진한 것이 예상 밖의 결과는 아니다. 그러나 선거 직전까지 대통령 국정지지도가 50퍼센트 가까이 되었고, 여당지지도 역시 야당에 비해 높았기 때문에 여당견제론의 위력은 제한적일 것이라는 전망이 제기되었었다. 또한 주요 신문과 방송사의 선거전 여론조사와는 매우 상이한 표심이 투표장에서 표출되었기에 여당으로서는 그만큼 패배의 충격이 컸다. 이러한 결과가 나타난 주요 이유로는 현 정부 여당의 국정운영 방식에 대한 불만과 세종시수정안, 4대강사업 등 핵심 정책에 대한 비판여론, 젊은 세대의 야당에 대한 압도적 지지, 천안함사건으로 인한 안보 불안의 증대, 이전 지방선거에 비해 높아진 투표율 등이 복합적으로 작용한 것으로 보인다.

한나라당의 참패와 민주당의 약진이라는 선거 결과 이외에도 2010년 지방선거 과정에서는 흥미롭고도 중요한 쟁점과 새로운 현상들이 부각되었다. 우선 3월 26일 해군 초계함인 천안함이 침몰하는 사건이 발생하면서, 안보이슈가 선거의 주요 쟁점으로 부각되었다. 이전 선거에서 북한에 의한 도발이나 안보 불안이 증대할 경우 보수성향의 유권자들을 결집시키는 소위 '북풍' 효과가 나타났지만, 6·2 지방선거에서는 천안함사건의 책임과 대응방안을 둘러싸고 한국사회가 첨예하게 갈라지면서 야당지지자들을 결집시키는 결과를 가져왔다. 이 밖에도 6·2 지방선거에서는 무상급식에 대한 논란이 중요한 쟁점으로 부각되었다. 민주당이 초중교에서의 무상급식 실시를 공약하면서 복지이슈가 선거의 쟁점으로 등장하였다는 점에서 의미가 크다. 또한 6·2 지방선거 결과에 영향을 미친 핵심 요인으로 주목해야 할 점은 젊은 세대와 나이 든 세대의 투표 성향이 뚜렷하게 갈라지는 세대균열이 부활했다는 점이다. 2002년 대선에서 노무현 대통령의 승리에 기여했던 세대균열이 6·2 지방선거에서 다시 등장한 이유가 무엇이며, 이러한 세대균열이 지속될 것인가의 여부는 향후 한국의 선거정치에 지속적인 영향을 미칠 수 있는 쟁점이다. 마지막으로 6·2 지방선거에서 등장한 흥미로운 현상은 선거 전 실시한 여론조사와 실제 투표결과가 상당한 차이를 보이면서 선거 여론조사의 문제점과 보완책에 대한 논의가 광범위하게 제기되었다는 점이다. 선거여론조사의 예측실패에 대해서는 유권자의 물밑여론을 포착하지 못한 여론조사 기법과 표본추출의 문제점에 기인한다는 비판이 있는 반면, 유권자들이 선거 막바지에 급격하게 야당후보에 대한 지지로 선회한 표심변화의 결과라는 해석도 제기되었다.

  동아시아연구원(East Asia Institute: EAI) 여론분석센터는 급변하는 한국 유권자의 투표 행태와 한국 선거의 역동성을 보다 과학적이고 실증적으로 추적하기 위해 2006년 5·31 지방선거부터 패널조사 방식을 도입하여 선거과정과 결과를 면밀히 분석하였다. 이런 노력의 결과로 《변화하는 한국유권자》시리즈가 탄생하게 되었고, 첫 번째 책으로 《변화하는 한국유권자 : 패널조사를 통해 본 5·31 지방선거》가 2007년에 출판되었고, 《변화하는 한국유권자 2 : 패널조사를 통해 본 2007 대선》이 2008년에, 《변화하는 한국유권자 3 : 패널조사를 통해 본 18대 국회의원선거》가 2009년에 나오게 되었다. 이 책은 《변화하는 한국 유권자》 시리즈의 네 번째 책이다.

  EAI 여론분석센터가 한국의 주요 선거에서 패널조사라는 새로운 방식을 도입하여 지속적으로 자료를 수집하고 이를 바탕으로 꾸준히 연구성과를 낼 수 있었던 것은 학계와 언론계, 그리고 여론조사 전문기관의 유기적 협조가 있었기에 가능했다. 정확하고 과학적인 조사와 중요한 쟁점과 변화의 요인을 찾기 위해 EAI는 SBS, 중앙일보, 한국리서치와 공동으로 연구분석팀, 언론보도팀, 조사연구팀을 구성하고 연구를 진행시켰다. 이번 지방선거 패널조사 연구분석팀에는 이내영(연구팀장, EAI 여론분석센터 소장, 고려대), 강원택(서울대), 권혁용(고려대), 김성태(고려대), 김민전(경희대), 서현진(성신여대), 유성진(이화여대), 이우진(고려대), 이현우(서강대), 임성학(서울시립대), 지병근(조선대), 서상민(EAI), 이곤수(EAI), 정원칠(EAI), 정한울(EAI), 언론보도팀은 신창운(중앙일보), 현경보(SBS), 조사연구팀은 김춘석(한국리서치 연구2부장), 임석빈(한국리서치 과장)으로 총 19명이 참여하였다.

 주요 지역 판세변화 및 선거결과 예측을 위해서 지역패널조사와 중앙정치 및 차기 권력이동에 미치는 영향 분석을 위해 전국패널조사를 같이 실시하였다. 지역패널조사에서는 이번 지방선거에서 선거의 흐름을 좌우하면서 각 지방을 대표할 수 있는 지역으로 서울/경기/전북/충남/경남을 선정하여 세 차례 조사하였다. 전국단위 패널조사는 선거 전과 후 2회를 실시하여 대선 후 유권자들의 정치적 태도 변화, 현 정부 후반기 집권전략, 2012년 권력재편에 미칠 파장을 살펴보았다. 이번 지방선거 패널조사의 주요 결과들은 공동기획 기관인 SBS와 중앙일보를 통해 네 차례에 걸쳐 보도되어 좋은 반응을 얻었다.

책의 구성과 주요 내용[1]

먼저 한국리서치 김춘석 부장은 총선패널조사의 방법과 운용에 대해 자세히 기술하고 있다. EAI · SBS · 중앙일보 · 한국리서치는 2006년 지방선거도 패널조사를 실시하였고 2010년 지방선거도 패널조사를 실시하여 한국 선거 연구에 새로운 방향을 제시했다고 할 수 있다. 패널조사는 선거과정 속에서 변화하는 민심을 추적하고 그 원인을 파악할 수 있다는 장점이 있지만 높은 비용 때문에 실시되지 못하고 있었다. 이번 패널조사는 2006년 조사와 동일하게 지역패널조사와 전국패널조사로 이원화하여 진행했지만 지역패널조사 대상지역을 네 개에서 다섯 개로 확대하였다. 지역패널조사는 투표 전 2회와 투표 직후 1회 등 총 3회를 실시하였고, 전국 패널조사는 투표 전 1회와 투표

---
[1] 각 장의 논문을 요약하면서 본문의 내용을 그대로 쓴 경우도 있음을 밝힌다.

직후 1회, 총 2회 조사를 실시하였다. 이번 패널조사의 의의는 다음과 같다. 먼저 두 번의 지방선거 패널조사를 통해 지방선거 시기별로 유권자의 표심과 특성을 파악하고 해당 선거 시기 표심 및 표심 변화의 이유를 실증적으로 확인할 수 있었다는 점이다. 둘째, 전국과 지역 패널조사를 병행하여 지역별 유권자 표심과 전국단위에서 유권자의 인식을 동시에 살펴볼 수 있었다. 세 번째, 2006년 이후 전국 단위 모든 선거를 대상으로 패널조사를 실시하여 패널조사를 소개하고 패널조사 발전의 토대를 닦았다는 점이다. 그러나 조사과정에서 차후 연구를 위해 개선해야할 점도 발견되었다. 무엇보다도 패널조사 자료의 질을 좌우하는 패널유지율을 적정선 이상으로 유지하는 것이 중요한 과제로 부각되었다.

제1부는 제5회 지방선거의 주요 쟁점과 투표행태를 다루었다. 먼저 이번 선거에서 가장 이슈가 되었던 '천안함사건'과 지방선거의 관계를 강원택 교수가 살펴보았다. 일반적으로 이명박 정부의 중반에 선거가 치러지는 만큼 정부 여당에 불리할 것으로 생각되었지만, 천안함사건이라는 남북한 및 안보이슈가 중요한 쟁점으로 떠올라 여당에 유리하게 작용할 것이라는 예상이 많았다. 일종의 '북풍'(北風)효과로 인해 보수적이고 친미반북적인 한나라당이 선거에서 유리할 것이고 이런 안보이슈를 정부 여당이 적극적으로 이용하고 있다는 야당의 비판이 제기되었다. 그러나 이런 예상과 달리 천안함사건은 과거 북풍과는 다르게 작동하였다. 한나라당의 예상과 달리 천안함사건은 실제로 다른 이슈들에 비해 큰 주목을 받지 못했다. 또한 과거의 북풍은 보수적이고 여당 성향의 유권자들을 결집하는 데 효과적이었다면 이번에는 반대로 야당지지자들을 오히려 결집시키는 결과를 가져왔다. 이번 사례는 국민들이 천안함사건과 같은 안보이슈보다는 실생활과 관련된 이슈, 특히 양극화해소, 경제성장, 국민 통합 등에 더 많은 관심을 가지고 있으며 이런 국민들의 요구에 잘 대응하지 못한 것이 선거 패배의 원인이라고 할 수 있다.

6·2 지방선거에서 나타난 분할투표의 유형과 원인에 대해서는 지병근 교수가 작성하였다. 8개의 선거가 동시에 진행된 지방선거에서 유권자들은 일관투표(straight-ticket voting)하였는지 혹은 분할투표(split-ticket voting)를 하였는지를 살펴보고 이런 투표 행태가 나타난 원인을 찾아보았다. 패널조사 자료를 분석한 결과 광역단체장선거와 광역비례대표의원선거에서 조사된 분할투표의 규모는 일관투표를 포함한 전체 투표에서 약 35퍼센트로 나타나 적지 않은 분할투표가 있었다는 사실을 밝히고 있다. 특히 상당한 규모의 분할투표가 거대 정당인 한나라당과 민주당 사이에서 나타났으며 이는 양당의 정책균형을 국민이 바라고 있다고 해석한다. 이런 분할투표 결정에 영향을 미치는 다양한 요인들의 분석을 통해 이념적으로 보수적일수록, 연령이 높을수록 그리고 영남지역의 유권자일수록 분할투표를 하지 않는다는 사실을 보여준다. 또한 한나라당에 대한 선호도가 높을수록 광역단체장과 광역비례대표의원선거에서 일괄투표 가능성이 높은 반면, 민주당에 대한 선호도가 증가할수록 분할투표 가능성이 높아진다는 점도 제시하고 있다.

이번 지방선거에서 나타난 부동층(floating voter)의 특성과 투표 행태에 대해서는 유성진 교수가 작성하였다. 이 장은 6·2 지방선거에서 나타난 유권자들의 의사결정이 변화하였는가 아니면 고정적이었는가를 살펴보고 이들 중 특별히 큰 변화를 보이는 유권자들에 대해 분석하였다. 유권자의 투표 행태에 변화를 준 중요한 요인들은 무엇이며 이런 변화는 지방선거 결과에 어떠한 영향을 미쳤는가를 살펴보는 것이 이 장의 목적이다. 또한 이런 부동층은 한국정치에서 어떠한 의미를 가지는지를 평가하고 있다. 지역적 편차는 있지만 지지후보를 변경한 응답자의 비율이 높게 나타났고 이는 많은 유권자들이 선거기간 동안에 자신들의 행태를 바꾸고 있다는 점도 알 수 있었다. 이런 부동층을 지지정당과 연령으로 구분해 분석한 결과 정당일체감이 낮은 무당파의 변화가 가장 심했다. 민주당보다는 한나라당 지지자의 변화가 적어 상대적으로 견고한 지지층을 형성하고 있는 것으로 조사되었다. 정당일체감이 낮고 이슈에 대한 반응이 빠른 젊은 층의 부동성향이 강할 것으로 예상했는데 결과도 예상에서 벗어나지 않았다. 유권자들의 지지후보 변경의 원인으로 후보요인이 가장 중요했고 이 중 후보에 대한 기대감이 결정적이었다. 부동층들이 선거 등 정치에 더 무관심한 것으로 나타나 부동층의 증가는 한국 민주주의에 부정적인 영향을 미칠 수도 있지만 선거의 장에서 중요한 행위자로 남아 선거 결과에 영향을 줌으로써 반응성을 높일 수도 있다는 점에서 긍정적인 효과를 기대할 수 있다고 지적한다.

대통령의 지지도와 지방선거의 결과에 대한 정한울 EAI 선임연구원의 분석은 50퍼센트 이상의 지지율을 보인 이명박 대통령이 왜 6·2 지방선거에서 심판을 받았는가라는 의문을 제기하고 이에 대한 대답을 찾으려는 시도이다. 일반적으로 대통령 임기 중후반에 실시된 선거는 정권에 대한 중간평가적 성격을 가지고 있기 때문에 현 정부의 업적에 대한 회고적 평가에 기초한 투표 행태를 보일 가능성이 높다. 따라서 현 정부의 업적에 대한 가장 객관적인 지표는 대통령에 대한 지지도 혹은 국정지지율이라고 할 수 있다. 그러나 이번 지방선거는 이런 일반적인 이론과 달리 높은 지지율을 보였던 이명박 정권에 대한 심판적 성격이 강했고, 결국 야당이 예상보다 선전했다. 이런 의외의 결과를 유권자의 물밑여론을 포착하지 못한 여론조사 방법의 한계로 돌리기보다는 정부와 여야에 대한 상충적 혹은 양면적 태도(ambivalent attitude)를 가진 유권자들이 선거 막바지에 급격하게 야당후보에 대한 지지로 쏠린 표심 변화라고 본다. 50퍼센트에 달했던 대통령의 국정운영을 지지하는 친MB성향의 유권자 중 정부 여당의 독주에 대한 견제심리가 공존하는 유권자들이나 반대로 대통령과 정부 여당에 대한 심판의 필요성에 공감하면서도 야당에 대해서도 만족하지 못하는 유권자 등이 대표적으로 상충적 태도를 갖고 있던 유권자들이다. 이들 중 다수는 선거 막판까지 지지후보를 정하지 못하다 투표 전 일주일 사이에 야권 후보 지지로 급격히 표심이 이동했고 이것이 극적인 선거 결과의 주된 이유였다고 본다.

이곤수 EAI 선임연구원은 지방선거 결과를 중앙정치의 관점에서만 설명하는 것은 옳지 않다는 문제의식을 가지고 중앙정치 이외에 지방정치적 요인이나 후보자 요인이 시·도지사 선거 결과에 미치는 영향이 크다는 점을 밝혀냈다. 특히 후보자 요인의 하나인 현직효과(incumbent advantage)에 기초한 단체장신임투표가설에 입각하여 유권자들이 시·도지사의 직무업적을 긍정적으로 평가한다면 지지하고 부정적으로 평가한다면 반대할 것이며, 이런 평가는 선거에서 현직자에 대한 책임을 묻는 방식으로 나타날 것이라 가정했다. 그리고 이를 위해 경기도와 경상남도의 사례를 이용하여 비교분석하였다. 먼저 지방선거 집합자료 분석을 통해 시·도지사선거에서 현직효과가 어느 정도 영향을 미치고 있다는 것이 밝혀졌다. 개인적 차원의 유권자 투표선택에 관한 로짓회귀분석 결과에서도 현직자 평가가 상당한 영향력을 미친 것으로 나타나, 전반적인 정당투표나 중간평가의 분위기 속에서도 후보자 역량에 따라 선거결과가 달라질 수 있음을 검증하였다. 나아가 분석결과는 현직선거구의 경우 현직자에 대한 회고적 평가와 전망적 기대에 의해서 '현직 요인이 작동하지만, 비현직선거구의 경우 현직계승후보에 대한 전망적 기대가 투표 지지에 유의미한 영향을 미친다는 것을 보여주었다.

제2부에서는 한국의 주요 사회균열(social cleavage)인 이념, 세대, 지역이 2010년 지방선거에서 어떤 영향을 미쳤고 지난 선거와는 어떤 변화가 있는가를 살펴보았다. 먼저 이우진 교수는 유권자들이 자신의 이념에 얼마나 충실하게 투표했는가를 분석하였다. 모든 유권자들과 모든 정당들의 정책 위치를 이념이라는 일차원적 변수로 정형화하는 것이 가능하다고 가정하면 자신들의 이념위치와 가장 가까운 이념위치에 있는 정당에 투표한 유권자들을 이념에 충실하게 투표한 유권자라고 정의했다. 분석에 의하면 이번 지방선거에서 많은 유권자들은 자신의 이념에 매우 충실하게 투표하였다. 예를 들면 광역단체장선거에서 약 70퍼센트 정도의 응답자들이 자신들의 이념에 충실하게 투표하고 있는데 이는 매우 높은 수치라 할 수 있다. 또한 성별, 학력별, 소득별, 그리고 연령별로 나누어서 살펴보았는데 연령세대만 이념투표를 설명하는 매우 중요한 요소로 밝혀졌다. 이념적 대립의 주요 쟁점으로 성장과 분배, 자유와 질서, 한미동맹에 대한 지지 여부, 대북정책의 네 가지 쟁점을 검토하였는데 이념별 차이가 이 네 가지 쟁점 모두에 대해 현저했지만 그 중에서도 자유와 질서에 대한 입장 차이가 가장 중요했다.

2002년 대선에서 노무현 후보의 대선 이후 세대균열은 한국 선거에서 중요한 요소로 인식되기 시작하였다. 이런 세대균열이 6·2 지방선거에도 부활하였는지, 만약 그렇다면 그 원인은 무엇인지를 밝히는 것이 이내영 교수 논문의 목적이다. 6·2 지방선거에서 세대별 이념성향의 격차가 2007년에 비해 2010년에 커진 것이 세대균열이 부활한 이유의 하나로 볼 수 있다. 그러나 세대별 이념성향의 격차가 이전 선거보다 커졌다는 사실만으로는 6·2 지방선거에서 세대균열이 부활한 이유를 충분히 설명하지 못한다. 세대별로 이념성향의 격차가 커지고 또한 투표 행태의 차이가 나타난 원인 중 하나로 현 정부의 국정운영에 대한 평가를 들 수 있다. 젊은 세대일수록 현 정부에 대해 불만이 많은 것으로 나타났다. 젊은 세대가 국정운영에 대해 불만이 많은 이유로는 젊은 세대일수록 질서보다는 자유를 중요시하는 태도를 가지고 있는데, 현 정부의 권위주의적 통치방식과 표현의 자유 제약 등이 젊은 세대의 반감을 일으켰을 가능성이 높다. 이외에도 4대강사업, 천안함사건에 대한 견해도 세대별로 차이가 나타나고 있었다. 6·2 지방선거에서 세대균열이 부활하는 보다 구조적인 이유로 주목해야 할 점은 세대별로 정보취득 채널이 과거와는 다르게 매우 다양해졌다는 사실이다. 연령대별로 주요 정보 취득 채널이 뚜렷하게 차이가 나타났다. 구세대는 주류 신문과 방송이지만 젊은 세대는 인터넷 매체와 커뮤니티 등 뉴미디어를 통해 정보를 습득하고 있다.

 마지막으로 한국정치에서 가장 강력한 균열인 지역주의와 지방선거의 변화에 대해 임성학 교수가 분석하였다. 6·2 지방선거에서 지역주의와 관련해 관심을 가져야 하는 것은 먼저 지역주의가 강했던 지역에서 다른 정당 혹은 무소속 후보가 선출된 것이다. 광역단체장만을 살펴보면 한나라당의 텃밭인 경남은 무소속 후보가 당선되고 호남 지역에서 출마한 한나라당 후보들이 10퍼센트 대의 득표를 하여 이 지역의 지역감정의 변화도 조심스럽게 예측해볼 수 있었다. 이런 선거 결과와 지역주의의 변화를 보다 분석적으로 살펴보기 위해 두 가지 측면에서 접근하였다. 특정 정당이 특정 지역을 독점적으로 대표하는 공급적 측면과 유권자의 이해, 문화, 인식 등으로 인해 자신의 지역정당을 선호하고 따라서 지역정당에 투표하는 수요적 측면을 동시에 살펴보았다. 패널자료 분석 결과 공급적 측면에서 지역정당에 대한 지지는 감소한 반면 지역에 우호적인 정당, 심지어 적대정당에 대한 지지가 늘어나는 현상이 나타나고 있다. 지역주민에게 경쟁력을 갖추고 대안을 제시할 수 있는 정당이나 후보가 나타난다면 기존 지역독점체제는 점차 와해될 것으로 보인다. 지역주의의 수요적 측면에서도 지역주의는 완화되고 있다. 로지스틱회귀분석 결과에서도 지역 이외에 세대, 이념, 안정론 등의 이슈가 투표행태에 많은 영향을 미친 것으로 조사되었다. 따라서 지역정당의 경쟁, 지역적 정서의 변화, 지방자치, 정치적 노력 등이 지속된다면 한국의 지역주의는 점차 완화될 가능성이 높다.

지방선거 패널조사가 기획·수행되고, 이렇게 얻은 조사 자료를 바탕으로 한 연구들이 한권의 책으로 출판되기까지는 참여 연구진 이외에도 많은 분들의 도움과 헌신이 있었다. 우선 많은 비용이 소요되는 패널조사를 위해 재정적인 지원을 해주신 중앙일보와 SBS 관계자 분들께 이 기회를 빌려 감사를 드린다. 또한 패널조사의 주요 결과를 중앙일보 지면과 SBS뉴스에 보도될 수 있도록 애써주신 중앙일보 신창운 위원과 SBS 현경보 차장께 고마움을 전한다. 지난 2006년부터 4번의 선거를 치르는 동안 몇 배의 시간과 노력이 소요되는 패널조사를 수행해 준 한국리서치 관계자분들의 노고도 빼놓을 수 없겠다. 무엇보다도 아낌없는 지원을 해주신 이숙종 동아시아연구원 원장과 자료정리와 분석으로 밤을 새웠던 EAI 여론분석센터의 정한울 부소장과 정원칠 선임연구원, 원고의 교정과 편집을 책임진 EAI 출판팀의 신영환 선임연구원에게 이 지면을 빌어 다시 한 번 감사의 마음을 전한다.

2011년 2월
연구진을 대표해서 이내영·임성학

목차

●● 서문
●● 2010년 6·2 지방선거 패널조사의 방법과 운용　　_김춘석　··· 21

제1부　제5회 지방선거의 주요 쟁점과 투표행태

1. 천안함사건과 지방선거　　_강원택　··· 37
2. 6·2 지방선거에서 나타난 분할투표의 유형과 원인　_지병근　··· 55
3. 부동층의 특성과 투표행태　　_유성진　··· 73
4. 50퍼센트 지지율 대통령이 왜 심판받았을까?　_정한울　··· 95
5. 시도지사선거의 현직효과　　_이곤수　··· 125

제2부　한국의 사회균열과 지방선거

6. 6·2 지방선거에서 유권자들은 이념에 얼마나
   충실하게 투표하였나?　　_이우진　··· 153
7. 6·2 지방선거와 세대균열의 부활　　_이내영　··· 179
8. 지역주의 분열의 완화 가능성은?　　_임성학　··· 201

부록　　··· 221
필자약력

표목차

2010년 6·2 지방선거 패널조사의 방법과 운용

[표 1] 조사유형, 조사지역, 조사대상 … *24*
[표 2] 조사표본 및 표집오차 … *27*
[표 3] 조사횟수 및 조사기간 … *28*
[표 4] 지역 패널조사 차수별 조사표본과 패널유지율 … *31*
[표 5] 전국 패널조사 차수별 조사표본과 패널유지율 … *32*

제1부

[표 1] 지지 후보 결정에 각 이슈를 고려한 비율 … *41*
[표 2] 광역후보 투표 정당별 천안함사건 고려 정도 … *42*
[표 3] 연령 집단별 투표결정시 천안함사건 고려 정도 … *44*
[표 4] 천안함사건으로 인한 투표행태의 변화양상 … *45*
[표 5] 천안함사건 정치적 의도 여부에 대한 정당별 응답률 … *46*
[표 6] 천안함사건 정치적 의도 여부에 대한 국정운영 평가별 응답률
　　　… *46*
[표 7] 바람직한 대북정책 추진 방향 … *50*
[표 8] 정부가 가장 중점을 두고 추진해야 할 국정과제 … *50*

[표 1] 광역단체장과 광역비례대표의원선거 분할투표비율 … *63*
[표 2] 광역단체장과 광역비례대표의원선거에서 분할투표 결정요인
　　　… *66*

표목차

❸

[표 1] 지지후보를 변경한 응답자 비율 … *80*
[표 2] 지지정당별 지지후보 변경비율 … *81*
[표 3] 연령별 지지후보 변경비율 … *83*
[표 4] 미결정층 비율 … *84*
[표 5] 부동층유권자들의 후보 결정 시기 … *85*
[표 6] 지지후보 변화 이유 … *86*
[표 7] 안정론과 견제론 지지비율 : 부동층과 전체 응답자 … *90*
[표 8] 정당의 공천과정에 대한 평가 … *90*
[표 9] 선호의 안정성과 선거결과 만족 비율 … *91*

❹

[표 1] 이념성향별 국정지지율 … *100*
[표 2] 유권자 유형별 사회경제적 배경 … *112*
[표 3] 서울 유권자 유형별 지지후보 변화 … *114*
[표 4] 경기 유권자 유형별 지지후보 변화 … *115*
[표 5] 수도권(서울/경기) 반MB심판론자 중 야당에 대한 태도별 지지후보 변화 … *116*
[표 6] 유권자 유형별 투표후보 결정시기 … *117*
[표 7] 반MB심판론자 중 야당지지 여부에 따른 투표 결정시기 … *117*

❺

[표 1] 제4회 지방선거 시·도지사선거 결과 … *126*
[표 2] 6·2지방선거의 시·도지사선거 결과 : 현직선거구와 비현직선거구의 비교 … *133*
[표 3] 6·2지방선거의 시·도지사선거 결과 및 후보요인득표율 … *134*
[표 4] 현직후보 도정능력, 도정운영 평가, 지역경제 평가 간의 상관관계 분석 … *139*

[표 5] 이항로지스틱 회귀분석 결과 … 145

제2부

[표 1] 광역단체장선거에서 6대 정당에 투표한 사람들의 평균적 이념
위치 … 161
[표 2] 이념성향과 광역단체장선거에서의 투표성향 … 162
[표 3] 각종선거와 정당지지에서 이념에 충실하게 후보를 선택한
응답자 비율 … 164
[표 4-1] 응답자 자신과 정당들의 이념위치 : 성별, 학력별, 소득별,
연령별 차이 (가중치 부여 전) … 166
[표 4-2] 응답자 자신과 정당들의 이념위치 : 성별, 학력별, 소득별,
연령별 차이 (가중치 부여 후) … 167
[표 5-1] 이념에 충실하게 후보나 정당을 선택한 응답자의 비율 : 성별,
학력별, 소득별, 연령별 차이 (가중치 부여 전) … 170
[표 5-2] 이념에 충실하게 후보나 정당을 선택한 응답자의 비율 : 성별,
학력별, 소득별, 연령별 차이 (가중치 부여 후) … 171
[표 6] 각종 선거와 정당지지에서 이념에 충실하게 선택한 응답자의
이념성향별 비율 … 172
[표 7] 정치적 입장들에 대한 이념성향별 지지비율 … 175
[표 8] 정치적 입장들에 대한 연령별 지지비율 … 176

[표 1] 6·2 지방선거 수도권의 세대별 한나라당과 제1야당 후보 지지율
… 180
[표 2] 세대별 대선/총선 지지율 : 2002년 대선, 2007년 대선, 2008년
총선 정당투표 … 181

그림목차

[표 3] 2010 지방선거 연령대별 유권자의 이념성향 분포와 평균 … *187*
[표 4] 2007 대선 연령대별 유권자의 이념성향 분포와 평균 … *187*
[표 5] 이명박 정부의 국정운영에 대한 세대별 평가 … *188*
[표 6] 2007년 대선 시 이명박 후보 투표자의 연령대별 지방선거
  투표성향 … *189*
[표 7] 천안함사건 민군합동조사단 발표에 대한 신뢰도 … *193*
[표 8] 6·2 지방선거 관련 정보를 주로 얻는 경로 … *194*
[표 9] 2006년 지방선거 관련 정보를 주로 얻는 경로 … *195*
[표 10] 최근 선거의 연령대별 투표율 추이 … *196*

[표 1] 호남지역 국회의원 및 광역단체장 및 총선 득표율 … *209*
[표 2] 영남지역 국회의원 및 광역단체장 및 총선 득표율 … *210*
[표 3] 5회 지방선거 광역단체장, 광역의원비례대표 로지스틱 회귀분석
  결과 … *213*

제1부

[그림 1] MB 국정지지율 변화 : 서울/경기지역 … *99*
[그림 2] 금융위기 이후 경제인식 변화 … *102*
[그림 3] 국가경제 인식별 국정지지율 … *102*
[그림 4] 6·2 지방선거의 지지후보 및 투표후보 변화 … *106*
[그림 5] MB 지지 및 정권심판론 공감도에 따른 유권자 유형 분포
  … *109*
[그림 5] 한나라당 선거 후반기 3대 선거캠페인에 대한 유권자 평가
  … *118*

그림목차

5

[그림 1] 현직효과 메커니즘의 개념적 분석틀 … *135*
[그림 2] 도정운영 지지와 현직후보 지지의 관계 … *136*
[그림 3] 지역경제 평가와 현직후보 지지의 관계 … *137*
[그림 4] 도정능력의 전망적 평가와 현직후보 지지의 관계 … *138*
[그림 5] 지지후보의 결정시기 비교 … *141*

제3부

6

[그림 1] 응답자들의 이념분포 … *159*
[그림 2] 응답자들이 평가한 6대 정당들의 이념 위치[8] … *160*

7

[그림 1] 정치적 질서와 자유에 대한 세대별 태도 … *190*
[그림 2] 4대강사업에 대한 세대별 태도 … *191*
[그림 3] 천안함사건 관련 북한에 대한 이명박 대통령과 정부의 대응에
대한 세대별 평가 … *192*

8

[그림 1] 6·2 지방선거 한나라당 호감도 … *216*
[그림 2] 6·2 지방선거 민주당 호감도 … *216*

2010년 6·2 지방선거 패널조사의 방법과 운용

김춘석

동아시아연구원·SBS·중앙일보·한국리서치는 2006년 지방선거, 2007년 대통령선거, 2008년 국회의원선거에서 패널조사를 실시하였다. 언론사, 연구원 그리고 조사회사가 공동으로 주관하여 3년에 걸쳐 주요 선거 시기마다 패널조사를 시행한 사례는 국내뿐만 아니라 세계적으로도 유례를 찾기 어렵다. 또한 그동안 실시한 패널조사 결과는 선거관련 전문가와 일반인에게 공개되어 학계·언론계·정치권·업계 등에서 대한민국 정치와 유권자를 이해하기 위한 바로미터로서 활용되고 있다. 2007년 대통령선거부터 국내 일부 정부출연기관과 언론사에서도 선거 패널조사를 시행하고 있는 사실을 볼 때, 4개 기관의 상기 패널조사가 기폭제 역할을 하였다고 할 수 있다.

이러한 성과를 바탕으로 4개 기관은 2010년 제5회 전국동시 지방선거에서도 패널조사(이하, 6·2 지방선거 패널조사)를 시행하였다. 이번 패널조사는 2006년 이후 두 번째 지방선거 패널조사이자 4개 기관이 공동으로 주관한 네 번째 패널조사이다.

정치적으로나 역사적으로 중요하지 않은 전국단위 선거는 없다고 하겠으나 6·2 지방선거는 특히 다음의 이유로 특별한 의미를 가진다. 무엇보다도 6·2 지방선거는 1995년 이후 다섯 번째 치러지는 지방선거로서 지방자치시대를 안정적으로 안착시켜야 하는 선거였다. 이는 연대기적으로는 물론 직전 선거에서 지역에 따라 1당독점 현상이 뚜렷하여 자치단체와 의회의 부정부패 문제가 이슈화 되었다는 점에서도 그러하였다. 또한 이번 선거는 교육감선거가 함께 치러졌다는 점에서 정치권뿐만 아니라 유권자 입장에서도 의미가 다른 선거였다. 이 외에도 첫째, 2012년 총선과 대선을 앞둔 시점에서 민심의 향배를 가늠하는 풍향계가 될 수 있는 선거였다는 점, 둘째, 천안함사건, 4대강사업, 세종시문제, 무상급식 논란 등 국정운영 능력과 관련한 전국단위 이슈가 다른 어느 해 선거보다 많았다는 점, 셋째, 야권 단일화의 영향력이 주목되었다는 점, 그리고 넷째, 충청권은 선거예측이 가장 어렵다는 3자 구도를 형성하였다는 점 등으로 인하여 관심이 집중된 선거였다.

선거에서 민심의 변화를 추적하고 변화의 동인을 파악하는 작업은 정치적으로나 학술적으로 긴요한 작업이다. 그리고 이를 위한 최선의 방편이 패널조사라는 점은 주지의 사실이다. 더욱이 패널조사는 내외적 요인으로 인해 역동성이 큰 선거일수록 의미가 배가된다고 하겠다. 이점에서 6·2 지방선거 패널조사는 정치권, 학계, 언론 등으로부터 주목의 대상이었다.

6·2 지방선거 패널조사는 2006년 지방선거 패널조사와의 비교가능성과 연속성을 고려하여 2006년 조사와 유사한 방식으로 진행되었다.[1] 패널조사 유형을 조사대상과 활용 목적에 따라 지역 패널조사와 전국 패널조사로 이원화하였다는 점은 2006년과 동일하지만, 2006년 지역 패널조사가 4개 지역[2]을 대상으로 하였던 반면, 2010년은 패널조사 대상 지역을 5개로 확대[3]하였다는 점이 달라졌다. 6·2 지방선거 패널조사의 구체적인 설계 내용은 다음과 같다.

---

1) 2010년 지방선거 패널조사 설계는 패널조사에 참여한 연구진과 SBS, 중앙일보, EAI, 한국리서치 등이 참여한 공동운영위원회를 통해 결정되었다.
2) 지역 안배 측면에서 수도권, 충청권, 호남권, 영남권, 등 4개 권역에서 각각 1개 지역을 선정한다는 원칙 하에 서울, 충남, 광주, 부산 지역을 대상으로 하였다.
3) 2006년과 마찬가지로 지역 안배 측면을 고려하였으며, 선거에서 수도권의 중요성과 국민적 관심사를 감안하여 수도권은 한 지역을 추가하였다.

6·2 지방선거 패널조사 설계

조사유형

6·2 지방선거 패널조사는 지역 패널조사와 전국 패널조사를 독립적으로 운영하였다. 지역 패널조사는 광역자치단체 수준에서 유권자의 투표행태와 투표이유를 파악하는 것을 주된 목적으로 삼았다. 전국 단위조사에서 확인하기 어려운 지역 유권자의 표심을 심도 있게 살피고자 하는 취지에서 실시하였다. 전국 패널조사는 6·2 지방선거의 전반적인 특성을 검토하고 전국단위에서 유권자의 투표행태 및 투표이유를 파악하기 위해 실시하였다. 전국 패널조사를 시행한 또 다른 이유로는 지방선거 민심의 향배가 다음 선거에 미칠 영향을 분석하고자 한 점을 꼽을 수 있겠다.

조사지역

조사지역 선정은 2006년 지방선거 패널조사 시 지역선정 기준과 유사한 기준을 적용하였다. 지역 패널조사의 경우, 지역선정을 함에 있어 가장 우선적으로 고려한 것은 지역안배였다. 전국을 수도권, 충청권, 호남권, 영남권으로 구분하고, 각 권역별로 1개 이상의 광역자치단체를 선정하는 것을 제1원칙으로 삼았다. 이에 더해 권역 내에서는 후보 간 경쟁이 치열하고 여론의 변동가능성이 높아 패널조사 효과를 보다 분명하게 확인할 수 있는 지역을 우선적으로 고려하였으며, 전국적인 차원에서 정치적인 의미가 크고 국민적 관심사가 높은 지역인지의 여부도 중요한 기준으로 삼았다. 한편 동일표본을 대상으로 하는 일회성(ad hoc) 조사에 비해 패널조사의 비용과 기간이 많이 소요된다는 점도 조사대상 지역 수를 결정하는 변수가 되었다. 조사비용과 조사기간은 조사지역의 수와 더불어 조사횟수와 표본 수 등 패널조사 규모를 제약하는 현실적인 요건이라 하겠다. 상기 기준에 따라 패널조사 지역으로 선정한 광역자치단체는 서울, 경기, 충남, 전북, 경남 등이었다. 충청권에서 충남, 호남권에서 전북, 영남권 경남 등 해당 권역에서는 각각 1개 지역을 선정하였으며 수도권은 서울과 경기 2개 지역을 대상으로 하였다. 이중 서울과 충남은 2006년 지방선거 패널조사에서도 조사를 실시한 지역이다. 전국 패널조사는 제주도를 포함한 전국을 대상으로 하였다.

조사대상

조사대상은 지역 패널조사와 전국 패널조사 모두 해당 지역의 19세 이상 성인 남녀 유권자로 삼았다.

[표 1] 조사유형, 조사지역, 조사대상

조사유형	조사지역	조사대상
지역 패널조사	서울, 경기, 충남, 전북, 경남	19세 이상 유권자
전국 패널조사	제주도를 포함한 전국	19세 이상 유권자

표본추출 방법

패널조사 표본은 할당추출(quota sampling)을 하였다. 표본할당을 위한 자료는 행정안전부 발행 2009년 12월 31일 기준 주민등록인구 현황을 근거로 삼았으며 지역별·성별·연령별 인구 구성비에 따라 할당하였다. 지역 패널조사의 경우 해당 광역자치단체 내 행정구역(시·군·구)상의 권역과 성별(남자·여자) 및 연령대(29세 이하·30대·40대·50세 이상)를 각각 교차한 비율에 따라 표본을 할당하였고 전국 패널조사도 16개 광역자치단체와 성별과 연령대별 교차 비율에 따라 표본을 할당하였다. 또한 지역 패널조사와 전국 패널조사 모두 해당 지역 모집단 학력분포와 직업분포를[4] 추가적인 할당 기준으로 삼았다.

한편, 패널조사에서 관건이라 할 수 있는 패널유지율은 연령이 낮을수록, 학력이 낮을수록 낮다는 점을 고려하여 해당 계층의 표본을 인구 구성비에 따라 할당된 표본보다 많이 표집하는 것을 기본 방침으로 삼았다.[5] 이에 따라 50세 이상 고연령층은 할당표본보다 많이 표집하였으나, 고등학교 졸업 이하 저학력층은 패널조사 참여율이 낮아 목표할당보다 적게 표집할 수밖에 없었다. 최종 분석자료는 할당표집의 기준이 된 지역별·성별·연령별 교차 가중값에 해당 지역 전체 응답자 기준의 학력과 직업 가중값을 부여하여 산출하였다.

조사표본과 표집오차

현실적으로 조사표본은 조사비용 한도 내에서 결정될 수밖에 없다는 점에서 조사지역 수, 조사횟수 등과 연동하여 설계되었다. 이러한 현실적인 여건과 함께 1차 조사표본 수를 선정하는 기준으로 다음 세 가지 사항을 고려하였다. 첫째, 최종 유효표본을 몇 명으로 할 것인가? 둘째, 최소 패널 유지율을 몇 퍼센트로 설정할 것인가? 셋째, 도중 탈락 후 참여자도 해당 차수의 유효표본으로 간주할 것인가? 등이다. 지역 패널조사는 5개 광역자치단체별로 최종 400표본을 확보할 것을 목표로 삼았으며 이를 위해 최초 응답자 패널을 600명 내외를 구축하기로 하였다[6]. 이는 최소 패널 유지율을 65퍼센트 이상으로 설정한 결과이며, 도중에 탈락 한 후에 다시 참여한 응답자도 해당 차수의 유효표본으로 간주하는 것을 전제로 한 목표치였다.

전국 패널조사는 900명 내외의 유효표본을 유지한다는 목표 하에 최초 응답자 패널은 1,200명을 구축하기로 결정하였다. 이는 최소 패널유지율을 75퍼센트 이상으로 설정한 결과이다.[7] 한편 전국 패널조사는 민심향배와 2012년 총선 및 대선판세를 예측하고자 한 기획 목적을 고려하여 패널구축 대상을 2007

---

4) 2010년 지방선거 패널조사에서는 2006년 지방선거 패널조사와 달리 표본추출 할당 기준으로 직업을 추가하였다. 2010년 지방선거에서 확인할 수 있었던 유권자 투표성향의 주요한 특징 중의 하나는 직업에 따라 후보지지 성향이 뚜렷한 차이를 보였다는 점이다.
5) 실제 유권자분포에 비해 고연령층의 응답자분포가 더 많은 것은 패널조사뿐만 아니라 일회성 조사에서도 일반적인 현상이다. 이는 연령에 따라 접촉율과 응답률이 상이하기 때문이다.

년 대선 패널조사와 2008년 총선 패널조사 응답자를 우선 대상으로 삼았다. 이를 위해 2007년 대선 6차 조사(2007년 12월 23일)와 2008년 총선 2차 조사(2008년 4월 11일)에 참여한 1,370명을 대상으로 패널조사 참여 의향을 물어 참여 의향이 있다는 응답자를 패널로 구축한 후, 유권자 분포표에 따라 부족한 패널을 새로운 패널로 충원하는 절차를 통해 최종패널을 구축하였다. 이에 따라 전국 패널조사 응답자 1,200명 중 52.1퍼센트에 해당하는 625명은 2007년과 2008년 패널조사에 참여한 경험이 있는 응답자이며 47.9퍼센트에 해당하는 575명은 패널조사에 처음으로 참여한 응답자이다. 이렇게 설계한 주된 이유는 2007년과 2008년 표심에 비해 2010년 표심이 어떻게 변화되었는지를 실증적으로 확인하여 보고자 하였기 때문이다. 또한 패널 유지율을 고려한 측면도 있다.

조사횟수 및 조사기간

조사횟수를 결정함에 있어 다음 다섯 가지 사항을 고려하였다. 첫째, 패널조사 과정에서 조사 자체로 인해 발생할 수 있는 응답자의 편파는 최소화하되 패널 유지율 목표를 달성하여야 한다. 둘째, 선거일정을 고려하면서 응답자가 조사에 참여하기 용이하도록 적정한 조사 간격을 유지하여야 한다. 셋째, 패널조사를 통해 지방선거와 관련한 유권자의 투표행태 및 인식을 전반적으로 파악할 수 있어야 한다. 넷째, 현실적인 제약인 조사비용을 고려하여야 한다. 다섯째, 공동주관 기관인 SBS와 중앙일보의 보도시점을 고려한다는 것이다.

---

6) 2006년 지방선거 패널조사는 최초 800명 구축, 최종 600명 확보를 목표로 삼았다. 2010년 패널조사에서는 조사지역을 4개에서 5개로 확대함에 따라 개별지역 목표 유효표본 수는 축소되었다. 이는 같은 조건에서 단일 조사지역의 패널 수 유지나 확대보다는 조사지역을 증대하는 것이 유용하다는 패널조사 공동 운영위원회의 합의에 따라 결정되었다.

7) 지역 패널조사와 전국 패널조사 최소 패널유지율을 상이하게 설정한 이유는 지역 패널조사가 전국 패널조사에 비해 조사횟수가 많고, 전국 패널조사는 2007년과 2008년 패널조사 참여 경험이 있는 응답자를 패널로 구축하였기 때문이다. 패널유지율은 조사횟수가 많을수록 낮아지며, 패널조사 경험이 없는 신규 패널일수록 낮아진다.

8) 이번 조사는 비확률추출인 할당추출을 하였기 때문에 표집오차를 구할 수 없으나, 무작위 추출을 전제했을 경우 95% 신뢰수준에서 최대허용 표집오차를 산정하였다.

[표 2] 조사표본 및 표집오차

조사유형	조사표본	표집오차[8]
지역 패널조사	서울 : 600명	±4.0%
	경기 : 600명	±4.0%
	충남 : 600명	±4.0%
	전북 : 600명	±4.0%
	경남 : 600명	±4.0%
전국 패널조사	1,200명	±2.8%

위와 같은 기준에 따라 지역 패널조사는 투표 전 2회와 투표 직후 1회 등 총 3회를 실시하였다. 투표 전 1회차 조사는 후보자등록 직전이자 선거 20여일 전인 5월 10일부터 12일까지 3일간, 투표 전 2회차 조사는 여론조사 공표금지일 직전인 5월 24일부터 26일까지 3일간 실시하였으며, 마지막 투표 후 3회차 조사는 선거 다음날인 6월 3일부터 5일까지 3일간 실시하였다.

전국 패널조사는 투표 전 1회와 투표 직후 1회 등 2회 조사를 실시하였다. 투표 전 조사는 투표 한달여 전인 5월 4일부터 6일까지 3일 동안 진행하였으며, 투표 후 조사는 지역 패널조사와 동일한 기간인 6월 3일부터 5일까지 3일간 진행하였다.

조사방법

지역 패널조사와 전국 패널조사 모두 컴퓨터를 이용한 전화조사(Computer Aided Telephone Interview: CATI) 방법을 이용하였다. 컴퓨터를 이용한 전화조사는 자료 수집과 처리는 컴퓨터로 수행하지만 일반 전화조사와 마찬가지로 면접원이 유선전화를 통해 조사를 진행한다. 이점에서 응답자는 일반 유선전화를 이용한 조사와 컴퓨터를 이용한 전화조사의 차별성을 인식하지 못한다.

컴퓨터를 이용한 전화조사는 국내 조사회사에서 보편화된 방법이다. 이는

[표 3] 조사횟수 및 조사기간

조사유형	조사횟수	조사기간
지역 패널조사	3회 조사	1차 : 5.10-5.12(후보자 등록 직전) 2차 : 5.24-5.26(여론조사 공표 금지 직전) 3차 : 6.3-6.5(투표 직후)
전국 패널조사	2회 조사	1차 : 5.4-5.6(투표 한달 전) 2차 : 6.3-6.5(투표 직후)

면접원의 면접상황을 최대한 통제함으로써 면접원에 의해 발생할 수 있는 비표본오차(nonsampling error)를 최소화하고자 하는 목적으로 2000년대 초반부터 국내 조사회사에 본격적으로 개발 도입되었다. 컴퓨터를 이용한 전화조사는 조사진행 시간, 응답자 접촉 현황, 면접원별 조사진행 상황 등과 관련한 사항이 컴퓨터서버에 저장되고 슈퍼바이저와 연구원은 관련 자료를 실시간으로 확인하면서 면접원의 조사 상황을 관리할 수 있다. 또한 컴퓨터를 이용한 전화조사는 응답자 재접촉 예약, 응답자 접촉횟수 지정, 패널참여 거부횟수 등을 확인할 수 있으며, 이를 기반으로 패널대상자 요건을 판정할 수 있다는 점에서 패널조사에 유용한 방법이라 할 수 있다.

패널의 구축 및 관리

지역 패널조사와 전국 패널조사 모두 1회차 조사와 동시에 패널을 구축하였다. 면접원은 조사의 의의와 중요성 및 조사방법, 일정 등을 소개하고 패널참여를 요청하였다. 패널에 참여하겠다는 의향을 밝힌 응답자를 대상으로 설문지 관련 문항과 응답자 특성정보 이외에 패널의 집전화번호, 핸드폰번호, 은행통장 계좌번호 등을 확인하였다. 집전화번호와 핸드폰번호는 다음 차수부터 연락을 위한 목적으로 파악하였다. 집전화를 이용하여 1차 접촉을 시도하였으며 핸드폰은 부수적인 연락 수단으로 활용하였다. 은행통장 계좌번호는 조사

참여에 대한 사례비를 입금할 용도로 파악하였다. 패널조사는 1차 조사에 참여한 원표본이 마지막 조사까지 참여하는지 여부와 관련이 있는 패널유지율이 조사의 성패를 가름하는 매우 중요한 요인이 된다. 패널관리 차원에서 다음 열 가지 방안을 활용하였다.

첫째, 응답자 패널을 구축하기 위한 표집틀로 케이티(KT) 전화번호 가구편 데이터베이스(DB)와 함께 한국리서치 응답자 패널[9]도 활용하였다. KT 전화번호는 한국조사협회 회원사가 공동으로 활용하고 있는 전화조사 DB로써, 전화조사 표집틀로 공신력을 인정받고 있다. 그렇지만 DB의 전국 가구 커버리지가 50퍼센트에 미치지 못한다는 점에서 표집틀을 보완할 필요가 제기되고 있는 것이 현실이다. 또한 해당 DB를 활용하여 조사를 할 경우 30대 이하 젊은층을 표집하기가 용이하지 않으며 표집된 응답자도 특정한 정치적 성향을 지니고 있을 개연성이 지적되어 왔다. 뿐만 아니라 과거 3차에 걸친 패널조사 경험에 따르면 패널유지율 측면에서 KT DB 응답자의 유지율이 한국리서치 응답자 패널의 유지율보다 낮다는 것을 확인할 수 있다. 즉 KT DB를 보완하고 패널 유지율을 높이기 위한 방안으로 한국리서치 응답자 패널을 표집틀로 활용하였다.

둘째, 응답자에게 개인 정보는 철저하게 보장된다는 점을 확인하였다.

셋째, 응답자에게 이번 패널조사의 중요성을 강조함으로써 응답자가 조사에 참여하는 의미를 자각할 수 있도록 하였다.

넷째, 패널조사에서 중요한 요건 중의 하나가 면접원과 패널간의 친밀감 형성이라는 점을 고려하여 조사 차수마다 슈퍼바이저와 면접원에게 응답자 응대

---

9) 한국리서치가 조사 참여를 요청하면 조사에 참여하겠다고 사전에 약속한 응답자 풀로써, 패널구축 당시인 2010년 4월 현재 18만7천여명의 풀을 확보하였다. 한국리서치 응답자 패널과 KT DB 응답자 간에는 정치성향에 차이가 없다는 점이 2007년 대선 패널조사에서 확인되었으며, 2007년 대선 당선자 예측조사에서 한국리서치 응답자 패널을 대상으로 실시한 YTN-한국리서치 대선 당선자 예측조사에서 당선자를 가장 근접하게 예측하였다. 또한 한국리서치 응답자 패널은 통계청으로부터 표집틀로 이용할 수 있다는 인증을 받았다.

와 관련한 교육을 반복하였다.

다섯째, 패널조사 일정을 예정할 수 있도록 조사를 마친 후 패널에게 다음 조사일정을 알려주었다.

여섯째, 2회차 조사 이상에서 패널이 통화중이거나 부재중일 경우 접촉횟수를 제한하지 않고 연결이 될 때까지 재접촉을 시도하였다. 일부 응답자는 접촉 시도 횟수가 20회를 상회하기도 하였다.

일곱째, 패널이 조사참여를 완곡하게 거부할 경우 3회까지 재접촉을 시도하였으며 3회 연속 거부한 경우 강력거절자로 구분하여 비로소 패널에서 탈락 처리하였다.

여덟째, 1차 조사 참여자 중 패널에서 탈락처리는 되지 않았으나 이전 조사에 참여하지 않은 패널[10]에게는 재접촉을 시도하여 응답자가 참여를 허락한 경우 패널에 추가하였다.

아홉째, 패널에게는 차수별 조사 종료 직후에 일정 수준의 사례비를 패널의 은행계좌에 현금으로 입금함으로써 패널이 조사에 지속적으로 참여할 수 있도록 하였다.

열째, 패널을 대체하지 않는 것을 원칙으로 삼았으나 최종 패널유지율을 고려하여 지역패널의 경우 2회차 조사에서 신규패널을 추가하였다.

이러한 원칙 하에 수행된 지역 패널조사의 차수별 조사표본과 패널유지율은 다음과 같다.

1차 조사는 5개 지역 600명씩 3,000명이었다. 2차 조사는 전체적으로는 패널 유지율이 76.3퍼센트였으며, 지역별로 75퍼센트를 상회한 가운데 충남의 유지율이 81.0퍼센트로 가장 높았다. 선거 직후 실시한 최종 3차 조사 응답자는 1,976명이었으며 패널 유지율은 65.9퍼센트였다. 경남이 67.0퍼센트로 가장 높

---

10) 모든 차수(wave) 조사에서 통화중이거나 부재중인 패널, 나중에 참여하기로 약속을 하였으나 해당 시간에도 패널 사정상 조사에 참여하지 않은 패널 등이 이에 해당된다.

[표 4] 지역 패널조사 차수별 조사표본과 패널유지율

	조사표본(명)			패널유지율(%)			
	1차 조사 (5.10-12)	2차 조사[11] (5.24-26)	3차 조사 (6.3-5)	1, 2, 3차 모두 참여	1-2차 유지율	1-3차[12] 유지율	1, 2, 3차 모두 참여율
서울	600	450	401	365	75.0	66.8	60.8
경기	600	452	400	342	75.3	66.7	57.0
충남	600	486	373	315	81.0	62.2	52.5
전북	600	450	400	345	75.0	66.7	57.5
경남	600	450	402	347	75.0	67.0	57.8
합계	3,000	2,288	1,976	1,714	76.3	65.9	57.1

았으며 충남이 62.2퍼센트로 가장 낮았다. 한편 1-3차 조사를 모두 참여한 패널은 전체적으로 1,714명 이었으며 이는 전체 응답자 패널의 57.1퍼센트에 해당한다. 1-3차 패널에 모두 참여한 응답자 비율은 서울이 60.8퍼센트로 가장 높고, 충남이 52.5퍼센트로 가장 낮다.

그리고 전국 패널조사의 차수별 조사표본과 패널 유지율은 다음의 [표 5]와 같다.

전국 패널조사는 1회차 조사에 1,200명을 대상으로 하였으며 2회차 조사에서 904명이 참여하여 패널 유지율은 75.3퍼센트였다.

앞에서 언급한 바와 같이 최종적으로 전국 패널조사 패널유지율이 지역 패널조사 패널유지율보다 높은 이유는 전국 패널조사가 지역 패널조사에 비해 조사횟수가 적고 패널 구성시 패널조사 경험이 있는 응답자 비율이 높았기 때문이라 할 수 있다. 지역 패널조사 2회차 조사 패널유지율과 전국 패널조사 패널유지율은 유사하다는 것을 알 수 있다.

---

11) 2차 조사 신규 패널을 포함한 표본 수이다. 지역별 신규 패널은 서울 40명, 경기 63명, 충남 89명, 전북 65명, 경남 59명 등이다.
12) 패널 유지율은 원표본 유지율을 중요한 기준으로 삼는다는 점에서 패널조사에서 패널 유지율이라 지칭할 때는 일반적으로 1조사와 최종조사 응답자 유지율을 가리킨다.

[표 5] 전국 패널조사 차수별 조사표본과 패널유지율

	조사표본(명)	패널유지율(%)
1차 조사 (5.4-5.6)	1,200	-
2차 조사 (6.3-6.5)	904	75.3

2010년 지방선거 패널조사 운용에 대한 평가

2010년 지방선거 패널조사는 다음의 이유로 그 의미가 남다르다고 하겠다. 첫째, 2010년 지방선거 패널조사는 2006년 지방선거 패널조사 이후 두 번째로 실시한 지방선거 패널조사라는 점에서 지방선거 시기별로 유권자의 표심과 특성은 어떠하며, 해당 선거시기 표심 및 표심 변화의 이유는 무엇이었나를 실증적으로 확인할 수 있게 되었다는 점이다. 둘째, 전국 패널조사와 지역 패널조사를 병행하여 실시함으로써 지역별 유권자 표심을 심층적으로 파악할 수 있을 뿐만 아니라, 2010년 현재 정국에 대한 유권자의 인식을 전국단위에서 짚어볼 수 있음과 동시에 향후 정국의 흐름을 가늠할 수 있게 되었다는 점이다. 이러한 점은 전국 패널조사 응답자 구성시 2007년 대선과 2008년 총선 패널조사 응답자도 포함함으로써, 각기 다른 선거 유형별로 유권자의 정국 인식과 추이를 국내외적으로 유례가 없는 설계를 기반으로 추론이 아닌 실제 조사결과를 통해 확인해 볼 수 있게 되었다는 점에서 매우 특별하다고 할 수 있으며, 이를 이번 패널조사의 세 번째 중요한 의미로 지적할 수 있겠다. 넷째, 날로 어려워지고 있는 선거 패널조사 환경에도 불구하고 2006년 이후 전국 단위 모든 선거를 대상으로 패널조사를 실시하였고 향후 전국 단위 선거에서도 패널조사를 실시할 수 있는 토대를 닦았다는 점도 이번 패널조사의 빠뜨릴 수 없는 의미라 하겠다.

　이러한 성과와 함께 이번 패널조사는 향후 패널조사에서 해결하여야 할 몇 가지 과제를 남겨두었다. 무엇보다, 패널조사 환경이 점점 악화되고 있다는 점이다. 우선 유권자들의 패널조사 참여율이 점차 낮아지고 있다는 점을 꼽을 수 있다. 이에 따라 패널조사 성패를 가름하는 중요한 요소 중의 하나인 패널유지율을 적정선 이상으로 유지하는 것이 패널조사 운용 측면에서 커다란 과업으로 대두되었다.[13] 패널유지율을 제고하기 위해서는 앞에서 제시한 패널구축 및 유지를 위한 노력 이외에 패널의 응답 부담을 덜 수 있도록 문항수를 적정하게 구성하여야 할 것이며 패널에게 적정한 인센티브를 지급하는 것도 유력한 방편이 될 수 있다.

　또한 이번 패널조사를 통해 향후 패널조사는 운영과정 전반이 원칙에 입각하여 보다 엄정하게 수행될 필요가 있음을 확인하였다. KT DB 응답자 패널과 한국리서치 응답자 패널구성 및 구성비의 적실성, 패널유지율 제고를 위한 대처 등과 관련한 지금까지의 성과와 제한점을 바탕으로 패널조사의 신뢰성과 타당성을 객관적으로 보증하고 제고할 수 있는 기반을 확고히 할 필요가 있다고 하겠다.

---

13) 이는 비단 선거 패널조사만의 문제는 아니다. 선거 패널조사 이외의 다른 학술베이스 패널조사에서도 예전에 비해 적정 패널 유지율을 유지하는 것이 점차 어려워지고 있다.

제1부
제5회 지방선거의 주요 쟁점과 투표행태

1
천안함사건과 지방선거
_강원택

2
6·2 지방선거에서 나타난 분할투표의 유형과 원인
_지병근

3
부동층의 특성과 투표행태
_유성진

4
50퍼센트 지지율 대통령이 왜 심판받았을까?
_정한울

5
시도지사선거의 현직효과
_이곤수

1. 천안함사건과 지방선거

강원택

이번 6·2 지방선거는 외형상 천안함사건에서 시작해서 천안함사건으로 끝이 났다고 할 만큼 선거기간 내내 언론의 커다란 주목을 받았다. 시기적으로 본다면 이명박 정부의 임기 중반에 선거가 치러지는 만큼 과거의 경험에서 보듯이 정부와 여당에 불리할 것으로 생각되었지만, 천안함사건이라는 안보이슈가 터져 나오면서 오히려 여당에 유리한 환경을 조성할 것이라는 예측이 선거 전 많았다. 즉 천안함사건이 한나라당을 돕는 일종의 '북풍'(北風)으로 작용할 것으로 보았다. 실제로 한나라당과 이명박 정부가 사건을 선거에 의도적으로 활용하려는 움직임도 있었다. 천안함사건에 대한 정부 조사단의 발표일이 공식 선거운동 개시일이었다든지, 이명박 대통령이 천안함사건 관련 대국민 담화문을 유래 없이 전쟁기념관에서 발표했다든지 하는 것은, 사실 여부와 무관하게 '북풍' 정국을 선거에 연계시키려는 의도가 있는 것으로 간주할 만한 일이었다. 야당은 정부 여당의 이런 움직임에 대해서 천안함사건으로 인한 군사적 긴장관계의 고조를 선거에 이용하려 한다는 비판을 제기하기도 했다.

그러나 선거 전 천안함사건의 정치적 활용을 둘러싼 여러 가지 논란에도 불구하고 지방선거는 결국 한나라당의 참패로 끝이 났다. 한나라당은 호남권을 제외하더라도 인천, 강원, 충남, 경남 광역단체장을 민주당과 무소속 후보에 빼앗겼다. 서울시장직은 0.6퍼센트라는 근소한 차이로 간신히 지켜냈지만 기초단체장 선거에서는 강남, 서초, 송파 등 이른바 강남 3구와 중랑구를 제외한

21개 구에서 모두 민주당에 패배했다. 천안함사건의 '북풍'을 기대했음에도 임기 중반에 치러진 이전 선거처럼 집권당은 패배했다. 이는 매우 흥미로운 결과이다. 이 글은 이런 점에 유의하여 정치적 논란의 대상이었던 천안함이슈가 정작 선거에서 유권자들의 선택에 과연 어떤 영향을 미쳤는지에 대해 살펴보고자 한다.

북한 변수와 선거

북한 변수는 한국전쟁 이후에도 끊임없이 남한 '국내정치'의 주요한 행위자로 존재해 왔다(강원택 2003, 108). 군부 권위주의 시대에 북한 변수는 무엇보다 정치적 반대세력을 제압하는 효과적인 무기로 활용되었다. 민주화 이후에는 과거처럼 북한 변수를 정치적 이해관계 관철을 위해 노골적으로 활용하는 것은 줄어들었지만, 선거 때가 되면 지지층을 결집하거나 불리한 이슈의 부상을 막기 위해 이른바 '북풍'은 반복적으로 등장하곤 했다. 1987년 대통령선거일을 한 달도 남겨두지 않은 11월 29일 대한항공 폭파사건이 발생했고 폭파범 김현희는 선거 전날 중동에서 서울로 급히 압송되었다. 1992년 대통령선거를 앞두고는 이선실의 조선노동당사건과 김낙중 간첩사건이 발생했다. 1996년 국회의원 선거를 앞두고는 비무장 지대에서 북한의 무력시위가 발생했고, 1997년 대통령선거 전에는 신한국당이 북한과의 은밀한 교섭을 통해 금전을 대가로 북한 무력시위를 요청한 이른바 '총풍' 사건이 드러나기도 했다(강원택 2003, 111-112). 2000년 국회의원 선거를 앞두고는 과거와는 상이한 속성의 '북풍' 전략이 활용되었는데 당시 김대중 정부는 선거일을 불과 사흘 앞두고 역사적인 남북정상회담의 개최를 발표했다. 2002년 대통령선거를 보름 앞두고는 북한이 농축 우라늄 핵개발을 즉각 폐기하고 핵 관련 시설에 대한 사찰을 수용하라는 국제원자력기구의 결의안을 정면 거부했는데, 선거 8일 전에는 북한제 스커드미사일을 선적한 북한선박이 미국해군에 의해 나포되는 사건이 발생했다(김형준 2007, 49). 2007년 대통령선거를 두 달 앞둔 10월 2일부터 4일까지는 평양에서 노무현 대통령과 김정일 위원장 간 남북정상회담이 개최되었다. 그리고 2010년 지방선거를 앞두고는 해군 초계정 천안함이 북한잠수정의 공격으로 침몰하는 사건이 발생했다. 의도된 것인지 우연인지 잘 알 수는 없지만 흥미롭게도 민주화 이후 치러진 선거 중 적지 않은 경우에 북한이 선거에 영향을 미칠 수 있는 변수로 등장해 온 것이다.

북풍전략이 시도되는 까닭은 무엇일까? 세 가지 정도의 이론적 설명을 생각해 볼 수 있다. 첫째, 전쟁의 발발이나 위협은 국내문제에서 발생하는 긴장과 갈등을 잊게 하고 위기 극복을 위해 지도자를 중심으로 뭉치게 하는(rally around the flag) 효과를 가져올 수 있다(Norpoth 1987, 4). 북한으로부터의 군사적 위협의 발생 역시 이와 동일한 논리에서 설명해 볼 수 있다. 집권당이 북풍전략을 쓰고자 하는 것은 북한으로부터의 위협에 맞서기 위해서는 국내 문제에서의 갈등을 잠시 제쳐두고 모두가 현 정부를 중심으로 단결해야 하는 상황으로 몰아가고자 하는 것으로 볼 수 있다.

둘째, 던리비(Dunleavy 1991, 112-144)의 선호형성모델(preference-shaping model)은 북풍전략의 또 다른 의미를 논리적으로 설명한다. 던리비는 정당이 중위수 유권자의 위치로 수렴해 간다는 다운즈(Downs 1957, 114-132)의 가정을 뒤집어서 정치적 자원을 지니고 있는 집권당이 그들의 이념적 위치에 가깝도록 유권자의 선호분포를 움직이게 할 수 있다는 점에 주목했다. 즉 정당이 유권자의 선호 분포에 따라가려는 것이 아니라 유권자의 선호 분포를 정당에 가깝도록 이동시킬 수 있다는 것이다. 북풍을 예로 든다면 보수적 정당이 특정 이슈에 대한 유권자의 선호분포에 적응하려고 애쓰는 것이 아니라 북풍과 같은 이슈를 통해 유권자의 선호분포가 보수적인 방향으로 이동하도록 함으로써 그 정당의 이념적 위치에 가깝게 다가서도록 한다는 것이다.

셋째, 정당경쟁의 근접이론(proximity)에 따르면, 이슈가 단일차원인 경우에 어떤 유권자와 두 정당 간 거리는 새로운 이슈의 부상으로 인해 이차원 공간으로 확대되면 새로이 떠오른 이슈에 대한 유권자와 정당의 이념적 위치에 따라 각 정당과의 근접성은 변화할 수 있다(Enelow and Hinich 1984, 42-64). 예컨대 경제이슈에서는 A당과 더 가깝게 느꼈던 유권자라고 하더라도 안보이슈에서는 B정당의 입장에 아주 근접해 있다면 이차원 공간에서 전체적인 정당 근접성은 B가 더 클 수 있다는 것이다. 이 입장을 적용해 보면 집권당이 경제정책이나 사회정책으로 인해 인기가 떨어진 경우 북풍을 통한 안보이슈를 새로이 부상시킴으로써 보수적 유권자와의 거리를 가깝게 만들 수 있다는 것이다.

그렇다면 선거에 활용되는 북풍의 효과는 과연 어떠할까? 정준표(1998, 139)는 1996년 국회의원 선거를 앞두고 발생한 북한의 잇단 비무장지대에서의 무력시위로 인해 당시 야당인 국민회의가 수도권에서 적어도 10석 정도의 의석을 잃은 것으로 평가했다. 그러나 '북풍'의 효과가 제한적이라는 평가도 적지 않다. 2000년 총선을 앞두고 개최된 남북정상회담은 의도한 효과를 보지 못한 것으로 나타났다(강원택 2003). 김형준(2007) 역시 2002년 대통령선거에서 북핵 파동은 보수적 유권자들을 결집하는 효과는 있었지만 반미이슈 등으로 인해 그 효과가 상쇄되어 큰 파장을 일으키지 못한 것으로 보았다. 김영태(2007) 역시 2007년 대통령선거 이전의 남북정상회담과 같은 북한 변수는 유권자의 투표행태에 별다른 영향을 미치지 못한 것으로 분석했다. 즉 북풍의 효과는 최근에 가까울수록 그 효과가 제한적인 경향을 보이고 있다. 이런 논의를 토대로 하여 2010년 지방선거에서 천안함사건이라는 북한 변수가 유권자의 선택에 어떤 영향을 미쳤는지에 대해 살펴보기로 한다.

지방선거에 영향을 미친 주요 이슈

2010년 6월 2일 실시된 지방선거를 두 달여 앞둔 3월 26일 해군 초계정 천안함이 침몰한 이후 선거 때까지 이 사건은 주요 언론을 뒤덮었고 국민적 관심의 대상이 되었다. 이로 인해 지방선거를 앞두고도 선거 관련 이슈들이 공식 선거운동이 시작된 5월 20일까지 제대로 논의조차 되지 못하는 분위기였다. 그렇다면 과연 지방선거 때 유권자들의 관심은 온통 천안함사건이었을까? 천안함 이슈가 선거에 미친 영향을 살펴보기에 앞서 선거기간 중 제기되었던 각종 이슈가 유권자의 투표 결정에 있어 얼마나 큰 고려의 대상이었는지에 대해 알아보기로 한다. 〔표 1〕은 광역단체장 선거에서 후보자를 결정하는 데 각 이슈가 고려의 대상이었는지 그 질문에 대한 응답 비율을 정리해 둔 것이다. 〔표 1〕은 매우 의외의 결과를 보여주고 있다.

천안함이슈가 사실상 신문과 방송 등 주요 언론을 뒤덮다시피 했지만 실제로 유권자들이 투표결정 때 고려한 이슈는 천안함사건이 아닌 것으로 나타났다. 유권자들이 선거결정 때 천안함이슈를 고려했다는 비율은 다른 이슈들에

[표 1] 지지 후보 결정에 각 이슈를 고려한 비율

이슈	1차 조사	순위	2차 조사	순위
초중교 무상급식	74.8	1	61.3	2
4대강사업	63.3	2	65.4	1
세종시사업	57.6	3	57.1	3
천안함사건	48.1	5	41.8	5
노 전 대통령 1주기	40.3	6	30.0	7
전교조 명단공개	53.9	4		
전교조 교사 파면해임			46.5	4
김제동씨 프로그램 중단			35.6	6

* 주 : 각 항목에 대해 개별적으로 물어본 응답 결과임. 1차 조사는 선거 전, 2차 조사는 선거 후 실시하였음.

비해서 오히려 낮게 나타났다. 선거 전 실시한 1차 조사에서는 초중교 무상급식에 대한 관심이 높았고, 그 다음이 4대강사업, 세번째가 세종시, 네번째가 전교조 명단공개, 그리고 다섯번째가 천안함사건이었다. 선거 후 조사한 2차 조사에서도 무상급식과 4대강 사업의 순서가 바뀌기는 했지만 대체로 유사한 순서를 보였으며 천안함사건은 여기서도 다섯번째의 비율을 보였다. 이번 지방선거에서 유권자들에게 영향을 미친 사건은 천안함사건이나 노무현 전 대통령 1주기 같은 '정치적' 이슈보다는 일상생활에 보다 큰 영향을 미치는 무상급식, 4대강, 교육문제였음을 알 수 있다. 즉 지방선거에서 유권자들이 관심을 가졌던 이슈는 생활정치(life-style politics)와 관련된 것이었다.

더욱 흥미로운 점은 이러한 경향이 지지정당과 무관하게 나타나고 있다는 점이다. 여당지지자, 야당지지자 구분 없이 선거를 앞두고 관심을 가졌던 이슈는 유사했다는 것이다. [표 2]에서 보듯이, 한나라당 광역단체장 후보를 지지한 이들 중에서 58.1퍼센트가 천안함사건을 고려하지 않았다고 대답했는데, 이 비율은 큰 차이는 아니지만 민주당후보에게 투표한 이들 중 이 이슈를 고려하지 않았다고 응답한 54.9퍼센트의 비율보다도 더 높은 것이었다. [표 1], [표 2]의 결과는 언론의 요란한 보도에도 불구하고, 천안함사건이 지방선거에서 유권자의 투표결정에 미친 영향이 생각만큼 크지 않을 수 있음을 보여준다.

그런데 여기서 한 가지 주목할 점은 어떤 이유로 천안함사건을 고려했다는 응답이 '보수적인' 한나라당 지지자들이 아니라 야당인 민주당 지지자들에게

[표 2] 광역후보 투표 정당별 천안함사건 고려 정도 (단위 : %)

투표 정당	고려했다	고려하지 않았다	모름/무응답
한나라당	41.6	58.1	0.3
민주당	45.1	54.9	0.0

* 주 : 여타 정당 지지자는 표본의 크기가 작아 제외하였음.

서 더 높게 나타났을까 하는 점이다. 전통적으로 보수적 유권자들이 보다 중요하게 생각하는 북한이슈, 안보이슈인 천안함사건을 민주당 지지자들이 더 고려했다는 것은, 그동안 선거에서 보아온 '북풍'의 기대효과와는 다른 방향으로 이 사건이 영향을 미쳤을 것이라는 점을 시사해 준다. 즉 천안함사건이라는 안보이슈가 한나라당에 오히려 불리하게 작용했을 수도 있다는 것이다.

이런 특성을 보다 분명히 확인하기 위해 〔표 3〕에서는 연령 집단별로 투표 때 천안함사건을 얼마나 고려했는지 그 비율을 비교해 보았다. 일반적으로 연령이 높아질수록 보수적인 성향이 강하게 나타나기 때문에(예컨대 강원택 2003, 287-333), 고연령 집단에서 이 사건에 대한 관심이 더 클 것으로 예상해 볼 수 있다. 그러나 실제 결과는 흥미롭게도 연령이 높아질수록 천안함사건을 지지 후보 선택시 고려했다는 비율이 낮게 나타나고 있다. 19-29세의 젊은층에서 이 사건을 투표결정 때 고려했다는 비율은 55.2퍼센트인 반면, 40-50대의 경우에는 35퍼센트 수준에 머물러 있다. 일반적으로 북한이나 안보와 관련된 이슈에 대해 나이가 많은 층에서 더욱 예민한 반응을 보여 온 이전 선거에서의 경향을 고려할 때 연령이 낮을수록 천안함이슈를 더 많이 고려했다는 응답은 다소 의외라고 할 수 있다. 앞서 지적한 대로, 이러한 응답 패턴은 천안함사건이 이전과는 상이한 형태로 투표결정에 영향을 미쳤음을 시사해 주는 것이다.

그렇다면 천안함사건은 언론의 대대적인 보도나 안보이슈라는 사건의 무게감에도 불구하고 예상만큼 유권자들의 투표결정에 커다란 영향을 미치지 못했다고 말할 수 있다. 그렇다면 천안함사건은 집권당에게 별다른 도움이 되지 않았던 것일까?

천안함사건은 북풍(北風)이었나?

북한이슈가 대체로 집권당, 특히 보수적인 집권당에게 유리하게 작용할 것이라는 예상은, 앞서 살펴본 여러 가지 이론적 설명처럼 최소한 보수적인 유권자들에게 안보이슈의 중요성을 일깨워줌으로써 집권당이나 대통령의 국정운영에 불만이 있는 경우라고 해도 '깃발 주위로 뭉치게 하는' 효과를 가져 올 것이라는 기대감 때문이다. 이런 이유로 인해 북한군의 소행으로 밝혀진 이번 천안함사건 역시 여당인 한나라당에게 유리한 환경을 만들어줄 것으로 기대되었다. 그러나 앞 절에서 본대로 천안함사건의 영향은 상당히 제한적이었으며 그 효과 역시 예전과는 다소 상이한 형태로 나타났다. 야당 지지자가 더 높은 비율로 그 이슈를 고려했다고 했고, 상대적으로 진보적인 젊은 유권자 층에서 천안함이슈를 고려했다는 응답이 높게 나타났다. 그리고 실제 선거결과 또한 과거의 북풍전략에 대한 기대감과는 달리 여당의 패배를 막지 못했다. 그렇다면 천안함사건은 정파적으로 어느 정당에게 더욱 유리하게 작용했을까?

[표 4]는 천안함사건이 과연 투표 행태의 변화에 영향을 주었는지에 대한 응답을 정리한 것인데 주목할 만한 결과가 나타났다. 전체 응답자의 4분의 3 정도인 68.5퍼센트의 응답자는 지지 후보를 바꾸지 않았다고 응답하여 이 이슈로

[표 3] 연령 집단별 투표결정시 천안함사건 고려 정도 (단위 : %)

투표 정당	고려했다	고려하지 않았다	모름/무응답
19-29	52.1	47.2	0.6
30-39	44.2	55.8	0.0
40-49	35.2	64.8	0.0
50-59	37.9	61.4	0.7
60+	41.2	57.6	1.2

* 주 : 여타 정당 지지자는 표본의 크기가 작아 제외하였음.

부터 영향을 받지 않은 것으로 나타났다. 모름/무응답 2.9퍼센트를 제외하면 대체로 30퍼센트 정도가 천안함사건으로 원래의 투표결정을 바꿨다고 응답했다. 선거를 앞두고 특정 이슈가 30퍼센트 정도의 표심을 변화시켰다면 그 이슈의 효과는 대단히 큰 것으로 봐야 할 것이다. 그런데 흥미로운 점은 표심 변화의 '방향'이다. 가장 큰 비율의 응답은 "여당에서 야당후보로 지지를 변화"했다는 것으로 12.4퍼센트였다. 이에 비해 "야당을 지지하다가 천안함사건 때문에 여당후보로 지지를 바꿨다"는 응답의 비율은 2.4퍼센트에 불과했다.

흥미롭게도 천안함사건이라는 '북풍'은 여당보다 야당으로의 지지 변화에 더 큰 영향을 미친 것으로 나타났다. 선거전략으로의 북풍은 안보상의 위기가 국내적 문제에서 벗어나 현 정부를 중심으로 단결하게 만들 것이라는 기대감에 의한 것이지만 실제로는 그런 기대와는 정 반대 방향의 결과가 나타난 것이다. 더욱이 지지후보가 없었는데 천안함사건으로 여당 혹은 야당후보로 지지를 바꾼 응답자들까지 포함하면, 천안함사건으로 인해 야당 지지로 바꾼 비율은 17.4퍼센트인데 여당 지지로 바꾼 비율은 6.6퍼센트에 불과했다. 즉 이번 천안함사건은 집권당이 아니라 야당에게 오히려 유리하게 작용했음을 알 수 있다. 선거 후 여당이 천안함사건이라는 북풍의 역풍을 맞았다는 세간의 해석은 [표 4]의 결과에서 잘 드러나고 있다.

그렇다면 왜 천안함사건은 애당초 예상과는 달리 여당인 한나라당에게 불리한 영향을 미쳤을까? 우선 생각해 볼 수 있는 이유는 여당이 천안함사건을 노

[표 4] 천안함사건으로 인한 투표행태의 변화양상

	지지후보 바꾸지 않았다	여당에서 야당후보로 지지 변화	야당에서 여당후보로 지지 변화	지지후보 없다가 여당 지지로 변화	지지후보 없다가 야당 지지로 변화	투표 안 하려다 투표결정	모름/무응답
% (N=378)	68.5	12.4	2.4	4.2	5.0	4.5	2.9

골적으로 선거에 활용하려 한다는 데 대해 불만을 가졌기 때문일 수 있다. 즉 북풍을 정치적으로 이용하려 하기 때문에 오히려 반감이 생겼다는 것이다. 이를 확인해 보기 위해 천안함 침몰 발표가 지방선거에 영향을 미치기 위한 정부의 의도가 있느냐는 질문에 대한 응답을 광역자치단체장 선거에서 투표한 정당별로 나눠서 살펴보았다. [표 5]는 천안함사건을 바라보는 유권자들의 인식이 투표한 정당에 따라 매우 다르게 나타난다는 점을 잘 보여주고 있다. 우선 전체적으로 볼 때 천안함사건을 선거용으로 활용하려는 의도가 있다는 응답이 상대적으로 매우 높게 나타났다. 전체 응답자 중 70.7퍼센트가 천안함사건을 정치적으로 활용하려는 의도가 있는 것으로 보았다. 특히 민주당후보에 투표한 유권자들 중 92.2퍼센트는 천안함사건이 정치적 의도를 갖고 여권에 의해 활용되었다고 보았다. 그러나 한나라당후보에 투표한 유권자들 가운데는 41.5퍼센트만이 정치적 의도가 있다고 보았다. 사실 41.5퍼센트의 비율도 낮은 것으로 볼 수는 없지만, 보다 중요한 점은 과거 북풍이 보수적이고 여당 성향의 유권자들을 결집하는 데 효과적이었다면 [표 5]의 결과는 이와는 반대로 야당 지지자들을 오히려 결집시키는 결과를 낳았다는 것이다.

[표 5] 천안함사건 정치적 의도 여부에 대한 정당별 응답률 (단위 : %)

	정치적 의도 있다	정치적 의도 없다	N
한나라당	41.5	58.5	330
민주당	92.2	7.8	255
전체	70.7	29.3	904

[표 6] 천안함사건 정치적 의도 여부에 대한 국정운영 평가별 응답률 (단위 : %)

MB 국정운영 평가	정치적 의도 있다	정치적 의도 없다	N
긍정적	41.5	58.5	371
부정적	90.4	9.6	519

이런 특성을 다시 확인하기 위해서 이번에는 이명박 정부의 국정운영에 대한 평가를 기준으로 천안함사건의 정치적 의도 여부에 대한 태도에 대해서 알아보았다. [표 6]의 결과는 이 대통령에 대한 국정운영 평가와 천안함사건의 정치적 의도에 대한 응답 비율을 정리한 것이다. 이명박 대통령의 국정운영에 대해 긍정적으로 평가하는 이들 중 58.5퍼센트가 정치적 의도가 없다고 답했지만, 국정운영에 대해 부정적인 시각을 갖고 있는 이들 중 대다수인 90.4퍼센트는 천안함사건 발표에 정치적 의도가 있다고 답했다. 흥미롭게도 [표 6]의 결과는 [표 5]의 결과와 대단히 유사하지만, 이명박 정부 국정운영에 대해 부정적인 응답자의 수가 더 크다는 점에서 천안함사건 처리방식은 여당인 한나라당에게 상당히 불리한 형태로 영향을 미쳤을 것으로 짐작해 볼 수 있다.

무엇을 잘못했나?

지금까지 살펴본 대로 천안함사건은 과거 북풍처럼 선거에서 여당에게 도움을 주기보다는 오히려 역효과를 낸 것으로 보인다. 이처럼 과거와 다르게 북풍 효과가 나타난 것은 탈냉전 이후의 시대적 변화와 지난 10년간의 남북한 간 화해협력의 경험, 남북한 간 경제력의 현저한 차이 등 다양한 요인 때문이겠지만, 또 다른 이유는 한나라당이 오늘날 우리 국민들이 원하는 의제를 제대로 파악하지 못한 때문으로도 보인다. 우선 대북정책에서도 천안함사건과 같은 도발적 행위에도 불구하고 장기적으로 볼 때 다수 국민들이 원하는 대북정책 추진의 방향이 강경대처보다는 남북한 간 화해협력 강화의 방향이었다. [표 7]은 지방선거 후 실시한 2차 조사에서 질문한 바람직한 대북정책 추진 방향에 대한 응답이다. 천안함사건에도 불구하고 전체 응답자의 62.9퍼센트가 남북한 간

화해협력 강화를 원했다. 북한에 대해 강경하게 대처해야 한다는 응답은 35.4 퍼센트에 불과했다. 이번 선거를 앞두고 사실 이명박 대통령과 한나라당은 천안함사건으로 인한 남북 간의 군사적 위기를 의도적으로 고조시키고자 한 것이 아닌가 하는 의구심을 줄 만큼 대북 강경대처 쪽으로 대응 정책을 몰아갔다.

예를 들면, 선거를 불과 열흘 정도 남겨둔 2010년 5월 24일에는 이명박 대통령이 천안함사건 관련 특별 대국민담화를 발표하는데 담화발표의 장소는 전쟁기념관이었다. 아래의 인용문에서 볼 수 있듯이 담화문의 내용 중에는 전쟁도 불사하겠다는 해석이 가능한 표현이 담겨 있었다.

> 천안함 침몰은 대한민국을 공격한 북한의 군사도발입니다. ……나는 북한의 책임을 묻기 위해 단호하게 조처해 나가겠습니다. ……대한민국은 앞으로 북한의 어떠한 도발도 용납하지 않고, 적극적 억제 원칙을 견지할 것입니다. 앞으로 우리의 영해, 영공, 영토를 무력침범 한다면 즉각 자위권을 발동할 것입니다.

이 담화 발표 이후 전쟁 상황에 대한 불안감이 증폭되었고 일시적으로 증시와 환율에도 영향을 미치기도 했다. 그러나 결과적으로 볼 때 이와 같은 대북 강경대처는 많은 유권자들로부터 그다지 긍정적인 반응을 받지 못했음을 알 수 있다. 대북 화해협력 정책에 대한 지지가 다수를 차지하는 만큼 이명박 정부의 대북 강경기조는 한나라당 지지의 외연확대를 어렵게 한 것으로 보인다. 물론 대북정책에 대한 반응은 어느 정당 소속 후보를 지지했느냐에 따라 차이가 존재했다. 야당인 민주당에 투표한 이들의 압도적 다수인 81.2퍼센트는 천안함사건에도 불구하고 대북 화해협력 강화를 원했다. 이에 비해 한나라당에 투표한 이들 가운데서는 절반 이상인 54.5퍼센트가 강경대처를 원했지만 화해협력 강화가 필요하다고 생각하는 이들의 비율도 43.5퍼센트에 달했다. 한나라당 지지자들 중에서도 대북정책에 대한 입장은 화해협력과 강경대처로 갈리고 있음을 알 수 있다.

응답 패턴은 연령별로도 적지 않은 차이를 보인다. 물론 연령대와 무관하게 화해협력 강화가 강경대처보다 응답률이 높다는 점은 지적할 만한 점이다. 역시 예상대로 60대 이상 고연령 유권자 집단에서 화해협력 강화가 필요하다는 응답률이 가장 낮게 나타났지만 여기서도 그 비율은 50퍼센트를 넘었다. 주목할 부분은 19-29세의 젊은 유권자 집단과 50-59세의 장년층 집단이다. 19-29세 집단에서 화해협력 강화가 필요하다는 응답은 71.8퍼센트로 가장 높은 응답률을 보였으며, 50-59세 집단은 두 번째로 높은 67.3퍼센트로 나타났다. 이 두 연령 집단을 묶어내는 고리는 역시 군 복무일 것으로 보인다. 19-29세 집단은 그들 스스로가 군대에 가야할 연령대이며, 50-59세 집단은 자식이 군에 있거나 군에 가야할 연령 집단이다. 천안함사건에도 불구하고 이 두 집단에서 대북 화해협력 강화의 요구가 강하게 나타난 것은 이명박 정부의 대북 강경정책이 초래한 전쟁 발발의 가능성과 같은 불안감 때문일 것으로 생각된다. 그런 만큼 천안함사건에 대한 정부 여당의 강경책은 그 의도와는 달리 오히려 많은 유권자들을 불안하게 했고 그로 인해 정치적 불만을 갖도록 만들었을 개연성이 커 보인다.

또 다른 문제점은 선거 당시 유권자들이 원했던 정책의 성격에 대한 것이다. 천안함사건으로 정부 여당은 안보이슈를 가장 중요한 것으로 내세우고자 했던 것으로 보인다. 그러나 안보이슈에 대한 기대는 예상 밖으로 매우 낮았다. [표 1]에서 이미 본 대로, 투표결정시 영향을 미친 이슈 중 천안함사건은 '뜻밖에도' 중요성이 낮은 편이었다. 그렇다면 지방선거에서 유권자들이 이명박 정부가 해결해 주길 기대했던 정책들은 어떤 것이었을까? [표 8]은 정부가 향후 가장 중점을 두고 추진해야 할 국정과제의 주제를 정리한 것이다. 앞서 여러 차례 확인한 대로, 천안함사건에도 불구하고 국가안보 강화가 향후 중요한 국정과제라는 응답은 2.9퍼센트에 불과했다. 오히려 그와는 반대 방향인 남북관계 개선이라는 응답이 10.4퍼센트로 상대적으로 높았다. 가장 높은 응답률을 보인 과제는 경제적 양극화 해소였고, 국민통합과 경제성장이 그 뒤를 이었다. 말하자면 지방선거 당시 많은 유권자들이 관심을 가졌던 이슈는 국가안보와 관련된 것이 아니었다. 천안함사건에도 불구하고 실제로 원했던 어젠다는 양극화 해소, 국민통합, 경제성장 등 사회경제적인 이슈들이었던 것이다. 앞의 〔표 1〕에서 본대로, 생활정치의 중요성이 커졌다는 사실이 여기서도 다시 확인되는 것이다. 그런데 이런 이슈들에 대한 요구가 높다는 것은 그만큼 이런 분야에서 이명박 정부의 정책 수행에 대한 불만이 적지 않음을 시사하는 것이기도 하다. 그러나 정부 여당이 선거기간 중 이러한 유권자의 여망과는 달리 안보이슈에

[표 7] 바람직한 대북정책 추진 방향 (단위 : %)

		강경대처	화해협력 강화	모름/무응답
전체		35.4	62.9	1.7
투표 후보 정당	한나라당	54.5	43.5	2.0
	민주당	16.9	81.2	2.0
연령	19-29	27.0	71.8	1.2
	30-39	35.7	61.3	3.0
	40-49	36.5	62.1	1.4
	50-59	32.0	67.3	0.7
	60+	44.7	53.5	1.8

[표 8] 정부가 가장 중점을 두고 추진해야 할 국정과제 (단위 : %)

	국민 통합	경제 양극화 해소	남북 관계 개선	정치 개혁	경제 성장	국제 경쟁력 강화	삶의 질 개선	국가 안보 강화	교육 개혁	지역 균형 발전	기타	모름/무응답
N = 904	16.6	28.8	10.4	5.8	15.5	4.4	6.5	2.9	2.9	5.0	0.7	0.7

만 집중하면서 그 요구를 제대로 읽어내지 못하는 실수를 저지른 셈이다. 결국 많은 유권자들은 천안함사건에도 불구하고 지방선거를 통해 생활정치 영역에서 이명박 정부의 정책에 대한 불만을 표출해 낸 것이다. 지방선거가 '북풍'에 휩쓸려 간 것이 아니라 현 정부에 대한 '중간평가'의 기회로서 활용된 셈이다.

결론

2010년 지방선거는 여러 가지 점에서 많은 흥미로운 결과를 보여주었다. 그 가운데 천안함사건은 과거의 유사한 현상과는 전혀 다른 결과를 낳았다는 점에서 더욱 주목할 만하다. 앞서 언급한 대로 이번 지방선거 기간 내내 사회적 관심의 중심에는 천안함침몰 사건이 놓여 있었다. 그것이 북한의 소행으로 밝혀지면서 또 다시 한국선거에 북한은 중요한 변수로 등장했다. 이 글에서 본 대로 정부 여당의 실제 의도가 어떻든 천안함사건은 유권자들에게 또 다른 '북풍'으로 간주되었다. 그러나 한나라당의 기대감과는 달리 북풍전략은 실제로는 다른 이슈들에 비해서 커다란 주목을 받지 못했고 오히려 역풍이 불어 한나라당 지지의 부분적 이탈과 민주당 표의 결집으로 이어졌다.

　천안함사건이 역풍을 맞게 된 것은 정부 여당의 천안함사건 처리 과정이 정치적 의도가 있는 것으로 비춰져 그 순수성을 의심하게 되었고, 또 대북정책 방향에 대해서도 다수 유권자들은 강경대처보다는 궁극적으로 화해협력의 방향을 원하고 있었기 때문이다. 가장 근본적인 원인으로는 오늘날 국민들이 절실하게 원하는 국정과제는 실생활과 관련된 양극화해소, 경제성장, 국민통합 등의 이슈였지만, 천안함으로 안보이슈에 집중하면서 그러한 요구에 정부 여당이 제대로 부응하지 못한 때문이다. 천안함사건을 둘러싼 2010년 지방선거에서의 논란과 결과는 시대적 변화에 대한 올바른 인식이 정치적으로 얼마나 중요한 것인지를 잘 보여주고 있다. 또 한편으로는 그동안 선거 때가 되기만 하면 "전가(傳家)의 보도(寶刀)"처럼 활용되어 온 '북풍'이 이제는 예전과 같은 영향력을 발휘할 수 없게 되었다는 점도 의미 있는 결과로 생각된다. 적어도 2000년 이후에 선거 때마다 시도된 거의 모든 '북풍' 전략은 별다른 효과를 보지 못했다. 이번 천안함사건을 선거에 활용한 전략은 오히려 역풍이 불어 집권당에게 불리하게 작용했다. 2010년 지방선거 결과가 향후 선거에서 정치권이 북풍에 의존하려는 유혹에서 벗어날 수 있도록 하는 의미 있는 학습의 기회가 될 것인지 지켜볼 일이다.

■ 참고문헌

강원택. 2003. 《한국의 선거정치 : 이념, 지역, 세대와 미디어》. 푸른길.
김영태. 2007. "제 17대 대통령선거와 북한 변수." 〈정치정보연구〉 10, 2: 65-77.
김형준. 2007. "제 16대 대통령선거와 북한 변수." 〈정치정보연구〉 10, 2: 47-64.
임수환. 2007. "제 14대 대통령선거와 북한 변수 : 민주주의 발전의 관점에서." 〈정치정 보연구〉 10, 2: 1-19.
정준표. 1998. "북풍의 정치학: 선거와 북한 변수." 〈한국과 국제정치〉 14, 1: 111-151.
주봉호. 2007. "제 15대 대통령선거와 북한 변수." 〈정치정보연구〉 10, 2: 21-44.

Dunleavy, Patrick. 1991. *Democracy, Bureaucracy and Public Choice: Economic Explanations in Political Science.* London: Harvester Wheatsheaf.
Enelow, James and Melvin Hinich. 1984. *The Spatial Theory of Voting: An Introduction.* Cambridge: Cambridge University Press.
Norpoth, Helmut. 1987. "The Falklands War and Government Popularity in Britain: Rally without Consequence or Surge without Decline?" *Electoral Studies* 16, 1: 3-16.

2. 6·2 지방선거에서 나타난 분할투표
_광역단체장 선거와 광역비례대표의원선거 사례를 중심으로

지병근

대부분의 유권자들은 동시에 진행되는 개별 선거들에 대하여 동일한 참여 목적과 전략을 설정하지는 않는다. 따라서 동시선거에 임하는 유권자들이 동일한 정당의 후보자들에게 투표할 것이라고 기대하는 것은 상당한 무리가 따른다. 유권자들 가운데 일부는 자신들이 행사할 수 있는 복수의 표를 분할함으로써 자신의 표가 갖는 가치를 극대화하려고 한다. 예를 들어 군소정당을 가장 선호하는 유권자들은 총선의 지역구의원 선거에서는 사표를 방지하기 위해 당선가능성이 있는 차선의 정당 후보자에게 전략적 투표(strategic voting)를 하는 대신에 비례대표의원선거에서는 자신의 최선호 정당에 순수투표(sincere voting)를 수행할 수 있다.

분할투표(split-ticket voting)에 대한 분석은 이것이 선거결과에 미치는 영향이 적지 않을 뿐만 아니라, 정당선호에 기초한 투표행태와는 상충되는 것이기 때문에 많은 이들의 관심 대상이 되었다. 한국에서는 지난 2004년 17대 총선 이후 단순다수제에 의한 지역구의원 선거 및 비례대표의원 선거에서 나타나는 분할투표에 대한 연구가 비교적 활발히 이루어져왔다고 볼 수 있다. 하지만 여전히 지방선거에서 나타나는 분할투표에 대해서는 거의 알려지지 않았다.

이 연구는 2010년 6·2 지방선거에서 나타난 분할투표에 관한 것이다. 8개의 선거가 동시에 진행된 이번 지방선거에서 얼마나 많은 유권자들이 일관투표

(straight-ticket voting) 또는 분할투표를 하였으며 그 결정요인은 무엇일까? 이러한 질문에 답하기 위하여 본 장은 지난 6·2 지방선거를 전후로 일반국민을 대상으로 진행된 2010년 동아시아연구원(East Asia Institute: EAI)의 6·2 지방선거 패널조사 중 전국패널조사 자료(2010년 5월 4일부터 6일까지와 6월 3일부터 5일까지 실시)를 이용하여 광역단체장 및 비례대표의원 선거와 광역 및 기초단체장 선거에서 이루어지는 분할투표를 분석할 것이다. 이번 연구는 많은 이들이 우려하고 있는 것처럼 광역단체장선거 이외의 선거에 대한 유권자들의 무관심과 후보자들에 대한 정보 부재가 소위 "묻지마 투표"로 이어졌는지 여부를 판단하고, 지방선거 특유의 분할투표 결정요인에 대한 이해를 높이는 데 기여할 수 있을 것이다.

본 장은 지방선거에서 한나라당과 민주당에 대한 정당선호도의 특성들이 분할투표에 미치는 영향에 초점을 두고 있다. 분할투표와 관련한 이 연구의 주요 가설은 다음과 같다. 첫째 분할투표의 가능성은 민주당에 대한 선호도가 높을수록 증가하는 반면, 한나라당에 대한 선호도가 높을수록 감소한다. 둘째 한나라당과 민주당에 대한 극단적인 선호 또는 혐오가 분할투표 가능성을 감소시킨다.

이 연구는 먼저 한국에서 이루어진 분할투표에 관한 주요 선행연구의 성과와 한계를 간략히 요약할 것이며, 다음으로는 데이터와 분석모델에 대하여 설명할 것이다. 그리고 세번째로는 6·2 지방선거의 정치적 의미와 함께 분할투표의 규모, 분포 그리고 결정요인에 관한 분석결과를 보고할 것이다. 마지막으로 결론인 네번째 부분에서는 이 연구의 주요 발견을 간략히 정리하고 분할투표의 향후 연구에 대한 함의를 제시할 것이다.

한국의 분할투표에 관한 선행연구

분할투표란 동일한 유권자가 상이한 정당의 후보자에게 투표하는 것을 지칭한다. 본래 분할투표에 대한 연구는 미국의 대통령과 의회 동시선거에서 유권자들의 투표 정당이 분할되는 것을 설명하기 위한 것이었다(박천호 2009). 하지만 한국에서 동시선거는 총선과 지방선거에서 국회의 지역구 및 비례대표의원의 선출, 광역 및 기초단체장과 지방의회의 지역구 및 비례대표의원 등을 선출하는 경우에 해당한다. 비록 1998년 동시 지방선거에서 서울과 경기지역 유권자들의 일관투표의 규모와 원인에 대한 규명을 시도했던 연구(이현우 1999)가 있지만 한국에서 분할 투표에 대한 본격적인 연구는 2004년 제17대 총선에서 비례대표제가 도입됨에 따라 시작되었다고 볼 수 있다.

박찬욱(2004)은 17대 총선에 대한 분석을 통하여 한국 유권자들의 분할투표 규모와 그 원인에 대한 체계적인 연구의 토대를 마련하였다. 그는 당시의 지역구선거와 비례대표선거에서 발생한 분할투표의 규모가 20퍼센트 정도에 이르며 대학생일수록, 이념적으로 진보적일수록, 그리고 민주노동당을 선호할수록 분할투표의 가능성이 증가한다는 점을 밝혔다. 그는 분할투표의 유형을 세분화하여, 한국의 유권자들이 사표방지 또는 "연합보장"을 위해 열린우리당과 민주노동당에 대하여, "견제균형"을 위하여 열린우리당과 한나라당에 대하여, 지역주의에 얽매여 열린우리당과 새천년민주당에 대하여 분할하여 투표하였다고 주장하였다.

김왕식(Kim 2005) 역시 17대 총선 분석을 통하여 남성, 20-40대, 급진적인 이념성향 등이 분할투표를 촉진한다는 점을 보여주었다. 아울러 그는 민주노동당에 대한 선호가 분할투표를 촉진하는 반면, 한나라당에 대한 선호는 분할투표를 억제한다는 점을 밝혔다. 비록 분명한 설명을 제시하지는 않았지만 흥미로운 발견 가운데 하나는 일부의 정당에 대한 유권자들의 선호가 분할투표 경향성과 비선형적(non-linear) 관계를 갖고 있다는 점이다. 열린우리당에 대한 호감 또는 혐오감이 강할수록 분할투표 성향이 감소하는 반면 새천년민주당의 경우는 오히려 증가한 것으로 나타났다.

조진만과 최준영(2006)은 김왕식(2005)의 연구에서 제기한 정당일체감을 포함하여 이념, 정치적 쟁점 등 여러 정치적 요인들과 분할투표 성향 사이의 비선형 관계에 대한 보다 체계적인 분석을 시도하였다. 이들은 라비노위쯔와 맥도날드(Rabinowitz and Macdonald 1989)의 방향성모델에 기초하여 유권자들의 정당에 대한 호오도(好惡度), 좌-우 이념성, 탄핵이슈에 대한 선호도 등이 유권자의 분할투표에 미치는 영향을 분석하였다. 2004년 총선에 대한 분석을 통하여 그들은 한나라당과 열린우리당에 대한 호오도가 강할수록 그리고 탄핵이슈에 대한 찬성 또는 반대의견이 강할수록 분할투표 가능성이 증가한다는 점을 밝혀냈으며, 이념적으로 진보에 가까울수록, 군소정당의 지지자일수록, 그리고 열린우리당과 함께 새천년민주당이 정치적 영향력을 양분하던 호남지역 유권자들에게서 분할투표 가능성이 증가한다는 점을 보여주었다.

박찬욱·홍지연(2009)은 2008년 18대 총선사례분석을 통하여 지역구선거와 비례대표선거에서 유권자들의 분할투표 규모가 약 25-35퍼센트로 증가하였음을 밝히고 이러한 변화가 2004년 총선에서와 달리 창조한국당과 진보신당, 친박연대 등 신생정당이 등장함에 따라 유권자들의 선택의 폭이 넓어졌기 때문이라고 주장하였다. 아울러 이들은 당시 가장 빈도가 높았던 한나라당과 친박연대 사이의 분할투표가 사표방지 또는 연합보장을 위한 것인 반면, 한나라당과 통합민주당 사이의 분할투표는 정책균형을 위한 것이라고 주장하였다.

지금까지 살펴본 것처럼 최근의 총선에서 나타난 분할투표의 기원은 무엇보다 유권자의 선택을 다양화시킬 수 있는 단순다수제와 비례대표제가 혼합된 선거제도의 도입에서 찾을 수 있다. 따라서 단순다수제에 의한 광역 및 기초단체장 선거, 광역 및 기초의회의 지역구의원 선거와 비례대표제에 의한 광역 및 기초의회의 비례대표의원 선거가 동시에 치러지는 지방선거에서도 각 정당들 사이에 분할투표가 이루어져 왔다. 이번 6·2 지방선거에서도 군소정당 지지자들의 전략적 투표와 한나라당과 민주당 지지자들의 연합보장을 위한 분할투표가 그리고 한나라당과 민주당 사이에는 정책균형을 위한 분할투표가 이루어졌다.

연구 디자인 : 데이터와 분석 모델

이 연구는 두 차례에 걸친 2010년 6·2 지방선거 패널조사 중 전국패널조사의 자료(2010)를 이용하여 6·2 지방선거에서 나타난 분할투표의 규모와 이를 촉진하는 여러 요인들을 분석하고자 한다. 한국의 동시 지방선거는 광역 및 기초단체장 선거와 지방의회(지역구 및 비례대표) 선거를 모두 포함하고 있기 때문에 이들 사이에 이루어지는 분할투표의 다양한 유형을 분석할 수 있다. 이번 지방선거에서는 8개의 동시선거가 이루어졌기 때문에 총선과 같이 광역지역구와 광역비례의원, 기초지역구와 기초비례의원 선거에서 발생하는 후보와 정당지지 사이의 분할투표 성향뿐만 아니라, 광역과 기초단체장, 광역과 기초지역구의원, 광역비례와 기초비례의원 선거 등 상이한 크기의 선거구에서 기인하는 분할투표에 대한 분석이 이루어질 수 있다. 이 밖에 교육감과 교육위원 선거도 함께 포함하면 보다 다양한 유형의 분할투표에 대한 비교분석이 가능하다.

여기서는 이 광역단체장 및 광역비례의원 선거에서 한나라당, 민주당, 자유선진당, 민주노동당, 진보신당, 국민참여당 등 6개 주요 정당들에 대한 분할투표를 분석할 것이다. 광역비례대표선거에서 다른 정당들에 대한 투표는 2010년 6·2 지방선거 패널조사에서 "기타 정당"으로 구분되어 있기에 여기에서는 제외하였다. 이 연구에서 분할투표 결정모델의 회귀계수 계산을 위해서는 로지스틱 추정방법을 사용할 것이다. 종속변수는 분할투표 여부(분할투표=1, 일관투표=0)이다. 주요 독립변수로는 정당선호와 관련된 한나라당 선호도(매우 혐오=0, 매우 선호=10), 민주당 선호도, 한나라당 선호도^2, 민주당 선호도^2 등을 사용하였으며, 각 모델에는 이념(진보=0, 보수=10), 연령(20대=1~60대=5), 학력(중졸 이하=1, 고졸=2, 대재=3, 대졸 이상=4), 수입(가구소득 300만원 미만=1,300만원 이상 -500만원 미만=2,500만원 이상=3), 남성(=1), 지역(호남=1, 영남=1) 등을 통제변수로 사용할 것이다.

광역단체장 및 광역비례의원 선거에서의 분할투표 여부는 유권자의 최선호 정당의 특성과 각 정당에 대한 선호도의 수준에 따라 달라질 수 있다. 이미 잘 알려져 있는 바와 같이 군소정당 후보를 가장 선호하는 유권자들은 사표발생의 위험성이 덜한 광역비례대표선거에서 자신의 선호를 따라 순수투표를 하는 반면 광역단체장선거에서는 당선가능성을 고려하여 한나라당과 민주당 가운데 차선의 후보에게 전략적으로 투표할 수 있다. 따라서 이들의 투표는 선거제도를 달리하는 두 선거에서 군소정당과 양대정당 사이에 분할될 수 있다. 하지만 이들이 분할투표를 할지를 결정하는 데에는 양당에 대한 선호도 역시 영향을 미칠 수 있다. 만약 한나라당 또는 민주당에 대한 이들의 선호가 매우 약하다면 유권자들은 광역단체장선거에서도 전략적 투표보다는 순수투표를 선택하는 것이 장기적으로 더 유리하다고 판단할 수 있기 때문이다.[1]

이 연구에서 주목하는 것은 정당에 대한 선호도와 분할투표의 가능성에 관한 것이다. 공천후보자의 당선가능성이 높은 민주당에 대한 선호가 강할수록

---

[1] 순수하게 자신의 선호에 따라 투표하기보다는 전략적으로 정치적 효용성을 극대화하기 위한 분할투표 성향은 군소정당을 가장 선호하는 유권자들에게만 국한된 것은 아니다. 한나라당 또는 민주당을 가장 선호하는 유권자들 역시 정치연합을 위해 광역단체장 또는 광역비례대표의원 선거에서 차선호 군소정당 후보에게 분할투표할 가능성이 있다. 아울러 이들은 양당을 가장 선호하더라도 양당에 대한 불만을 전달하기 위한 저항투표(protest voting) 또는 표출투표(expressive voting)를 선택할 수 있다(Franklin et al. 1994; 박찬욱 2004; 지병근 2008; 강원택 2010). 저항투표의 개념에 대해서는 강원택(2010, 166)을 참조할 것.

분할투표의 가능성은 증가할 것으로 예측된다. 군소정당 지지자들의 경우 민주당을 선호할수록 광역비례대표선거에서와 달리 광역단체장선거에서 민주당에 대한 전략적 투표를 수행함으로써 분할투표가 이루어질 가능성이 증가할 것이다. 하지만 한국의 군소정당들 가운데 이 연구에 포함된 민주노동당과 진보신당과 달리, 자유선진당은 비록 이념적으로 보수적이지만 6·2 지방선거 당시 이 당의 주요한 정치적 기반인 충청지역의 유권자들 사이에 세종시 문제와 관련하여 한나라당에 대한 심각한 반감이 형성되었다는 점을 고려하면, 이 당을 지지하는 유권자들이 광역비례대표선거에서와 달리 광역단체장선거에서 한나라당 후보자들에 대한 전략적 투표를 할 것이라고 예측하기는 힘들다. 따라서 한나라당과 군소정당 사이의 분할투표는 군소정당 지지자들보다는 한나라당에 대한 지지층을 중심으로 이루어질 가능성이 크며, 결국 한나라당에 대한 선호가 클수록 분할투표가 강해지기보다는 오히려 감소할 가능성이 클 것으로 예측된다.

앞서 언급했던 것처럼 정당선호는 분할투표 여부와 관련하여 단순히 선형적 관계를 형성하지 않고 비선형적 관계를 갖고 있을 수 있다. 조진만 외(2006)가 이미 밝혔듯이 유권자들이 극단적으로 한나라당 또는 민주당을 선호하거나 혐오하는 경우 이들에 대한 일관투표의 가능성이 높아질 수 있다. 이들은 자신들이 극단적으로 선호하는 정당에 대해서는 동시선거로 치러지는 복수의 선거에서도 일관되게 지지를, 그리고 극단적으로 혐오하는 정당에 대해서는 일관된 지지거부를 나타낼 것이다. 따라서 광역단체장 및 광역비례대표의원 선거에서도 한나라당과 민주당에 대한 극단적인 호오도는 분할투표를 억제할 것으로 예측된다.

이념적으로 진보라고 답한 유권자일수록 광역비례의원선거에서 군소정당인 민주노동당과 진보신당에게 투표하겠지만, 단순다수제에 의한 광역단체장선거에서는 민주당에게 투표할 가능성이 증가할 것으로 예측된다. 반면 보수적인 유권자의 경우 광역비례의원선거에서 군소보수정당인 자유선진당, 미래연합과 친박연대에게 투표할 가능성이 높지만, 광역단체장선거에서는 한나라당 후보에게 투표할 가능성이 높을 것이다. 남성의 경우 정치에 대한 관심이 높고 수입이 많을수록 정치적 정보수렴비용에 대한 부담이 적으며, 학력이 높을수록 투표과정에서 정당 및 후보자들의 당선가능성에 대한 인지수준과 합리적인 판단에 의존할 가능성이 높다. 따라서 통제변수에 포함된 남성, 수입, 학력 등은 분할투표를 촉진하는 사회경제적 요인으로 기능할 것으로 예측된다. 반면 연령이 높을수록 정당일체감을 형성할 기간이 증가하기 때문에 분할투표 가능성이 감소할 것으로 예측된다.

분석 결과

이명박 정부의 집권 중반기를 맞이하여 개최된 2010년 6·2 지방선거는 집권 여당인 한나라당에게는 세종시, 4대강사업 등 다양한 정책추진의 동력을 마련할 수 있는 계기였다. 반면 민주당을 비롯한 야당에게는 정부정책에 대한 반대를 조직화함으로써 2012년 대선에서의 정권교체의 기반을 형성하기위한 정치투쟁의 장이었다. 당내부적으로는 정몽준과 정세균 당대표 등 대권주자들 사이의 주도권을 둘러싼 당권경쟁의 장으로 기능하기도 하였다.

16개 지역 광역단체장선거에서 한나라당은 제주를 제외한 15개 지역에서, 민주당은 경기, 울산, 경남을 제외한 13개 지역에서 후보를 출마시켰다. 반면, 민주노동당은 광주, 울산, 전남, 전북, 경북 등 5곳(후보단일화한 강원 제외)에, 진

---

2) 여기서 광역지역구의원선거에서의 투표 대상에 관한 질문은 2010년 6·2 지방선거 패널조사에 포함되지 않아 이를 분석대상에서 제외하였다.

보신당은 서울, 대구, 인천, 대전, 충북, 울산, 광주, 전북 등 8곳(심상정 후보가 중도 사퇴한 경기 제외)에, 국민참여당의 경우 경기, 광주, 경북 등 3곳에서 후보가 출마하였다. 자유선진당은 서울, 대전, 충남 등 3곳에 후보가 출마하였다. 기초단체장의 경우, 전체 228개 선거구에서 한나라당은 192개, 민주당은 153개, 민주노동당은 21개, 진보신당은 7개 그리고 국민참여당은 22개 지역에서 출마하였다(중앙선거관리위원회 홈페이지 역대선거정보시스템).

분할투표의 규모와 분포

아래의 [표 1]은 광역단체장선거와 광역비례대표의원선거에서 나타난 분할투표의 규모와 분포를 보여준다.[2] 양 선거에서 분할투표자의 수는 총 254명으로 6개 정당에 대한 투표자 총수인 718명 가운데 35.4퍼센트에 해당한다. 이는 제17대 총선과 18대 총선에서 나타난 분할투표의 비율과 비교하여 결코 적지 않은 분할투표가 이루어졌다는 것을 의미한다. 더구나 이번 전국패널조사에서 "기타정당"으로 분류되어 이 분석에 포함되지 않은 군소정당에 대한 투표자들이 광역자치단체장선거에서 전략적 투표를 할 가능성이 높기 때문에 이들을

[표 1] 광역단체장과 광역비례대표의원선거 분할투표비율 (단위 : %)

광역단체장선거	광역비례대표의원선거						
	한나라당	민주당	자유선진당	민주노동당	진보신당	국민참여당	사례수
한나라당	**77.7**	14.5	2.7	2.4	0.9	1.8	337
민주당	9.0	**66.1**	2.0	10.6	3.3	9.0	245
자유 선진당	16.0	8.0	**68.0**	0.0	4.0	4.0	25
민주 노동당	0.0	18.8	6.3	**68.8**	0.0	6.3	16
진보신당	11.1	33.3	0.0	22.2	**11.1**	22.2	9
국민 참여당	8.1	57.0	2.3	15.1	4.7	**12.8**	86
총계	41.2	37.3	4.7	8.4	2.4	6.0	718

* 주 : 굵은 글씨는 일관투표자의 비율.

고려할 경우 그 비율은 약간 더 높아질 것으로 추측된다.

좀 더 구체적으로 개별 정당에 대한 분할투표의 분포에서 나타난 몇 가지 특징들을 살펴보면 다음과 같다. 첫째, 한나라당과 민주당 사이의 분할투표가 상당한 수준으로 이루어졌다. 양당 사이의 일관투표는 각각 77.7퍼센트와 66.1퍼센트로 나타났으며 광역단체장 선거에서 한나라당과 민주당 후보에게 투표한 이들 가운데 광역비례대표선거에서 상대 정당의 후보에게 투표한 이들은 각각 14.5퍼센트(n=49)와 9.0퍼센트(n=22)였다. 이는 한나라당과 민주당 사이의 정책 균형을 위한 분할투표가 결코 적지 않았음을 의미한다.

둘째, 양대정당과 군소정당 사이의 분할투표의 규모 역시 결코 작지 않았으며, 최대 수혜자는 민주당이었다. 광역단체장선거에서 한나라당 후보에게 투표한 이들이 광역비례대표선거에서 다른 군소정당들에게 투표한 비율은 각각 3퍼센트 미만으로 그다지 높지 않았다. 하지만 광역단체장선거에서 민주당 후보에게 투표한 이들 가운데 상당수가 광역비례대표의원선거에서 군소정당들에게 분할투표하였다. 예를 들면 이들 가운데 민주노동당과 국민참여당에게 분할투표를 한 비율은 각각 10.6퍼센트(n=26)와 9퍼센트(n=22)였다. 민주노동당과 국민참여당뿐만 아니라 진보신당(3.3퍼센트)과 자유선진당(2.0퍼센트)에게 분할투표한 경우를 포함하면 민주당은 광역단체장선거에서 얻은 전체 득표의 24.9퍼센트를 분할투표자로부터 얻은 것이다. 그리고 이들이 모두 사표를 방지하기 위한 군소정당 지지자들의 전략적 투표에 의한 것이라고 가정하면 민주당은 분할투표의 최대수혜자였다고 볼 수 있다.[3]

셋째, 반면 민주당의 지지자들의 "연합보장"을 위한 분할투표는 거의 이루어지지 않았던 것으로 보인다. 광역단체장선거에서 민주노동당, 진보신당, 국민

---

[3] 군소정당 지지자들의 전략적 투표 성향의 강도는 광역단체장선거에서 민주노동당과 진보신당 후보에게 투표한 이들 가운데 상당수가 광역비례의원선거에서 이념적으로 근접한 상대 정당에게 분할투표하기보다는 민주당에게 더 투표한 것에서도 확인할 수 있다. 예를 들어 광역단체장선거에서 진보신당에게 투표한 이들 가운데 광역비례의원선거에서 진보신당에게 투표한 이들이 차지하는 비율(22.1%)보다 민주당에게 투표한 이들이 차지하는 비율(33.3%)이 더 높았다.

참여당 후보에게 투표한 이들 가운데 광역비례의원선거에서 민주당에게 투표한 경우는 각각 18.8퍼센트(n=3), 33.3퍼센트(n=3)와 57.0퍼센트(n=49)였다. 하지만 광역단체장선거에서 두 진보정당에게 투표한 이들의 경우 광역비례의원선거의 민주당 득표율에서 차지하는 비율은 동일하게 1.1퍼센트에 불과했다. 국민참여당 후보에게 투표한 경우도 대부분(98퍼센트, n=48)이 경선에서 국민참여당의 유시민 후보가 민주당의 김진표 후보를 이기고 후보단일화를 이루어 출마했던 경기도지사 선거에서 발생한 것이었다. 민주당 지지자들이 국민참여당과의 연합 보장을 위해 광역자치단체장선거에서 분할투표를 한 것이라기보다는 민주당 후보가 출마하지 않은 상황에서 선호순위에 따라 순수투표를 한 것으로 볼 수 있는 결과이다.

  넷째, 진보신당에 대한 일관투표의 비율은 매우 낮았으며 민주노동당과의 사이에 이루어진 분할투표 역시 매우 미약하였다. [표 1]에서 나타나듯이 진보신당 후보자들에 대한 일관투표의 비율은 매우 낮아 광역단체장선거에서 진보신당에게 투표한 이들 가운데 11.1퍼센트에 불과하였다. 광역자치단체장선거에서 진보신당 후보자들에게 투표했던 이들 가운데 대다수가 광역비례대표선거에서는 다른 정당에게 분할투표한 것이다. 이는 광역단체장선거에서 진보신당의 후보자들이 얻은 득표 가운데 진보신당보다 타당의 지지자들로부터 더 많은 득표를 하였다는 것을 의미한다. 그런데 한 가지 흥미로운 것은 광역자치단체장선거에서 민주노동당 후보에게, 광역비례대표선거에서 진보신당에게 분할투표를 한 사례는 전무하였다는 점이다. 또한 광역단체장선거에서 진보신당 후보에게 투표한 이들 가운데 광역비례대표선거에서 민주노동당에게 투표한 이들이 차지하는 비율은 비록 22.1퍼센트였으나 그 사례 수는 겨우 두 명으로 이는 민주노동당이 광역비례대표선거에서 얻은 득표의 3.3퍼센트에 불과하였다. 이러한 분포는 진보정당 지지자들이 광역단체장선거에서 전략적 투표에 치중하였으며 진보정당 사이의 정책연합을 위한 분할투표는 거의 이루어지지

[표 2] 광역단체장과 광역비례대표의원선거에서 분할투표 결정요인

변수	모델 1	모델 2	모델 3	모델 4	모델 5
한나라당 선호도	-0.199[3] (0.032)				
민주당 선호도		0.097[2] (0.038)			
한나라당 선호도^2				-0.026[3] (0.004)	
민주당 선호도^2					0.006[1] (0.004)
이념			-0.114[3] (0.042)		
영남	-0.429[1] (0.221)	-0.512[2] (0.216)	-0.563[3] (0.216)	-0.395[1] (0.224)	-0.524[2] (0.215)
호남	-0.337 (0.273)	-0.228 (0.274)	-0.213 (0.270)	-0.382 (0.271)	-0.177 (0.274)
연령	-0.165[2] (0.071)	-0.267[3] (0.067)	-0.260[3] (0.068)	-0.148[2] (0.071)	-0.283[3] (0.067)
학력	-0.096 (0.090)	-0.055 (0.088)	-0.055 (0.088)	-0.088 (0.090)	-0.058 (0.087)
남성	-0.110 (0.172)	-0.063 (0.167)	-0.044 (0.168)	-0.101 (0.172)	-0.065 (0.167)
수입	-0.061 (0.117)	-0.097 (0.115)	-0.085 (0.115)	-0.058 (0.118)	-0.092 (0.114)
상수	1.325[3] (0.432)	0.210 (0.467)	1.241[3] (0.438)	1.058[2] (0.427)	0.558 (0.431)
LR chi2	72.210	37.690	38.650	82.960	33.870
Prob>chi2	0.000	0.000	0.000	0.000	0.000
유사R^2	0.081	0.042	0.044	0.093	0.038
Log likelihood	-409.461	-426.290	-424.678	-404.089	-428.198
사례수	688	687	683	688	687

* 주 : 괄호 안에 표준오차, 1) $p<0.1$, 2) $p<0.05$, 3) $p<0.01$.

않았다는 것을 보여준다.

분할투표의 결정요인

아래의 [표 2]는 광역단체장선거와 광역비례의원선거에서 나타난 분할투표의 결정요인을 분석한 결과이다. 이 표의 모델 1에서 나타나듯이 한나라당에 대한 선호도는 종속변수인 분할투표에 부정적인 영향을 미치는 것으로 나타났다. 다시 말해, 한나라당에 대한 선호도가 높을수록 분할투표의 가능성은 감소하는 것으로 나타났다. 이와 정반대로 모델 2에서 나타나는 바와 같이 민주당에 대한 선호가 높을수록 분할투표의 가능성은 커진다.[4]

이미 앞서 언급한 대로 이러한 결과는 이 분석에 포함된 6개 정당들 가운데 군소정당들의 이념적 성격과 6·2 지방선거 당시 세종시와 천안함사건 등을 둘러싸고 빚어진 한나라당과의 정치적 갈등과 관련이 있다. 민주노동당과 진보신당의 지지자들은 보수적인 한나라당에 비해서 비교적 자유주의적 성격이 강한 민주당을 더 선호할 것이다. 이는 광역단체장선거에서 민주당에 대한 전략적 투표를 유도함으로써 광역비례대표의원선거와의 사이에 최선호 정당과 민주당에 대한 분할투표를 촉진하는 것으로 나타났다. 반대로 한나라당에 대한 선호는 전략적 분할투표를 오히려 감소시키는 효과가 있는 것으로 나타났다. 6·2지방선거에서 분할투표를 결정짓는 요인에 관한 이와 같은 분석결과는 대체로 제17대 또는 제18대 총선의 지역구 및 비례대표의원 선거에서 발생한 분할투표에 관한 기존의 여러 선행연구들의 분석결과와 대체로 일치한다(Kim 2005; 조진만 외 2006).

한나라당과 민주당에 대한 선호도 제곱이 종속변수에 미치는 영향 또한 매우 흥미롭다. 모델 4에서 나타나는 바와 같이 한나라당에 대한 선호도^{2}의 회귀계수는 -0.025이다. 이는 예상했던 것처럼 한나라당에 대한 극단적으로 부정적 또는 긍정적 태도를 갖는 유권자들의 분할투표 성향이 감소한다는 것을 의미

---

[4] 여기에서는 보고하지 않았지만, 한나라당과 민주당에 대한 선호의 차이로 측정한 한나라당에 대한 상대적 선호도 역시 분할투표 성향을 감소시키는 것으로 나타났다. 다시 말해 민주당보다 한나라당에 대한 선호가 클수록 분할투표가 나타날 가능성은 감소하였다.

한다. 하지만 예상과 달리 모델 5에서 민주당에 대한 선호도²의 회귀계수는 겨우 0.006에 불과하여 실질적 유의도는 매우 낮았으며 통계적으로 유의미한 영향은 매우 미약한 것(.1 수준)으로 나타났다.

정당일체감 이외에 각 모델에 포함된 통제변수들의 영향을 살펴보면 다음과 같다. 영남지역에 거주하는 유권자인 경우, 연령이 높을수록 분할투표의 가능성은 감소하였다. 이는 앞서 언급한 것처럼 한나라당 일당지배체제가 유지되는 영남지역 광역단체장 선거에서 민주당 또는 국민참여당 후보의 당선가능성이 높지 않기 때문에 군소정당 지지자들의 전략적 투표가 억제되기 때문인 것으로 판단된다. 아울러 나이가 많을수록 유권자는 정당에 대한 일체감을 형성할 기회가 많아지기 때문에 분할투표를 억제하고 일관투표가 촉진된다고 볼 수 있다. 하지만 이들을 제외하고 호남, 학력, 남성, 수입 등은 분할투표의 가능성에 대하여 통계적으로 유의미한 영향을 미치지 않는 것으로 나타났다.[5]

결론

이 연구는 지금까지 6·2 지방선거에서 나타난 분할투표의 규모와 원인에 대한 규명을 시도하였다. 분석결과 광역단체장선거와 광역비례대표의원선거에서

---

5) 2010년 6·2 지방선거 패널조사에서 한나라당과 민주당의 선호도는 각각 전국 평균 4.6과 4.8이었던 반면, 영남지역에서는 각각 5.5와 4.2, 호남지역에서는 3.1과 6.2로 나타나 현격한 지역 간 격차가 존재하였다. 정당선호도의 지역 편중이 두드러진 정치적 경쟁구조 하에서 [표 2]가 보여주듯이 영남지역일수록 분할투표 성향은 약한 것으로 나타났다. 비록 통계적으로 유의미하게 나타나지는 않았지만, 호남지역 회귀계수의 부호 역시 일관되게 음수로 나타났다. 이는 최소한 호남지역 역시 다른 지역에 비해서 분할투표 성향이 결코 강하지 않다는 것을 보여주는 것이다. 호남지역과 비교하여 영남지역의 경우 민주노동당과 진보신당과 함께 미래연합과 친박연대 등 정치연합을 위한 분할투표의 대상이 현실적으로 더 많이 존재했다는 점과 광역단체장선거에서 당선가능성이 유력한 후보가 집권당인 한나라당 소속이었기 때문에 한나라당 지지자들 사이에 항의투표, 표출투표가 더 많이 발생하였기 때문에 이러한 차이가 나타났다고 볼 수 있다.

나타난 분할투표는 일관투표를 포함한 전체 투표에서 약 35퍼센트에 가까운 규모로 이루어졌다. 이 가운데 상당한 규모의 분할투표가 한나라당과 민주당 사이에서 나타났으며 양당의 정책균형을 위한 유권자의 합리적 선택의 결과인 것으로 보인다. 분할투표는 양대정당과 군소정당 사이에도 이루어졌으며 특히 민주당의 경우 광역단체장선거에서 얻은 득표의 20퍼센트 정도가 광역비례대표의원선거에서 민주노동당과 국민참여당에게 분할되었으며 진보신당과 자유선진당과의 사이에서 발생한 분할투표를 함께 고려하면 민주당은 전체 득표의 약 25퍼센트 정도를 사표방지를 위한 군소정당 지지자로부터 얻어냄으로써 최대의 수혜자가 된 것으로 보인다.

광역비례대표의원선거에서 군소정당에게 투표한 이들에게 분할투표의 대상은 이념적 거리가 가까운 정당이 아니라 당선가능성이 높은 정당, 특히 민주당이었다. 하지만 광역비례대표의원선거에서 민주당에게 투표한 이들 가운데 광역단체장선거에서 군소정당에게 투표한 비율은 민주당 후보를 공천하지 못한 경기도 지역을 제외한다면 1퍼센트 정도에 불과했다. 민주당 지지자들에 의한 군소정당과의 연합보장을 위한 분할투표는 거의 이루어지지 않았다고 볼 수 있는 결과이다. 민주노동당과 진보신당 사이의 분할투표도 매우 미약했으며 정책연합을 위한 진보정당 지지자들 사이의 분할투표도 이루어졌다고 보기 힘들다.

이 연구는 6·2 지방선거에서 나타난 분할투표 결정에 영향을 미치는 다양한 요인들에 대한 분석을 시도하여 이념적으로 보수적일수록, 연령이 높을수록, 그리고 영남지역의 유권자일수록 분할투표의 가능성이 감소한다는 점을 밝혔다. 아울러 한나라당에 대한 선호도가 증가할수록 광역단체장과 광역비례대표의원 선거에서 분할투표 가능성이 감소하는 반면, 민주당에 대한 선호도가 증가할수록 분할투표 가능성이 오히려 증가한다는 점을 밝혀냈다. 마지막으로 한나라당에 대한 극단적인 선호 또는 혐오성향이 분할투표를 감소시킨다는 점을 밝히고 그 원인으로 선명한 태도가 일관투표를 촉진하기 때문이라고 주장하였다.

이러한 발견은 정책적으로 소위 "묻지마 투표"의 가능성에 대한 우려, 즉 지방선거에서 후보자에 대한 정보와 무관심 때문에 유권자들이 단순히 정당선호에 기초하여 일괄투표를 할 것이라는 주장과 배치되는 것으로 한국유권자들이 최소한 광역단체장선거와 광역비례대표의원선거에서 합리적으로 후보자를 결정한다는 점을 보여주는 것이다. 이미 조진만 외(2006)가 밝혔듯이 한국의 유권자들이 "무작위적인 일관투표"를 할 것이라고 보기는 힘들다. 한국의 유권자들은 총선에서와 유사하게 지방선거에서도 양대정당 사이의 정책균형, 일시적인 지지정당에 대한 저항, 정당사이의 정책연합, 사표방지 등 자신들의 투표효과를 극대화하기 위한 합리적 투표결정을 하였다고 볼 수 있다.

그럼에도 불구하고 무엇보다 6·2 지방선거가 이 연구에서 다루고 있는 광역단체장 선거와 광역비례대표의원선거 이외에도 기초단체장선거와 광역 및 기초지역구의원선거, 교육감 및 교육위원선거 등 복수의 선거들을 동시에 시행하였음에도 이 선거들의 다양한 조합에서 나타나는 분할투표의 특징들을 충분히 고려하지는 못하였다.[6] 아울러 이 연구는 분할투표에 중요한 영향을 미치는 선거구의 경쟁구조에 대한 고려를 충분히 하지 못하였다. 이는 영호남 지역에 공천된 주요 정당 후보자들의 당선가능성에 현격한 차이가 존재하는 한국의 선거연구에서 매우 중요하다. 후속 연구에서 이러한 점들이 고려된다면 한국 지방선거에서 나타나는 분할투표의 원인과 특징에 대한 이해 수준을 훨씬 더 높일 수 있을 것이다.

---

6) 특히, 준거선거(reference election)로서 광역단체장선거와 기초단체장선거 사이에 발생하는 분할투표는 선거제도의 차이뿐만 아니라 선거구의 차이가 유권자의 전략적 선택에 미치는 영향을 규명하는 데 중요한 단초를 제공할 수 있다는 점에서 주목할 만한 가치가 있다. 지면상의 한계로 이에 대한 분석은 여기서 충분히 설명하지 못하지만 선거구의 크기가 상이한 이들 선거에서도 광역단체장과 광역비례대표의원 선거에서와 매우 흡사한 방식으로 분할투표가 이루어졌음을 밝힌다.

■ 참고문헌

강원택. 2010. 《한국 선거정치의 변화와 지속 : 이념, 이슈, 캠페인과 투표참여》. 서울 : 나남.
김왕식. 2006. "1인 2표제 도입의 정치적 효과." 《한국의 선거 V》. 155-184. 서울 : 오름.
박찬욱. 2004. "제17대 총선에서 2표병립제와 유권자의 분할투표 : 선거제도의 미시적 효과 분석." 〈한국정치연구〉 13, 2: 39-85.
박찬욱·홍지연 2009. "제18대 국회의원 총선거에서 한국유권자들의 분할투표 행태에 관한 분석." 〈한국정치연구〉 18, 1: 1-28.
박천호. 2008 "미국 정당의 양극화 현상과 분할투표 결정요인의 변동에 관한 연구 : 피오리나(Marris P. Fiorina)의 정책균형 분할투표 이론을 중심으로." 〈미국학〉 31, 2: 293-326.
이현우. 1999. "동시선거제도와 유권자의 선택." 《한국의 선거 Ⅲ. 1998년 지방선거를 중심으로》. 조중빈 편, 245-292. 서울 : 푸른길.
조진만·최준영 2006. "1인2표 병립제의 도입과 유권자의 투표행태 : 일관투표와 분할투표의 결정요인 분석." 〈한국정치학회보〉 40, 1: 71-91.
지병근. 2008. "한국에서의 전략적 투표 : 대통령 선거와 국회의원선거에서 나타난 약소 정당 지지자들의 투표 행태." 〈국제정치논총〉 48, 2: 151-171.

Franklin, Mark, Richard Niemi and Guy Whitten. 1994. "The Two Faces of Tactical Voting." *British Journal of Political Science* 24: 549-557.
Kim, Wang Sik. 2005. "The New Mixed Electoral System in Korea." *Korean Political Science Review* 39, 4: 95-113.
Rabinowitz, George and Stuart Elaine MacDonald. 1989. "A Directional Theory of Issue Voting." *American Political Science Review* 83, 1: 93-121.

3.
부동층의 특성과 투표행태

유성진

6·2 지방선거와 부동층

2010년 6·2 지방선거는 예상을 뒤엎고 야당의 승리로 끝이 났다. 그러나 이론적 차원에서 그리고 과거의 경험에 비추어보면 이번 지방선거에서 여당의 패배는 어느 정도 예측가능한 결과였다. 무엇보다 6·2 지방선거는 현 정부의 임기 중반에 치러짐으로써 전반기에 시행되어 왔던 정책들에 대한 일종의 중간평가의 의미를 갖고 있었다. 일반적으로 집권중반에 실시되는 선거의 경우 집권당은 패배를 경험하게 되는 경우가 많다. 이는 집권당 정책에 대한 평가가 유권자 판단의 가장 두드러진 요인으로 작동하고 그 속에서 집권당을 지지하는 유권자들보다는 불만을 가진 유권자들이 훨씬 더 적극적으로 의사표현에 나서는 일종의 '불균형현상'(asymmetry effect)이 나타나기 때문이다(Katona 1975; Key 1964; Lau 1985).[1] 우리나라의 경우에도 과거 집권 중반에 실시된 선거에서 집권당이 패배한 경우가 훨씬 더 많았던 것이 사실이다. 따라서 이번 선거의 결과가 전례에 비추어 새로운 현상은 아니다.

그럼에도 이번 선거의 결과는 여론조사의 내용을 바탕으로 대중매체에 보도되었던 예측과 비교해보면 놀라울 정도의 차이를 나타내고 있다. 특히, 인천, 경남, 강원 등 전통적 여당 강세지역에서 범야권 광역단체장 후보의 당선과 서

---

[1] 미국 선거에서 흔히 발견되는 소위 집권당의 '중간선거 실패현상'(midterm loss)도 같은 맥락으로 설명된다.

울의 기초단체장 선거에서 야당의 석권은 선거 이전에 회자되던 예상과는 크게 다른 것이었다. 교육감선거 역시 진보 대 보수의 첨예한 대결 속에서 치러진 서울, 경기에서 진보성향의 후보 당선은 예상 밖의 결과였다. 선거 직전 이명박 대통령의 업무수행에 관한 대국민 지지율이 거의 50퍼센트에 육박하고 있었고, 여당인 한나라당 역시 제1야당인 민주당에 비해 상대적으로 높은 정당지지율을 보이고 있었던 상황에 비추어 놀라운 결과로 여겨졌다. 더욱이 천안함사건과 같이 통상 여당에 유리하다고 여겨지는 소위 '북풍' 이슈가 선거 막바지까지 작용하고 있었다는 점을 고려한다면 범야권의 승리는 정부 여당에 큰 충격을 주기에 충분한 결과였다.

왜 이번 지방선거는 선거 직전의 예상과 그토록 커다란 차이를 나타낸 것일까? 이에 대한 대답은 다양한 측면에서 찾아볼 수 있겠지만[2] 이 글에서는 소위 '부동층'(floating voter)이라는 개념에 초점을 맞추어 논의를 진행하고자 한다. 부동층에 초점을 맞추어 이번 지방선거에 관해 논의될 질문들을 재구성하면 다음과 같다.

여당에 우호적인 정치환경 속에서 치러진 6·2 지방선거에서 유권자들의 의사결정은 변화하였는가 아니면 고정적이었는가? 특별히 큰 변화를 보이는 유권자들은 누구인가? 유권자들의 의사결정 변화의 정도와 내용은 무엇이었는가? 변화에 영향을 준 요인들은 무엇인가? 변화 과정을 통한 유권자들의 최종 선택은 지방선거 결과에 어떠한 영향을 미쳤는가? 이렇듯 의사결정 과정에 변화를 겪은 유권자들, 즉 부동층의 역할은 어떻게 이해되어야 하며 향후 한국정치에 어떠한 의미를 주는가? 이 장은 이러한 질문들에 대한 순차적인 답변으로 진행될 것이며 이를 통해 한국정치에서 부동층의 영향력과 의미를 평가해 보고자 한다.

---

[2] 사실상 이 단행본의 많은 지면이 이에 대한 답변을 구하는 방식으로 구성되어 있다. 대표적인 몇 가지만 든다면 중앙정치와 구별되는 지방정치의 특성, 이슈의 영향력 변화, 캠페인효과, 세대정치의 부활, 여론조사 방식의 문제점 등이 지적될 수 있겠다.

이론적 논의 : 부동층의 정의와 행태, 그리고 평가

선거캠페인에 임하는 정당 혹은 후보의 기본적인 목적은 자신들의 지지자들을 결집시키고 상대편의 지지를 와해시키는 동시에 지지정당 혹은 후보를 결정하지 못한 미결정 유권자들을 최대한 자신 쪽으로 끌어오는 데에 집중된다. 다시 말해 지지유권자들의 결집과 미결정 유권자들의 동원이 선거캠페인의 핵심목표이다. 선호정당 혹은 후보가 있는 유권자들은 대개의 경우 선거캠페인 과정에서 이미 갖고 있는 자신의 지지성향을 유지하거나 강화하는 경향을 갖기에 결집이 쉽다(Campbell et al. 1960; Lazarsfeld et al. 1948). 반면 미결정 유권자들의 동원은 이들이 보이는 선택의 가변성으로 인해 동원이 용이치 않다. '부동층'(floating voter)이란 이렇듯 고정적인 지지후보가 없이 선거과정에서 의사결정의 변화를 빈번히 보이는 유권자들을 일컫는 말이다.

　정치행태 연구에 있어서 부동층에 대한 연구는 그리 많지 않으나 이들의 정치행태에 대한 관심은 오랜 역사를 가지고 있다. 선거행태에 관한 '사회학적 학파'(sociological school)의 선구자인 라자스펠드 등은 패널조사를 통해 1940년대 미국 유권자들의 정치행태를 연구하면서 "선거캠페인 과정 중에 후보자에 대한 선택을 바꾸는 유권자들(changers)"에 대해 주목한 바 있다(Lazarsfeld et al. 1948). 이들의 일차적인 관심은 선거기간 동안 정당과 후보자들에 의해 수행되는 선거유세가 유권자들의 정치행태에 어떠한 영향을 미치는지에 있었고 그 영향의 정도는 선거유세로 인한 유권자들 투표행태의 변화를 통해 측정될 수 있다고 보았다.

　이들은 유권자들 선택의 변화를 미결정에서 결정 그리고 한 정당의 후보에서 다른 정당의 후보로 지지후보를 변화하는 크게 두 가지 부류로 구분하여 파악한 다음(Lazarsfeld et al. 1948, 67), 이러한 유권자들이 의사결정을 변화하는 이유를 "교차 압력"(cross pressure)이라는 개념으로 설명하고 있다.[3] 이들의 연구결과에 따르면 선거캠페인 기간 동안 의사결정이 변화하는 유권자들의 비율은 그리 크지 않으며[4] 유권자들이 보이는 변화의 양상에 있어서도 지지후보를 정하지 못하다가 최종 순간에 결정하는 비율이 지지후보 자체를 변경하는 비율보다 훨씬 더 크게 나타난다.[5]

부동층의 정치행태와 관련하여 이들의 연구에서 특히 주목되는 부분은 '교차 압력'과 선거에 대한 관심 그리고 유권자들의 최종결정시기 간의 상관관계이다. 이들에 따르면 '교차 압력'을 가진 유권자들일수록 의사결정 변화의 가능성이 높다. 의사결정 변화의 가능성이 높은 유권자들은 대체로 선거가 임박한 시기까지 자신들의 투표결정을 미루고 있는 것으로 나타났는데 이는 일반적인 부동층유권자들의 특성으로 이해된다. 다시 말해 이들의 연구결과는 이후에 일반적인 부동층유권자들의 특성, 즉 고정적인 지지후보가 없기 때문에 최종적인 투표결정에 어려움을 겪으며 선거캠페인 과정에서 의사결정을 변화할 가능성이 높은 유권자들을 지칭하는 것으로 이해되었다.

한편 부동층유권자들의 평가와 관련하여서도 라자스펠드 등의 작업은 이후의 연구들에 큰 영향을 미쳤다. 라자스펠드 등은 '교차 압력'의 유권자들이 선거에 대해 낮은 관심도를 갖고 있음을 제시하고 이러한 낮은 관심이 유권자들의 최종적인 선택을 지연시킬 뿐 아니라 선거 자체에 참여하지 않게 만드는 결과를 초래함을 보여주었다. 선거에 대한 낮은 관심과 참여율 등 부정적으로 그

---

3) 교차 압력은 유권자들의 투표결정에 영향을 미치는 요인들 간의 '충돌'(conflicts) 혹은 '불일치'(inconsistencies)로 정의된다. 이들의 정치경향지수(Index of Political Predisposition)에 따르면 유권자들의 투표결정은 거주지역, 종교, 사회경제적 지위에 영향을 받는데, 당시 미국의 유권자들 중 부유층, 개신교, 농촌지역 거주자들이 강한 공화당 지지자 성향을, 빈곤층, 천주교, 도시지역 거주자들은 강한 민주당 지지자 성향을 갖는다. 이에 비추어 만일 한 유권자가 부유층이지만 천주교 신자인 경우 상반된 압력을 받고 있다고 제시된다 (Lazarsfeld et al. 1948, 53).
4) 이들의 용어를 차용하여 표현하면 "기왕의 선호를 강화하는 효과"(reinforcement effect)가 "지지후보를 바꾸는 전향효과"(conversion effect)보다 훨씬 더 빈번히 목격되는 캠페인 효과이다. 이런 이유로 이들의 연구는 "선거캠페인의 영향력이 미미함"(minimal effect)을 보여주는 대표적인 사례로 일컬어진다. 또한 선거캠페인이 주로 대중매체를 통해 이루어진다는 점에 착안, 이후의 연구자들에 의해 대중매체가 여론에 미치는 영향력이 크지 않음을 보여주는 증거로 제시되기도 한다.
5) 그들의 연구에서 이 두 가지 부류의 비율은 전자가 20%, 후자가 5%로 나타났다(Lazarsfeld et al. 1948, 102).

려지는 부동층유권자들의 모습은 이후 소위 '미시간 학파'(Michigan School)로 명명되는 미국 정치행태 연구의 주류 학파에 그대로 계승되었다(Campbell et al. 1960; Converse 1964). 미시간 학파의 연구자들에 의해 부동층유권자들은 정당일체감(party identification)이 약하거나 없는 유권자들과 직접적인 연관을 맺게 된다. 무당파 유권자들의 경우 고정적인 지지후보가 없기 때문에 선거에 대한 관심 유인이 부족하고 궁극적으로는 선거에 참여하지 않는 행태를 보임으로써 정치에 소극적인 방관자로 남거나 자신의 선택에 확신이 없이 상황에 따라 가변적인 의사결정을 하는 이들로 그려지고 있다.

이렇듯 '교차 압력'과 '정당일체감의 부재' 등 원인의 차이는 있지만 선거행태연구의 '사회학적 학파'와 '미시간 학파'에서 제시되는 부동층유권자들은 민주주의의 발전에 부합하지 않는 부정적인 타입의 유권자들로 그려지고 있다. 반면 유권자들의 합리적 행위에 주목하는 소위 '경제학적 학파'(Economic School)의 연구에서는 부동층유권자들이 정치인과 정당 등 정치행위자들의 부정적인 행태에 대한 실망으로 인해 선거 자체에 대한 관심이 저하되고 정치에 혐오를 갖고 있는 유권자들로 그려진다(Downs 1957; Key 1966). 게다가 부동층유권자들은 정당 혹은 후보에 대한 고정적인 선호가 존재하지 않기에 현실을 객관적으로 볼 수 있으며, 그때그때 부각되는 주요 이슈들에 중립적으로 반응할 수 있는, 민주주의 정치체제에 긍정적인 유권자들로 그려진다.

이와 같이 부동층유권자들의 정의, 원인, 그리고 평가에 관한 상반된 연구들은 부동층유권자들에 관한 지적 관심이 선거행태연구가 활성화되는 초기부터 등장하였음을 보여준다. 하지만 이렇듯 오랜 지적 관심에도 불구하고 이후 부동층유권자들에 대한 연구는 그리 많지 않은데, 이는 크게 두 가지로 설명될 수 있다.

첫째, 선거행태연구의 주류 학파에서 제시하듯 부동층유권자들은 그 작은 비율로 인해 선거에 결정적인 역할을 하지 못하는 것으로 인식되었을 뿐 아니라 이론적인 차원에서 정치에 대해 무관심층이거나 시류에 따라 가변적인 선호를 보이는 등 부정적인 타입의 유권자들로 그려졌기 때문이다. 둘째, 이론적 이유 못지않게 중요한 요인은 부동층유권자들의 투표행태를 추적할 수 있는 경험적 데이터의 부재이다. 개념적 정의에서 나타나듯 부동층유권자들은 선거 캠페인 과정에서 지지후보가 변화하는 유권자들을 지칭하는데, 일회적인 조사로 이루어지는 대부분의 선거데이터로 이들의 행태를 파악하고 분석하기란 대단히 어렵다.

이론적인 이유에서든 현실적인 이유에서든 한국의 선거연구에서도 부동층에 직접적인 관심을 두는 연구는 그리 많지 않다. 1990년대 중반에 이르러서야 부동층을 직접 다루는 연구들이 산발적으로 나왔으며(소순창 1999; 신진 1996) 그 이후에는 진영재만이 이에 관한 지속적인 연구를 진행하고 있을 뿐이다(진영재 2002; 2008; 2009).

그러나 민주주의의 역사가 오래된 서구의 국가들과는 달리 정당정치의 역사가 일천하여 제도화된 정당의 틀이 명확히 규정되어 있지 않고 정당과 후보에 냉소적인 유권자들이 많은 한국정치의 현실을 감안할 때, 부동층유권자들에 대한 보다 체계적인 연구가 시급한 것이 사실이다. 한국정치에서는 아직도 다수의 유권자들이 고정적인 지지정당을 갖고 있지 않은 무당파이고, 매 선거마다 부동층유권자들의 투표행태가 최종적인 선거결과에 결정적인 역할을 하는 것으로 나타나고 있으며, 선거 때마다 기성정치인들에 대한 실망과 새로운 인물에 대한 기대가 교차하고 있다. 따라서 한국 유권자들의 투표행태를 총체적으로 이해하기 위해서는 부동층유권자들의 투표행태에 대한 연구가 충족되어야 한다. 또한 다행히도 부동층유권자들의 투표행태에 대한 실증연구에 필수적인 패널조사 자료들이 서서히 축적되어 현실적인 측면에서 부동층유권자들의 연구를 가로막고 있었던 자료의 제약이 해소되고 있다.

이하에서는 이번 6·2 지방선거패널조사 자료[6]를 토대로 부동층유권자들의 투표행태를 변화의 내용과 정도 및 원인과 영향력을 중심으로 추적하고 한국 선거에서 부동층유권자들이 갖는 의미를 논의한다.

6·2 지방선거 패널자료를 통한 경험적 분석

앞에서 논의된 대로 부동층은 고정적인 지지후보가 없이 선거과정에서 의사결정의 변화를 빈번히 보이는 유권자들을 지칭한다. 이러한 정의에 따라 먼저 6·2 지방선거에서 나타난 부동층을 지역별[7]로 먼저 파악하고 그들이 선택을 바꾼 이유와 의미를 차례로 살펴보자.

부동층, 누가 어떻게 의사결정을 변화하였는가?

부동층의 투표행태와 의미를 검토하기 위해서는 얼마나 많은 사람들이 선거기간 동안 지지후보를 변경하였는지 살펴볼 필요가 있다. 선거기간 동안 세 차례 실시된 조사에서 지지후보를 변경한 비율은 [표 1]과 같다.

[표 1]에서 가장 특기할 만한 사실은 지지후보를 변경한 응답자들의 비율이 지역별로 차이를 보이고 있다는 점이다. 서울의 경우 1차와 2차 조사 사이에 전체의 24퍼센트 정도가 지지후보를 변경하였고, 그 수치는 2차와 3차 조사 사

---

6) 이 패널조사는 제5회 동시지방선거를 전후하여 서울, 경기, 충남, 전북, 경남 5개 지역별로 세 차례에 걸친 지역패널조사와 두 차례에 걸친 전국단위 패널조사로 이원화하여 실시되었다. 그러나 지방선거의 특성상 본 연구에서는 지역패널조사만 분석에 활용한다. 지역패널의 1차 조사는 선거를 한 달여 앞둔 5월 10-13일, 2차 조사는 후보 등록 직후인 5월 24-26일, 3차 조사는 선거 직후인 6월 3-5일에 실시되었다. 2차 조사의 경우, 분석에 필요한 응답자 수를 충족하기 위하여 패널 외에 지역별로 할당된 추가조사를 실시하였지만 부동층을 검토하는 이번 연구의 특성상 경험적 분석에 사용되는 응답자들은 세 차례 조사에 모두 응답한 이들만을 대상으로 한정한다.
7) 만일 대통령선거와 같이 전국단위의 선거일 경우 부동층을 지역별로 구분하여 분석하는 것은 의미가 없을 것이다. 그러나 지방선거의 경우에는 후보와 이슈 등 선거환경이 지역별로 차이가 있기 때문에 지역별 구분이 필요하다.

이에 25퍼센트 정도로 나타났다. 2차 조사에서 지지후보를 변경하였다가 3차 조사에서 또다시 지지후보를 변경한 응답자 비율은 전체의 10퍼센트 정도로 나타났다. 경기도의 경우 그 수치가 각각 42.7, 24.4, 11.7퍼센트인 것으로 나타나 응답자들이 서울보다 더 큰 비율로 지지후보를 변경하고 있음을 알 수 있다. 충남, 경남 그리고 전북지역에서도 응답자 중 지지후보를 변경한 사람들의 비율이 서울보다 큰 폭으로 나타났는데, 충남과 경남의 경우는 1차와 2차 조사 사이 뿐 아니라 2차와 3차 조사사이에도 지지후보를 변경한 응답자들의 비율이 높게 나타나 선거기간 동안 유권자들의 의사결정이 크게 요동쳤던 것으로 드러났다.

이와 같은 차이는 지방선거의 특성상 지역별로 후보와 쟁점이슈가 달랐고 이에 대한 유권자들의 반응 역시 달랐기 때문인 것으로 해석된다. 예컨대 서울의 경우 오세훈 시장과 한명숙 후보가 선거 초반부터 양강구도를 형성하고 있었기에 유권자들은 선거기간 동안 지지후보를 크게 변경할 유인이 적었다. 반면 경기도에서는 야당후보들 간의 단일화 성공이 유권자들의 의사결정 변화에 큰 영향을 준 것으로 보인다. 특이한 것은 경남지역의 경우인데 다른 지역과 달리 경남지역에서는 2차와 3차 조사 사이에 지지후보를 변경한 비율이 매우 높게 나타났다. 이 지역의 대결구도가 초기부터 한나라당 이달곤 후보와 무소속 김두관 후보 간에 형성되어 있었다는 점을 고려할 때 이러한 차이는 대단히

[표 1] 지지후보를 변경한 응답자 비율

	1→2차	N	2→3차	N	1→2→3차	N
서울	23.7(97)	(410)	25.1(82)	(327)	9.8(32)	(327)
경기	42.7(166)	(389)	24.4(75)	(307)	11.7(36)	(307)
충남	40.3(160)	(397)	44.4(126)	(284)	13.0(37)	(284)
경남	33.5(131)	(391)	45.6(149)	(327)	12.2(40)	(327)
전북	36.6(141)	(385)	31.6(101)	(320)	10.3(33)	(320)

* 주 : 수치는 백분율(%)이고 괄호 안은 응답자수.

흥미롭다. 이는 김두관 후보의 선거캠페인이 유권자들의 의사결정을 변화시키는 데 얼마나 효과적이었는지 간접적으로 보여준다고 하겠다.

다음으로 지지후보를 바꾼 응답자들의 비율을 지지정당별 그리고 연령별로 구분하여 분석해 보았다. 비교정치의 많은 경험적 연구에서 부동층은 정당일체감과 강한 연계를 보이는 것으로 입증되고 있고 정당일체감은 연령변수와 일정한 상관관계를 보이는 것으로 나타난다. 그러나 한국의 경우 서구민주주의 국가들에 비해 정당정치의 역사가 짧아 정당일체감의 영향력이 상대적으로 약하다는 것이 일반적인 해석이며 이러한 사실은 부동층과 정당일체감의 연계가 그리 강하지 않을 수도 있음을 시사한다.

[표 2]에 나타난 결과를 살펴보면 대부분의 지역에서 무당파 유권자들이 선

[표 2] 지지정당별 지지후보 변경비율

	지지정당	1→2차	N	2→3차	N
서울	한나라당	13.6(20)	(147)	7.6(9)	(118)
	민주당	31.0(35)	(113)	22.9(27)	(118)
	무당파	26.3(21)	(80)	19.5(15)	(77)
경기	한나라당	15.4(20)	(130)	4.5(5)	(111)
	민주당	71.0(76)	(107)	25.7(28)	(109)
	무당파	53.0(44)	(83)	21.2(14)	(66)
충남	한나라당	35.1(33)	(94)	4.0(3)	(75)
	민주당	40.5(45)	(111)	18.8(19)	(101)
	무당파	50.0(40)	(80)	50.9(29)	(57)
경남	한나라당	30.4(45)	(148)	5.6(7)	(126)
	민주당	26.2(16)	(61)	45.6(26)	(57)
	무당파	37.5(30)	(80)	43.1(31)	(72)
전북	한나라당	52.0(13)	(25)	31.6(6)	(19)
	민주당	33.6(73)	(217)	16.0(32)	(200)
	무당파	40.8(29)	(71)	51.8(29)	(56)

* 주 : 수치는 백분율(%)이고 괄호 안은 응답자수.

거기간 중에 큰 폭으로 지지후보를 변경하고 있는 것으로 나타났다. 서울의 무당파층이 상대적으로 안정적인 선택을 하고 있는 반면, 그 외의 4개 지역에서는 무당파 응답자들이 조사 때마다 40-50퍼센트의 비율로 지지후보를 변경하고 있는 것으로 나타났다. 이러한 사실들은 기존연구들이 보여주는 결과와 일치하는 것이지만 정당지지자들의 경우에도 20-30퍼센트 가량의 지지후보 변경 비율을 보이고 있어 전체적으로 유권자들 의사결정의 가변성이 높은 것으로 나타났다. 또한 정당지지자들이 보이는 의사결정의 가변성은 지역별로 차이를 나타냈는데 경남지역의 경우 민주당 지지자들이, 전북지역의 경우 한나라당 지지자들이 심한 변화를 보여 지역주의라는 일차적인 선거구도가 일정한 영향을 미치고 있음을 알 수 있다.

한편 지역주의의 영향으로부터 상대적으로 자유로운 서울과 경기 지역에서는 한나라당이 높은 선호의 안정성을 보이고 있다는 점이 흥미롭다. 민주당을 비롯한 야당의 후보단일화라는 외생변수의 영향을 고려하더라도 이러한 한나라당 지지자들의 결집성은 한나라당의 지지기반이 야당에 비해 상대적으로 견고하다는 점을 보여준다.

다음으로 연령별로 살펴본 응답자들의 지지후보 변경 비율이다. 정당일체감과의 연관성 이외에도 유권자들은 연령층에 따라 관심 이슈가 다르고 정치에 대한 관심의 정도 역시 차이를 보인다는 점에서 연령층 별로 다른 투표행태를 보일 개연성이 있다. 이론적인 측면에서는 젊은 유권자들일수록 정당일체감이 약하며, 따라서 선거기간 중 지지후보를 변경할 가능성이 그만큼 높고 쟁점이슈에 대한 반응속도도 더 크게 나타난다고 예측된다.

[표 3]은 이번 지방선거에서도 이러한 예측이 타당함을 보여주고 있다. 조사에 포함된 5개 지역 모두에서 50대 그리고 60대 유권자들이 안정적인 선호를 보이고 있었으며 젊은 유권자들일수록 지지후보 변경의 비율이 높은 것으로 나타났다. 가장 심한 편차를 보이는 연령층은 서울과 경기 지역의 30대 유권자

[표 3] 연령별 지지후보 변경비율 (단위 : %)

지역	연령	지지후보 변경응답자			전체
		1→2차	2→3차	1→2→3차	
서울	19-29	23.7	19.5	3.1	19.7
	30-39	38.1	37.8	56.3	21.6
	40-49	24.7	15.9	25.0	20.0
	50-59	7.2	19.5	9.4	20.5
	60-	6.2	7.3	6.3	18.3
경기	19-29	24.1	22.7	16.7	17.5
	30-39	34.9	34.7	47.2	22.6
	40-49	26.5	17.3	19.4	24.6
	50-59	9.0	12.0	5.6	19.6
	60-	5.4	13.3	11.1	15.7
충남	19-29	25.0	19.8	21.6	16.4
	30-39	23.8	20.6	21.6	20.2
	40-49	23.1	20.6	18.9	21.9
	50-59	13.8	19.1	18.9	18.3
	60-	14.4	19.8	18.9	23.2
경남	19-29	22.9	24.8	20.0	16.4
	30-39	31.3	26.9	30.0	21.1
	40-49	21.4	24.8	27.5	25.5
	50-59	9.9	14.8	2.5	21.1
	60-	14.5	8.7	20.0	15.9
전북	19-29	20.6	11.9	12.1	15.2
	30-39	22.7	24.8	30.3	18.4
	40-49	19.2	27.7	18.2	23.2
	50-59	24.1	20.8	27.3	19.9
	60-	13.5	14.9	12.1	23.5

것으로 나타났다. 또한 조사마다 지지후보를 변경한 부동층에서는 그 비율이 56퍼센트에 이르러 매우 불안정한 선호를 갖고 있음을 알 수 있다. 이러한 양

[표 4] 미결정층 비율

	1→2차	N	2→3차	N
서울	24.0(144)	(600)	14.9(61)	(410)
경기	26.2(157)	(600)	14.1(55)	(389)
충남	40.5(243)	(600)	20.9(83)	(397)
경남	46.5(279)	(600)	31.7(124)	(391)
전북	36.0(216)	(600)	13.0(50)	(385)

* 주 : 수치는 백분율(%)이고 괄호 안은 응답자수.

들인데 서울의 경우 매 조사마다 부동층의 40퍼센트에 가까운 비율이 30대인 상은 경기지역에서도 유사하게 나타났고 나머지 지역에서도 정도는 덜하지만 가장 불안정한 유권자층이 30대라는 사실에는 큰 변화가 없었다. 이와 같이 이번 지방선거에서 나타난 30대 유권자들의 가변적인 지지성향은 이들이 선거캠페인에 크게 영향을 받고 있었음을 간접적으로 보여준다. 다시 말해 이는 지방선거에서 나타난 정치환경의 변화, 즉 후보단일화와 부각 이슈들에 30대 유권자들이 다른 연령대의 유권자들보다 크게 반응하였음을 의미한다.

마지막으로 부동층유권자들을 판별하는 또 다른 기준인 미결정층의 비율을 지역별로 살펴보았다. [표 4]의 결과를 보면 이번 지방선거에서 서울과 경기지역의 유권자들 중 미결정층의 비율은 1차, 2차 조사시기에 각각 25퍼센트, 15퍼센트 안팎인 것으로, 다른 지역에서는 1차 조사에 40퍼센트 안팎의 비율을 보이다가 2차 조사 시기에 크게 감소하고 있는 것으로 나타났다. 서울과 경기지역에서 대부분의 유권자들이 일찌감치 지지후보를 결정하였다는 점은 이 지역의 선거양상이 상당히 안정적인 구도로 진행되었음을 시사한다. 또한 2차 조사에서 미결정층이 크게 급감한 다른 지역에서와는 달리 경남지역 유권자 3분의 1이 선거막판까지도 지지후보 선택에 고심하고 있었다는 점은 이 지역의 판세가 선거가 임박할 때까지에도 박빙이었음을 나타낸다.

[표 4]의 내용을 지지후보 변경 여부와 관련지어 살펴본 결과는 [표 5]에 나

타나 있다. 현실적으로 지지후보를 교체한 유권자일수록 후보 결정의 시기가 늦어질 수밖에 없는데 표의 결과는 이를 명확하게 보여주고 있다. 전체 유권자들의 40-50퍼센트 가량이 선거를 꽤 앞둔 시점에서 후보를 결정한 반면에 지지후보를 변경한 유권자들의 80퍼센트 가량이 투표 2-3일전이나 투표 당일에 지지후보를 결정하였다. 이러한 수치는 경남지역에서 거의 90퍼센트에 육박하는 것으로 나타나 이 지역의 선거가 막판까지 경합이었음을 다시 입증하고 있다.

[표 5] 부동층유권자들의 후보 결정 시기 (단위 : %)

지역	후보결정시기	지지후보 변경응답자			전체
		1→2차	2→3차	1→2→3차	
서울	투표당일	17.1	25.6	31.3	7.5
	2-3일전	34.3	47.6	50.0	16.6
	일주일전	27.1	15.9	15.6	19.3
	그 이전	21.4	11.0	3.1	56.4
경기	투표당일	7.6	18.7	16.7	5.8
	2-3일전	31.3	53.3	52.8	20.5
	일주일전	25.2	14.7	13.9	21.9
	그 이전	35.9	13.3	16.7	51.8
충남	투표당일	10.8	19.8	18.9	9.0
	2-3일전	38.2	57.1	62.2	30.6
	일주일전	27.5	10.3	10.8	20.1
	그 이전	23.5	12.7	8.1	40.2
경남	투표당일	9.0	16.8	17.5	8.0
	2-3일전	36.9	63.8	70.0	32.2
	일주일전	33.3	13.4	7.5	23.1
	그 이전	20.7	6.0	5.0	36.7
전북	투표당일	11.3	27.7	21.2	11.8
	2-3일전	34.8	50.5	57.6	23.9
	일주일전	20.9	11.9	9.1	23.9
	그 이전	33.0	9.9	12.1	40.3

의사결정변화의 요인, 무엇 때문에 변화하였는가?

그렇다면 지지후보를 변경하는 유권자들 즉, 소위 부동층유권자들이 선택을 바꾸는 이유는 무엇인가? 이론적으로 유권자들의 지지성향에 영향을 미치는 요인들은 정당과 후보 등 정치행위자들에 대한 평가가 주로 제시된다. 또한 우리나라와 같이 소선거구제의 경우 당선가능성에 대한 고려로 인해 지지후보를 변경하는 전략적 투표성향도 영향을 미치는 요인으로 논의된다. 더불어 이번 선거와 같이 집권당의 임기 중반에 실시되는 선거의 경우 현 정부에 대한 평가역시 지지후보 변경의 또 다른 요인이 될 수 있다. 이러한 관점에 맞추어 이번 지방선거의 추이를 살펴본 결과는 〔표 6〕과 같다.

〔표 6〕의 결과를 보면 이번 6·2 지방선거에서 유권자들의 지지후보 변경에

[표 6] 지지후보 변화 이유 (단위 : %)

	1 → 2차 조사						
	실망감		기대감		당선 가능성	현정부관련 (견제/안정)	기타
	정당	후보	정당	후보			
서울	7.9	18.4	9.2	31.6	7.9	7.9	15.8
경기	11.1	6.7	5.2	40.7	7.4	9.6	18.5
충남	4.6	8.5	13.1	37.7	6.9	9.2	20.0
경남	6.3	9.4	4.2	51.0	4.2	12.5	12.5
전북	7.1	15.0	7.1	40.9	4.7	6.3	18.9
	2 → 3차 조사						
	실망감		기대감		당선 가능성	현정부관련 (견제/안정)	기타
	정당	후보	정당	후보			
서울	15.3	22.2	5.6	19.4	16.7	13.9	6.9
경기	4.5	11.9	6.0	32.8	4.5	14.9	25.3
충남	5.7	6.6	11.5	41.8	14.7	8.2	11.5
경남	10.8	11.5	5.8	40.3	2.9	18.0	10.8
전북	9.1	11.1	4.0	38.4	5.1	10.1	22.2

* 주 : 실망감은 이전 지지후보 혹은 후보소속정당에 대한 실망감을 그리고 기대감은 새로운 지지후보 혹은 후보소속정당에 대한 기대감을 의미함.

가장 큰 영향을 미친 것은 후보요인이며 무엇보다도 새로 지지하는 후보에 대한 기대감이 결정적인 것으로 나타났다. 특히 충남과 경남지역에서 새로 지지하는 후보에 대한 기대감은 2차와 3차 조사에서도 매우 높게 나타나 이 지역 판세가 후보에 의해 좌우되었음을 보여준다. 이와 더불어 현정부에 대한 평가, 즉 견제와 안정심리도 3차 조사에서 중요한 변경요인으로 드러나 선거 종반에 일정한 영향을 갖고 있음이 입증되었다. 반면 당선 가능성에 대한 고려는 서울과 충남을 제외하고는 선거기간 내내 미미했던 것으로 나타났다.

후보와 정당요인 그리고 현정부 평가와 더불어 유권자들의 선택에 영향을 미치는 또 다른 요인은 쟁점이슈에 대한 반응이다. 이번 지방선거의 경우 천안함으로 대표되는 대북이슈, 4대강과 세종시로 표상되는 중앙정부의 정책이슈, 초중등학교 무상급식과 같은 생활이슈 등이 쟁점으로 떠올랐고 전국적인 판세에 영향을 미칠 것으로 기대되었다. 이러한 기대가 부동층과 관련하여 시사하는 바는 부동층유권자들이 그렇지 않은 유권자들보다 쟁점이슈들에 민감하게 반응하고 그것이 지지후보 변경에도 영향을 미칠 것이라는 점이다.

자료의 분석결과는 선거의 쟁점이슈들에 대한 부동층과 그렇지 않은 유권자들의 반응이 지역별로 편차를 보이고 있음을 알려준다. 서울에서는 모든 쟁점이슈들에서 부동층과 전체 응답자층 간 의미 있는 차이를 찾을 수 없었던 반면, 경기지역의 경우 4대강과 세종시, 무상급식이슈 등이 부동층유권자들이 다른 유권자들에 비해 지지후보 선택에서 보다 크게 고려한 이슈라고 답하고 있다. 또한 충남에서 세종시, 경남에서 노 전 대통령 1주기, 전북에서 4대강이슈에서 부동층이 다른 유권자들에 비해 보다 큰 이슈 민감성을 보이고 있었다. 이와 같은 지역별 편차는 쟁점이슈들이 각 지역별로 미치는 영향이 현실적으로 달랐고, 예측한 바대로 지역별 민감 이슈에 대해 각 지역의 부동층유권자들이 더 크게 반응하고 있음을 보여준다.

한편 지방선거의 근본 취지 및 목적과 관련한 질문들에서는 부동층유권자들과 그렇지 않은 유권자들이 차이를 보이지 않았다. 구체적으로 지방선거에서 중요하게 다루어져야 할 과제를 묻는 질문에 대해서 부동층과 그렇지 않은 유권자들 공히 민생안정과 지역복지 확대 그리고 지역개발과 경제활성화를 1순위, 2순위 과제로 꼽고 있었고 이러한 양상은 모든 지역에서 공통적으로 나타났다. 이와 같은 사실들은 부동층을 포함한 모든 유권자들이 지방선거의 의미와 목표에 기본적으로는 공감하고 있음을 알려준다.

요약해보면 이번 지방선거에서 부동층의 선택 변화에 가장 큰 영향을 미친 요인은 후보자요인이었다. 특히 후보에 대한 기대감이 부동층의 선택 변화를 좌우하였고 지역별 파급효과를 고려한 쟁점이슈들에 있어서 부동층이 그렇지 않은 유권자들에 비해 보다 민감하게 반응하고 있었다. 그렇지만 지방선거의 의미와 목적에 있어서는 유권자 구분 없이 모든 지역에서 공통적인 공감대가 형성되어 있어 부동층유권자들이 그렇지 않은 유권자들과 '차별되지만 완전히 구분되지는 않는' 양상을 보였다고 말할 수 있다.

부동층, 그 영향과 평가

앞의 분석에서 나타난 바와 같이 정당정치의 경험이 일천하여 정당일체감의 영향력이 상대적으로 약해 매 선거마다 부동층의 비율이 3분의 1에 달하는 것으로 나타나는 우리나라의 선거 현실은 이번 지방선거에서도 크게 다르지 않았다.[8] 이러한 부동층은 선거결과에 어떠한 영향을 미쳤을까? 또한 이들의 영향력은 어떻게 해석될 수 있을까?

선거에서 부동층유권자들의 영향력은 그들이 전체 유권자들과 다른 관점을 갖고 선거에 임하고 그것이 선거결과에 반영될 때 나타난다. 다시 말해 전체 유권자들과 다른 부동층유권자들의 태도가 존재하고 그것이 유권자들의 선택

---

8) 지역별로 약간의 차이는 있었지만 지지후보를 변경한 유권자들의 비율은 적게는 25%(서울)에서 많게는 45%(경남)에 달하는 것으로 나타났다. 자세한 수치는 [표 1]을 참조.

에 영향을 미쳤을 때 부동층유권자들이 선거결과에 영향을 미쳤다고 말할 수 있다. 앞의 분석에서 우리는 부동층유권자들이 그렇지 않은 유권자들에 비해 지역별로 민감한 이슈에 더 크게 반응하고 그것을 지지후보 선택에 중요한 요인으로 사용하고 있음을 알 수 있었다. 여기에서는 이번 선거환경에 큰 틀을 형성하였던 현정부에 대한 안정론과 견제론 그리고 여당과 야당의 공천과정에 대한 인식을 중심으로 부동층과 그렇지 않은 유권자들이 어떠한 차이를 보이는지 살펴보자.

〔표 7〕과 〔표 8〕의 내용은 안정론과 견제론 그리고 정당의 공천과정에 대한 평가를 부동층과 전체로 구분지여 살펴본 결과이다. 먼저 부동층과 전체 응답자들이 안정론과 견제론 중 어느 것에 동조하고 있는지 살펴보자. 약간의 지역별 차이는 있었지만 〔표 7〕이 보여주는 가장 중요한 메시지는 부동층이 전체 유권자들보다 더 큰 비율로 안정론보다는 견제론을 지지하고 있다는 점이다. 전체 응답자들의 30퍼센트 정도가 안정론을 지지하였던데 반해, 부동층유권자들의 안정론 지지 비율은 가장 많은 경남지역에서조차 25퍼센트를 조금 넘는 비율이었고 대부분 20퍼센트에 미치지 못했다. 반면, 부동층유권자들에게서 견제론 지지 비율은 평균 60퍼센트를 상회하여 50퍼센트 안팎의 비율을 보인 전체 응답자들과 큰 차이를 보였다. 이러한 사실들은 이번 지방선거에서 부동층유권자들이 현정부의 국정운영에 대해 보다 큰 불만을 갖고 있음을 시사한다.

비슷한 양상은 정당의 공천과정에 대한 평가에서도 나타난다. 〔표 8〕의 결과에 따르면 민주당의 공천과정이 민주적이었다고 생각하는 응답자의 비율이 부동층과 전체 응답자들에게서 차이를 보이고 있지 않은 반면에 한나라당의 공천과정에 대한 평가는 부동층유권자들에게서 더 부정적인 것으로 나타났다. 게다가 전체적인 비율에 있어서도 민주당의 공천과정이 민주적이었다고 생각한 응답자들이 60퍼센트를 넘는 반면, 한나라당의 경우 그 수치가 50퍼센트 정도에 그쳤다.

안정론과 견제론에 대한 인식과 더불어 정당의 공천과정에 관한 이와 같은 결과는 이번 선거가 대체로 정부와 여당에 불리한 구도로 형성되어 있었고 그러한 구도는 부동층유권자들에 의해 더 강화되었음을 보여준다. 이는 '여당의 참패' 혹은 '야당의 압승'으로 요약되는 이번 지방선거의 결과가 부동층의 선거 인식에 의해 일정 부분 영향을 받았음을 보여주는 결과라 할 수 있다.

그렇다면 선거결과를 바라보는 부동층의 생각은 어떠한가? 이와 같은 질문은 부동층이 지지후보를 변경하면서 겪게 되는 선호의 불안정성에 대해 스스로 어떠한 판단을 내리고 있는가와 연관된다. [표 9]는 응답자들을 선호의 안

[표 7] 안정론과 견제론 지지비율 : 부동층과 전체 응답자 (단위 : %)

	부동층		전체	
	안정	견제	안정	견제
서울	14.4	58.8	35.5	44.5
경기	10.2	72.9	29.8	48.8
충남	23.1	61.3	24.3	56.3
경남	26.7	48.1	31.5	45.8
전북	12.1	67.4	9.8	68.9

* 주 : 1-3차 조사에 모두 참여한 응답자들에 국한한 결과임.

[표 8] 정당의 공천과정에 대한 평가 (단위 : %)

	아래 정당의 공천과정이 민주적이었다는 응답자들의 비율			
	한나라당		민주당	
	부동층	전체	부동층	전체
서울	56.7	69.8	63.9	62.9
경기	56.0	67.3	77.7	73.2
충남	48.1	43.2	63.1	61.7
경남	45.8	43.6		
전북	47.5	48.7	58.9	66.2

* 주 : 1-3차 조사에 모두 참여한 응답자들에 국한한 결과임.

정성에 따라 구분하고 각각의 응답자 집단의 선거결과에 대한 만족도를 정리한 결과이다.

지지후보를 변경하지 않은 유권자들에게서 선거결과에 대한 만족도는 전북, 경남, 충남, 경기, 서울 순으로 나타났고 비율에서는 서울의 55퍼센트에서 전북의 83퍼센트까지 다양하게 나타났다. 또한 그러한 패턴은 부동층유권자들에게서도 유사하게 발견되었다. 그러나 부동층유권자 집단들의 선거결과 만족 비율은 지역별로 차이를 나타냈는데 서울의 경우 초기에 지지후보를 변경한 집단(1→2차)에 비해 선거 종반에 지지후보를 변경한 부동층 그리고 두 차례 조사 모두에서 지지후보를 변경한 부동층 순으로 만족도가 떨어지는 것으로 나타났다. 반면 경기지역에서는 선거 막판에 지지후보를 변경한 부동층이, 그 외의 지역에서는 두 차례 지지후보를 변경한 부동층 집단이 가장 높은 만족도를 보였다.

지역별로 왜 이러한 차이가 나타났는지 그리고 불안정한 선호를 보인 부동층 집단들이 고정적인 선호를 갖고 있는 유권자들과 유사한 비율의 선거결과 만족도를 보인 이유는 지금 단계에선 경험적으로 판단하기 어렵다. 이들의 지지후보가 최종적으로 당선되었기에 선거결과에 만족하였을 수도 있고 지지후보에 상관없이 전체적인 선거결과에 만족하였을 수도 있다. 또한 선거결과에 맞추어 개인의 선택을 합리화하였을 가능성도 존재한다. 다만 [표 9]의 내용을

[표 9] 선호의 안정성과 선거결과 만족 비율 (단위 : %)

	지지후보 변경안함	부동층		전체
		1→2차	2→3차	1→2→3차
서울	55.1	59.8	53.7	50.0
경기	61.3	61.2	72.0	69.4
충남	70.8	71.6	66.7	70.3
경남	72.6	78.6	77.9	82.5
전북	83.0	80.8	78.2	84.9

토대로 말할 수 있는 점은 부동층이나 그렇지 않은 유권자들은 선거결과에 대한 만족도에서 큰 차이를 보이지 않으며 때로는 부동층의 만족 비율이 더 높게 나타났다는 사실이며, 이는 부동층유권자들이 이후에도 지지후보를 지속적으로 변경할 동기를 갖고 있음을 간접적으로 시사한다.

한국 선거에서 부동층의 의미

6·2 지방선거는 이명박 대통령과 집권여당의 통치행위에 대해 국민들이 어떠한 생각을 갖고 있는지 총체적으로 확인할 수 있는 기회였다. 시행 15년이 지나 한국정치의 한 축으로 자리잡게 된 지방자치제도의 의미를 다시 짚어보고 지난 지방정부와 의회에 대해 국민들이 심판하는 기회이기도 했다. 이 장에서는 부동층유권자들에 초점을 맞추어 이번 지방선거의 결과를 분석해 보았다.

분석의 결과 이번 지방선거에서 부동층의 투표행태는 이전의 경험적 연구결과와 크게 달라지지 않았다. 한국선거의 지속적인 특징으로 지적된 높은 비율의 부동층이 이번 선거에서도 존재하는 것으로 나타났으며 지지후보 결정시기는 선거에 임박하여 이뤄진 것을 확인할 수 있었다. 또한 고정적인 지지정당이 없는 무당파 유권자들의 부동층으로의 변화와 더불어 지지정당이 있는 유권자들에게서도 매우 높은 비율로 지지후보를 변경하는 것으로 나타남으로써 한국정치의 취약한 정당정치를 확인할 수 있었다. 또한 젊은 유권자층, 특히 30대 유권자들이 부동층의 대다수를 구성하고 있음이 재삼 확인되었다.

이 글의 분석결과에서 기존 연구에 비추어 새로운 점들을 꼽자면 부동층유권자들은 새로운 지지후보에 대한 기대감으로 선택을 변경하는 경우가 많았으며 이들은 고정적인 선호를 가진 유권자들보다 쟁점이슈에 대해 민감하게 반응하고 있다는 점이다. 더불어 이번 선거의 경우 부동층유권자들이 그렇지 않은 유권자들보다 현정부의 정국운영 방식에 보다 비판적이고 여당의 공천과정을 부정적으로 바라보고 있어 처음에 예측했던 방향과는 다르게 선거결과가 나타나는데 공헌하였음이 드러났다. 이러한 사실들은 기존의 연구에서 나타나지 않았던 부동층의 이슈 민감성과 선거결과에 대한 영향력 등을 보여주는 경험적 분석 결과이다.

이상의 결과들을 토대로 우리가 부동층유권자에게 보다 긍정적인 평가를 내릴 수 있을지는 아직 명확하지 않다. 무엇보다도 이들의 선거와 캠페인 과정에 대한 관심도는 고정적인 선호를 갖고 있는 유권자들에 비해 낮다. 예를 들어 토론회 시청 여부를 묻는 질문에서 전체 응답자들 중 70퍼센트 이상이 토론회를 시청하였거나 신문 등을 통해 보았다고 답한 반면, 부동층 응답자들에게서 그 비율은 10퍼센트 이상 낮게 나타났다.[9] 이러한 낮은 관심도는 부동층을 민주주의의 원활한 작동에 부정적인 구성원들로 바라보는 주된 이유로 여전히 남아있다.

다만 한 가지 희망적인 사실은 부동층유권자가 선거에 대한 낮은 관심도에도 불구하고 여전히 선거의 장에 중요한 행위자들로 남아있다는 점이다. 한국의 선거에서 상당수의 부동층이 매선거마다 존재한다는 것은 우리가 이들의 투표행태에 여전히 관심을 가져야 하고 이들의 영향력을 보다 많은 경험적 연구를 통해 추적, 평가해야함을 의미한다.

---

9) 지역별로 구체적인 수치는 다음과 같다. 부동층 응답자들 중 토론회를 보았거나 들었다는 응답자들의 비율은 서울(73.2%), 경기(67.5%), 충남(57.5%), 경남(67.2%), 전북(75.2%)이며, 전체 응답자들에게서는 같은 순서로 85.1%, 71.7%, 66.7%, 71.6%, 75.6%로 나타났다.

■ 참고문헌

소순창. 1999. "지방선거에서 나타난 무당파층의 실증분석."《한국의 선거 III》. 조중빈 편. 서울 : 푸른길.
신　진. 1996. "부동층의 투표행태 분석 : 1995. 6. 27 지방선거에서 충남도지사 선거를 중심으로." 〈한국정치학회보〉 30, 1.
진영재. 2002.《부동층유권자 행태분석 : 14-16대 국회의원 선거분석》. 서울 : 집문당.
_____. 2008. "'부동층 집단'의 세분화를 통한 부동층의 이해."《변화하는 한국유권자 2》. 이현우 · 권혁용 공편. 서울 : 동아시아연구원.
_____. 2009. "18대 국회의원선거에서 나타난 '부동층'."《변화하는 한국유권자 3》. 김민전 · 이내영 공편. 서울 : 동아시아연구원.
한석준. 2004. "16대 대선 부동층 특성과 투표행태 분석." 〈동아시아연구〉 8.

Campbell, Angus, Philip E. Converse, Warren E. Miller, and Donald E. Stokes. 1960. *The American Voter*. New York: John Wiley.
Converse, Philip E. 1964. "The Nature of Belief Systems in Mass Publics." In *Ideology and Discontent*, ed. David E. Apter. New York: Free Press.
Downs, Anthony. 1957. *An Economic Theory of Democracy*. New York: Harper and Row.
Katona, George. 1975. *Psychological Economics*. New York: Elsevier.
Key, V. O., Jr. 1964. *Politics, Parties, and Pressure Groups*. New York: Thomas Y. Crowell.
_____. 1966. *The Responsible Electorate*. Cambridge: Harvard University Press.
Lau, Richard R. 1985. "Two Explanations for Negativity Effects in Political Behavior." *American Journal of Political Science* 29: 119-38.
Lazarsfeld, Paul F., Bernard Berelson, and Hazel Gaudet. 1948. *The People's Choice*. New York: Columbia University Press.

4. 50퍼센트 지지율 대통령이 왜 심판받았을까?
_수도권 상충적 유권자의 선택을 중심으로*

정한울

중간심판으로 끝난 6·2 지방선거, 50퍼센트 지지율은 허상이었나?

6·2 지방선거에서 정치권과 언론의 최대 관심은 시종일관 역대 지방선거처럼 정부 여당에 대한 심판의 장이 될 것인지, 여당의 승리로 후반기 국정운영에 힘을 실어주는 장이 될 것인지에 집중되었다. 여당은 50퍼센트에 육박하는 국정지지율과 앞선 정당지지율을 근거로 중간심판의 장이 되어 온 역대 지방선거패턴과 달리 정부와 여당의 승리를 자신했다. 야당은 야당대로 기존 지방선거에서 나타난 중간평가의 패턴이 재현될 것이라고 주장했다. 실제로 정치권은 물론 언론에서도 '중간심판론'의 작동 여부를 6·2 지방선거의 최대 핵심 변수 중의 하나로 이해하고 있었다(이내영·정한울 2010, 6).

선거여론조사 공표제한일인 선거 일주일전에 맞춰 5월 24-26일 실시한 방송 3사의 여론조사 및 대부분의 여론조사에서 충남, 경남 등 경합지역을 제외하면 호남, 대구경북 등 여야의 지역기반은 물론 수도권, 강원 등에서 한나라당 후보의 우세가 점쳐졌다. 조사기관에 따라 서울, 경기의 경우 15-20퍼센트포인트까지 격차가 벌어졌고, 인천의 8-9퍼센트포인트 내외, 강원의 경우는 10-20

---

* 이 글은 지방선거 직후 동아시아연구원이 발간한 워킹페이퍼시리즈 〈EAI 오피니언리뷰〉 제2호, "6·2 지방선거 수도권 이변, 숨은표인가? 변한 표인가?" (정한울 2010)을 수정, 보완한 결과물임을 밝혀둔다.

퍼센트포인트 정도 한나라당 후보가 앞선 것으로 나타났다.[1]

결과는 여당은 수도권 2곳과 지지기반이 강한 대구, 경북, 부산에서만 승리하고 나머지 전 지역에서 야당에 자리를 내주는 '이변'을 연출하며 막을 내렸다. 개표 결과 애초 박빙으로 예상된 강원, 인천 등에서 야권후보가 낙승하고, 반면 큰 격차가 예상된 서울에서 0.6퍼센트포인트 격차, 경기에서 4.4퍼센트포인트 격차까지 야당후보가 여당후보를 추격한 것으로 나타났다.

선거 일주일 전 여론조사 결과의 전망과 실제 개표결과가 큰 차이를 보이자 정치권과 언론에서는 '브래들리효과', '숨은표 10퍼센트론', '미네르바 효과', '침묵의 나선' 등 전혀 검증되지 않은 낯선 가설들을 기정사실화하여 예상밖의 결과들을 설명하고자 했다.[2] 이들 새로운 가설들은 기본적으로 야당후보를 선택한 표심의 상당수가 자기 의사를 표현하지 못했거나 이들의 여론을 미리 발견하지 못했기 때문이라고 보고 있다. 숨은표 가설과 브래들리효과가 그 원인을 조사방법의 한계에서 찾는다면, 미네르바 효과나 침묵의 나선 이론은 유권자 스스로 자신의 의사를 제대로 표현하지 않았거나 표현하지 못하게 한 정치사회적 요인을 주목하는 차이가 있을 뿐이다.

이러한 해석들은 야권이 선전한 선거결과와 대통령에 대한 높은 지지와 여당의 우세를 예측한 선거 전 여론조사 결과 사이의 차이는 여론조사 방법의 한계로부터 발생했다는 인식에선 공통적이다. 즉 대통령 지지율이 50퍼센트를 넘거나 한나라당 후보들이 우세한 것으로 예측된 선거전 여론조사 결과들은 실제 유권자들 사이에 퍼져있던 정권 및 여당에 대한 비판적 여론과 심판론을 과소대표(under-representation)한 결과라는 것이다.

---

1) 이 시기 실시한 조사는 지상파방송 3사, 〈한겨레〉, 〈조선-YTN〉, 〈동아일보〉 등으로 5월 27일 대대적으로 보도가 된 바 있다.
2) "족집게 출구조사 빗나간 여론조사"(〈동아일보〉 2010/06/04), "[분수대] 여론조사의 오류"(〈중앙일보〉 2010/06/03), "여론조사 전문가들 한숨, 왜 빗나갔나"(〈한겨레신문〉 2010/06/03), "유선전화응답방식, 20, 30대 표심 반영 못해"(〈한국일보〉 2010/06/03), "6·2 결과분석 ①승패요인(종합)"(〈연합뉴스〉 2010/06/03), "1주전 여론조사와 딴판 대접전. 왜?"(〈조선일보〉 2010/06/03) 등의 기사를 참조할 것.

이러한 시각은 크게 두 가지 문제점이 있다. 첫째, 위의 가설들은 선거전 '대통령의 높은 지지율' 과 '정권심판론', '한나라당 우세의 선거 전 여론' 과 '실제 투표에서의 야당 강세 현상'은 공존할 수 없다고 보는 일차원적, 양극적 관점(unidimensional/biploar framework of attitude formation)에 의한 해석이다. 그러나 본 연구는 대통령에 대한 태도는 다차원적이면서 상충성을 가질 수 있다는 인식에서 출발하고자 한다. 즉 업적 평가의 차원에서 대통령을 높게 평가하면서도 대통령과 여권에 대한 견제 혹은 심판이 필요하다는 인식이 공존할 수 있다는 것이다. 둘째, 위의 가설들은 여론조사 공표금지일부터 선거당일까지 약 일주일 간의 시간 동안 실제 여론이 변화했을 가능성을 간과하는 문제가 있다. 여론의 변화가능성을 배제하다보니 선거결과를 잘못 예측한 여론조사 방법론의 한계에만 주목하게 된다. 결국 지방선거 과정에서 나타난 유권자 표심의 변화라는 정치적 함의에 대한 분석을 여론조사 방법론 논쟁이 대신하게 되는 것이다.[3]

이 글은 높은 대통령 지지율과 한나라당 후보의 초반 우세를 이미 존재하고 있던 야당후보 지지자를 못 찾아내거나 찾을 수 없게 만든 '착시 현상' 이나 '허상' 으로 보지 않는다. 오히려 50퍼센트 지지율의 대통령과 선거 초중반 한나라당 우세 여론은 인정하되, 정부와 여야에 대한 상충적 태도(ambivalent attitude)를 가진 유권자들이 선거 일주일 남기고 급격하게 야당후보에 대한 지지로 쏠린 '표심 변화요인' 에 주목하고자 한다. 50퍼센트에 달했던 대통령의 국정운영을 지지하는 친MB성향을 보이면서도 정부 여당의 독주에 대한 견제심리를 동시에 가졌던 유권자들이나, 반대로 대통령과 정부 여당에 대한 심판의

---

[3] 물론 본 연구 역시 한국에서 진행되고 있는 여론조사에서 조사기관마다 표준화되지 않고, 또 편법이 활용되는 비과학적 샘플링의 방법 등으로 과대대표, 불안정성의 문제 등이 나타나고 있다는 점은 부정하지 않는다. 이에 대한 개선방향에 대해서는 김춘석·정한울(2010)을 참조할 것. 즉 샘플링 방법의 문제로 인해 특정 집단이 과대대표(over-representation) 혹은 과소대표되는 문제는 발생할 수 있지만 소수파의 침묵이나 사회적 억압분위기로 인한 미네르바 효과 등 인위적으로 응답자들이 자신의 의사를 숨기는 비율은 그다지 큰 변수는 아니었던 것으로 판단한다. 소위 숨은표 가설이나 브래들리효과 등에 전적으로 의존해 이번 선거결과를 해석하는 것은 상충적 태도가 공존하는 유권자들의 존재와 이들의 투표행태가 이번 선거결과에 미친 영향을 간과하게 만들어 정치적 해석의 문제를 방법론 논쟁으로 대체하는 문제점을 낳는다.

필요성에 공감하면서도 야당에 대해서도 만족하지 못하는 유권자 등이 대표적으로 상충적 태도를 갖고 있던 유권자들이다. 이들 중 다수는 선거막판까지 지지후보를 정하지 못하다 투표 전 일주일 사이에 야권 후보 지지로 급격히 표심이 이동했고 이것이 극적인 선거결과의 주된 이유였다고 본다. 본 연구는 이명박 대통령을 지지하면서 동시에 지방선거에서 정부에 대한 견제를 택한 정권심판론자, 정권심판을 바라면서도 야당에 실망한 수도권의 '상충적 유권자'(ambivalent voter)들이 투표 일주일 사이에 어떻게 투표선택을 바꾸었는지 이번 6·2 지방선거 패널조사 분석을 통해 밝히고자 한다.

왜 대통령 지지율에 주목하는가?

이번 선거에서 대통령의 지지율이 선거예측의 최대변수로 떠오른 것은 무엇보다 지방선거가 갖는 중간평가의 성격 때문이다. 1995년 지방선거의 부활이후 임기 중후반에 실시된 1995년, 2002년, 2006년 지방선거가 정권에 대한 중간평가의 의미를 가졌으며, 예외 없이 집권당의 패배로 귀결되었다(강원택 2010: 진영재·조진만 2002; 이내영·정한울 2010b, 6). 이러한 경향은 미국 선거정치이론에서도 자주 다루어지는 주제이다. 중앙정부/집권당에 대한 '견제와 균형' 차원에서 유권자들이 중앙정부-지방정부 간 수권정당이 다른 '분할정부'(divided government)를 선호하거나 '현 정부에 대한 중간평가'(referendum)의 의미를 부여하는 것을 일컫는다(Jonston et al. 2000, 121-122; Norris 1990, 145-9; Tufte 1975). 중간평가론은 결국 유권자들이 현 정부의 업적에 대한 회고적 평가에 기초한 상벌(rewards-punishment)의 의미로 지지후보를 선택한다는 것이다(Lewis-Beck and Stegmaier 2000; 정한울 2007). 즉 중간선거나 지방선거에서 집권당의 업무수행에 긍정적이면 여당후보를 선택하고, 업무수행이 부정적이면 야당후보를 선택한다는 논리다. 현 정부의 업적평가를 측정할 수 있는 가장 직접적인 지표가 국정지지율이라는 점에서 국정지지율이 높을 경우 정부 여당에 유리하고, 낮을 경우 정권심판론이 작동하여 야당후보에 유리할 것이라는 가설이 성립하게 된다.

MB 지지율 서울 52.0퍼센트, 경기 53.6퍼센트

선거 중반까지 수도권에서 한나라당 후보들이 우세를 이어갔던 데에는 무엇보다 높은 수준을 유지하고 있던 대통령 지지기반이 작동하고 있었다. 임기 중반의 대통령 지지율이 40-50퍼센트를 넘나드는 현상은 역대 지방선거에서는 찾아보기 힘든 특이한 사례이다. 이는 여당이 선거 막바지에 선거승리를 낙관한 주된 이유 중의 하나이다. 서울에서 1-3차 조사에 모두 응한 401명과 경기 1-3차 조사에 모두 응한 400명 대상으로 선거기간 중 서울과 경기지역 유권자들의 국정지지율을 살펴보면 [그림 1]과 같다.

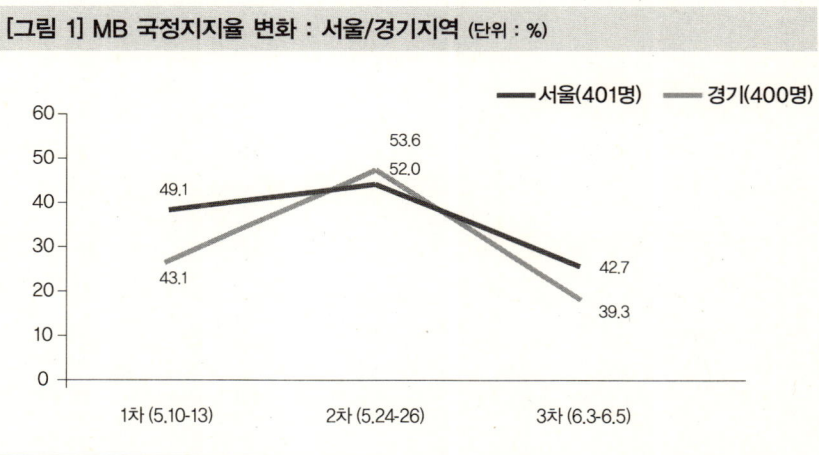

[그림 1] MB 국정지지율 변화 : 서울/경기지역 (단위 : %)

천안함사건과 국정지지율

1차 조사시점에서도 비슷한 시점에 측정한 역대 대통령에 비해 높은 지지율을 보여주었지만 2차 조사에서는 천안함사건의 여파로 지지율이 두 지역에서 모두 50퍼센트를 넘어섰다. 두 지역에서 대통령 지지율을 조사한 결과 서울에서는 1차 조사시점에 49.1퍼센트였고 천안함 민관합동조사위원회 결과발표(5월 20일) 직후인 2차 조사시점(24-26일)에는 52.0퍼센트까지 상승했다. 경기지역의 경우 1차 조사에서는 43.1퍼센트로 서울지역에 미치지 못했지만 오히려 2차 조사에서는 53.6퍼센트로 서울지역 지지율을 넘어섰다.[4]

선거 일주일전 수도권에서 확인된 국정지지율의 상승 현상은 기본적으로 천안함사건을 계기로 보수층이 대거결집의 결과였다. 다만 중도층의 경우 서울지역과 경기지역에서 상반된 반응을 보여준다. 1-2차 조사기간 중 서울에서는 보수층에서 국정지지율이 58.2퍼센트에서 71.0퍼센트로 12.8퍼센트포인트 상승했다. 진보층에서는 2.4퍼센트포인트(28.0퍼센트→30.4퍼센트) 상승하는데 그쳤다. 그러나 중도층에서는 오히려 7.1퍼센트포인트 지지율 하락이 나타났다. 서울에서의 국정지지율은 전적으로 보수층 결집의 결과로 볼 수 있다. 반면 경기에서는 보수층 결집(62.8퍼센트→75.5퍼센트) 현상뿐 아니라 중도층(35.7퍼센트→50.1퍼센트)에서도 지지상승 효과가 나타났다. 최소한 경기지역에서는 천안함사건 발표 이후 소위 안보결집효과(rally around the flag effect)의 덕을 일부 본 것으로 보인다.

[표 1] 이념성향별 국정지지율 (단위 : %)

국정지지율	서울 (400명)			경기 (392명)		
	진보(101명)	중도(148명)	보수(151명)	진보(89명)	중도(154명)	보수(148명)
1차(5.10-13)	28.0	53.9	58.2	22.5	35.7	62.8
2차(5.24-26)	30.4	46.8	71.0	23.7	50.1	75.5
3차(6.3-6.5)	20.7	39.0	60.5	14.1	34.4	59.0

높은 국정지지 요인 : 경제실적

천안함사건이 선거기간 중 50퍼센트를 넘어서는 지지율 상승의 원인이었다면 이명박 대통령이 역대 대통령 중 임기 중반에도 높은 지지를 유지하고 있는 또 다른 비결은 역시 '경제'이다. 〔그림 3〕을 통해 2008년 하반기 경제위기 이후 2010년 선거까지의 경제인식 변화를 살펴보자. 국가경제 및 가정경제 모두 호전되었다는 여론보다는 악화되었다는 여론이 다수이다. 하지만, 시간이 흐를수록 경제가 악화되고 있다는 비관적 인식은 급격히 줄어드는 추세이다. 최소한 더 나빠지지는 않았다는 현상유지 여론이 다수다. 특히 국가경제의 경우 2008년 경제위기 직후인 2009년 2월 조사에서는 나빠졌다는 인식이 93.1퍼센트에 달했지만, 2009년 12월, 2010년 5월 조사에서는 각각 36.2퍼센트, 32.6퍼센트로 3분의 1 수준으로까지 떨어졌다. 좋아졌다는 여론도 1.4퍼센트에서 14.4퍼센트, 23.4퍼센트로 꾸준히 상승하고 있다. 세계금융위기의 충격을 감안하면 나쁘지 않은 성적표다.

실제로 이러한 경제 성적표가 대통령 국정지지율을 떠받치고 있다. 서울과 경기 유권자들의 경제에 대한 인식 차이에 따라 국정지지율에 큰 차이가 있었다. 우선 국가경제가 좋아졌다는 응답자(168명) 중에선 76.4퍼센트가 대통령이 국정운영을 잘하고 있다고 답했다. 현상유지하고 있다고 보는 층(246명)에서도 국정지지율은 56.7퍼센트로 과반을 훨씬 넘기고 있다. 현상유지 층에서도 국정지지율이 높은 것은 전세계적으로 경제위기의 한파를 경험하고 있다는 사실을 감안하면 현상유지하는 것도 쉽지 않다는 인식이 깔려있는 것으로 보인다. 반면 경제가 악화되었다고 보는 층(298명)에서는 대통령 지지율이 28.4퍼센트에 불과했다. 결국 경제인식이 호전되었거나 최소한 나빠지지 않았다고 보는 현상유지층이 과반수에 달하며 경제불만층의 지지율 하락을 상쇄하고 있는 상황이다.

---

4) 그러나 선거 직후 조사에서는 선거패배의 책임론이 부각되며 서울 42.7%, 경기 39.3%로 하락했음을 알 수 있다.

[그림 2] 금융위기 이후 경제인식 변화 (단위 : %)

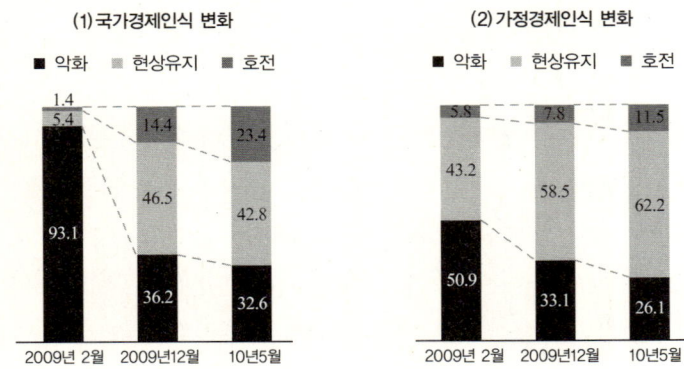

* 주 : 2009년 2월, 12월 조사는 "EAI·한국리서치 정기여론바로미터조사", 2001년 5월 조사는 "2010 지방선거 1차 전국패널조사"임.

[그림 3] 국가경제 인식별 국정지지율 (단위 : %)

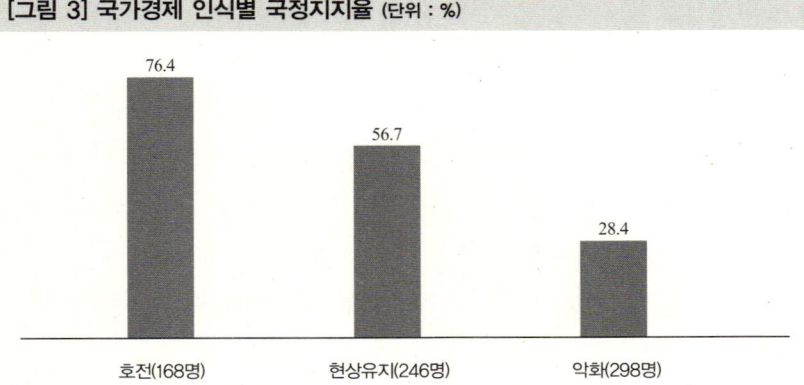

* 주 : 서울과 경기지역의 712명을 대상으로 한 조사로, 경제 인식은 "전국패널 1차 조사", 국정지지율은 "전국패널 2차 조사" 결과임.

상충적 유권자의 선택

수도권 이변, 숨은표인가? 변한 표인가?

그렇다면 이렇게 높은 지지율이 사실이고 중간평가론이 작동했다면 왜 선거결과는 집권당 후보들의 패배로 끝났을까? 하나의 가설이 앞서 정리한대로 여론조사가 야권성향의 표심을 제대로 반영하지 못했다는 '숨은표가설'이나 '브래들리효과 이론'이다. 이 경우 선거 중반까지의 한나라당 후보들의 우세나 대통령의 높은 지지율은 야권성향의 응답자들이 대표되지 못한 결과이며 선거에서 야권이 승리한 것은 여론조사에 포착되지 않은 야성향의 표심이 실제 투표장에서 표출된 결과로 해석된다(조선일보 2010/05/19).[5]

그러나 본 연구는 선거결과와 선거 전 예측의 차이를 '숨은표가설'이나 '브래들리효과'로만 보기엔 무리가 따른다고 본다. 첫째, 숨은표 혹은 브래들리효과 이론은 정부의 언론에 대한 통제나 처벌로 인해 야권 성향의 유권자들이 자신의 입장을 밝혔을 때 오는 불이익에 대한 두려움, 혹은 사회의 다수 입장과 다른 소수의견을 가진 사람들이 자신의 정치적 입장을 밝히는 것에 대한 심리적 위축 때문에 발생한다고 설명한다. 그러나 본 지역패널조사(5월 24.26일 실시)만 하더라도 "이번 선거에서 이명박 정부의 실정을 심판해야 한다는 주장에 대해 어떻게 생각하는가?", "천안함사건 발표에 한나라당과 이명박 정부의 정치적 의도가 있다고 보는가?" 등 자신의 지지후보를 밝히는 것 못지않게 정치적으로 민감한 조사문항들이 다수 포함되어 있었다. 실제 응답을 보면 패널조사에서 서울에서는 59.1퍼센트, 경기지역에서는 67.3퍼센트가 정부를 심판해야 한다고 답했다. 또 천안함사건에 대해서 서울 61.2퍼센트, 경기유권자 67.1퍼센트가 정권의 정치적 의도가 있는 것으로 판단했다. 당시 이해찬 서울시장 선

---

5) 이러한 숨은표에 대해서는 여야 모두 인식을 같이 했는데, 한나라당 지방선거기획위원장인 정두원 의원은 약 "12%포인트 가량을 야당의 숨은표"라고 주장하고, 우상호 민주당 대변인 역시 "재보선 표심을 보면 10-15%포인트가 민주당을 지지하는 숨은표"라고 주장했다.

대위원장을 비롯한 야권지도부도 이 조사를 근거로 서울에서 한명숙 후보의 근소한 승리를 예측한 바 있다(프레시안 2010/05/31). 정권심판의 필요성을 얘기하고 천안함 사건의 정치적 악용가능성을 지적한 유권자들이 정작 지지후보 문항에 대해서는 사회적 억압효과로 인해 자신의 선호를 숨겼다는 해석은 설득력이 약하다.

둘째, 서울과 경기 지역을 제외한 다른 지역의 경우 이미 기존 여론조사 결과나 본 패널조사에서 선거 막바지에 유권자의 표심변화가 포착되었다. 실제로 방송3사에서 여론조사 공표금지기간인 투표 2-3일 전인 5월 29-31일 실시한 여론조사에서 이미 충남, 경남에서는 안희정, 김두관 후보가 지지율 격차를 더 벌리거나 유지했고, 인천, 강원과 충북의 경우 1위와 2위 간의 격차가 3-5퍼센트포인트 이내로 좁혀지는 등 야권후보의 추격이 급증하고 있음이 확인되었다. 6월 1일 방송 3사는 주요 뉴스를 통해 공표금지조항 때문에 수치는 보도하지 않았지만 29-31일 실시한 여론조사 결과를 토대로 "인천과 강원이 새로운 경합지역으로 부상했다."고 보도하였으며 "충북 역시 민주당 이시종 후보가 바짝 추격하는 양상"이라고 보도한 바 있다.[6]

다만 이 조사에서도 서울의 경우 11.2퍼센트포인트, 경기에서는 14.7퍼센트포인트 격차가 유지되었다(《한국일보》 2010/06/03). 실제 선거결과가 서울 0.6퍼센트포인트 차, 경기 4.4퍼센트포인트 차였다는 점을 고려하면 10퍼센트포인트 가량의 변화가 선거막바지에 발생한 셈이 된다.

여기에서 서울, 경기에서 왜 선거막판에 표심의 급격한 변화가 생겼는지를 설명해야 하는 문제가 남는다. 이러한 편차를 숨은표로 볼 것인가, 아니면 실제 변한 표로 볼 것인가? 이것이 본고에서 다루고자 하는 핵심 질문인 셈이다. 그러나 본 패널조사를 분석해보면 선거 막바지에 적지 않은 표심변화를 발견

---

6) 여론조사결과 공표금지 기간에 실시한 방송3사의 조사결과는 "1주전 여론조사와 판판 대접전 왜"《조선일보》 2010/06/03와 "한나라 우세 점치다 선거 하루 전 접전 전망"《미디어오늘 2010/06/03》을 참조할 것.

할 수 있다. 매 조사 시점마다 다른 응답자를 모집하여 조사하는 일회성조사는 두 시점의 조사결과가 달라져도 실제 여론이 변화한 것인지 매번 모집한 응답자들의 특성이 달라져서 생긴 변화인지 검증이 불가능하다. 그러나 패널조사는 대표성을 고려하여 모집한 응답자들을 대상으로 반복해서 조사하기 때문에 각 시점에서 나타난 응답자들의 태도 변화를 직접적으로 확인할 수 있다.

〔그림 4〕에서 서울, 경기지역 패널조사에서 이미 1차 조사(5.10-13)와 2차 조사(5.24-26) 시점 사이의 조사결과를 보면 같은 시점에 실시된 일반(전화)조사에 비해 여야 후보간 지지율 격차가 크지 않음을 알 수 있다. 당시 일반조사에서는 수도권에서 여야후보 지지율 격차가 15-20퍼센트포인트 가량 벌어진 것으로 나타났다. 1차 조사의 경우 1, 2위 간 지지율 격차가 서울에서 10.6퍼센트포인트, 경기에서 8.9퍼센트포인트였다. 2차 조사에서도 서울에선 11.0퍼센트포인트, 경기에선 7.8퍼센트포인트 격차를 보여 다른 조사에 비해 여야 후보간 지지율 차이가 추격 가능한 수준이었음을 보여준다. 패널조사의 경우 지지율의 정확한 추정보다는 변화를 분석하는 방법론임에도 불구하고 지지율 추정에 강점을 가진 일반전화조사보다 최종 선거 결과에 근접한 결과를 보여준다.[7] 더구나 선거 일주일 전 실시한 2차 조사와 선거직후(6.3-5) 실시한 3차 조사를 비교하면 일주일 사이에 한명숙 후보와 유시민 후보 지지로 급격하게 돌아선 여론변화를 확인할 수 있다.

---

7) 본 연구팀은 그러한 이유로 패널조사가 정확한 여론추정에 더 우월한 방법이라고 주장하지는 않는다. 대부분의 여론조사 전문가들이 인정하듯이 과학적 샘플링 조사방법론에 의거할 경우 정확성에서는 면접원에 의한 전화조사방법이 가장 우수하다고 본다. 다만 지난 2006년부터 2010년까지 패널조사를 진행해온 바, 조사결과가 실제 투표결과에 근접한 결과를 보이는 것은, 첫째, 보통 조사들이 지역, 성, 연령 세 변수를 기준으로 표본가중치를 부여하지만, 본 패널조사는 유권자들의 정치적 선호에 '직업' 변수의 영향력이 커지고 있음을 반영하여 지역별 직업구성에 맞게 가중치를 부여했다. 둘째, 여러 차례에 걸쳐 패널조사에 응하는 패널들은 일반 유권자들에 비해 정치적 관심과 투표의사가 높아 실제투표자층을 더 적절하게 대표하는 것으로 이해된다. 다만 이러한 해석은 경험적 검증의 결과가 아닌 연구팀의 잠정적인 해석이다.

[그림 4] 6·2 지방선거의 지지후보 및 투표후보 변화 (서울·경기지역, 단위 : %)

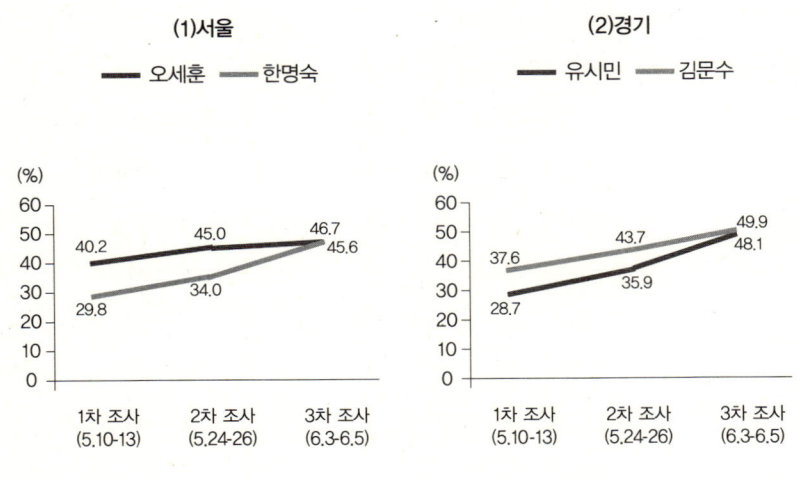

대안적 가설 : 상충적 유권자의 선택을 중심으로

그렇다면 투표 일주일 전까지 MB 국정지지율이 상승하고 수도권에서 한나라당 후보들의 우세한 상황이 왜 투표 당일까지 이어지지 못했던 것일까? 이 비밀을 풀기 위해서는 수도권 지지율 반전의 주역을 살펴보아야 한다. 이 글은 "친MB=정권안정=한나라당 지지"와 "반MB=정권심판=민주당/야권 단일후보 지지"라는 이분법적인 대결구도 중 어느 한쪽에도 속하지 않고 내적으로 갈등했던 상충적 태도를 가진 유권자들의 투표선택에서 그 비밀을 풀어보고자 한다.

이번 선거 이변은 언론과 정치권에서는 "친MB=정권안정=한나라당 지지"와 "반MB=정권심판=민주당/야권 단일후보 지지"라는 일차원적·이분법적 선거분석틀(unidimensional/bipolar framework of attitude formation)이 설명하지 못하는 상충적 유권자의 막판 투표 쏠림의 결과이다. 상충적 태도이론은 유권자들의 정치적 태도를 일차원적인 이분법으로 접근해서는 안된다고 비판한다. 특정 정치대상에 대한 '호불호'라는 상반된 요소들이 제로섬 관계가 아닌 서로 공존할 수 있다는 가능성에 주목한다(김장수 2005, 156-8; 유성진 2009, 100-6).

상충적 태도를 가진 유권자들의 경우 일관적인 태도의 유권자들에 비해 후보 선택과정에서 보다 많은 내적인 갈등과 노력을 필요로 한다. 전통적인 주류이론에 따르면 이러한 상충적 유권자는 일종의 중도적 성향의 유권자들로서 때론 무지한 유권자이며 정치적으로 무관심한 유권자들로서 소극적인 정치참여자로 이해되어 왔다.

그러나 최근 논의에 따르면 상충적 유권자들은 내적인 가치충돌(conflict in mind)을 해결하기 위해 보다 적극적으로 추가적인 정보수집에 나서며 능동적으로 정치참여의 동기를 갖는 유권자들이다(유성진 2009, 108-109; Basinger and Lavine 2005). 유성진은 뉴스접촉빈도 및 투표 여부에 대한 데이터 검증을 통해 2008년 총선에서 정당에 대한 상충적 태도를 가진 유권자들이 정치적 무관심층과는 구별되고 있음을 보여준 바 있다(유성진 2009, 118-122).

상충적 유권자이론은 높은 지지율을 기록하고 있던 대통령과 여당이 선거에서 심판받은 이유를 설명하는데 유용한 이론적 분석틀을 제공한다. 기존 연구들처럼 정부 여당에 대한 태도를 대통령 국정지지율이라는 일차원적인 변수에 의해 분류할 경우 이번 선거결과는 유권자들의 변덕이나 여론조사 방법의 문제로 치환될 수밖에 없다.

그러나 본 연구는 상충적 유권자이론을 적용하여, 첫째, 정부 여당의 업적(performance)에 대한 긍정적인 평가와 현 정부에 대한 중간심판 여론의 공존 가능성, 둘째, 정부 여당에 대한 견제심리와 야당에 대한 비판여론의 공존가능성에 주목한다. 대통령 국정지지율이 주로 경제적 실적에 대한 평가에 기반한다면 현 정부심판론은 일방적으로 독주하는 정부에 대한 견제심리에 기반한다.[8]

요는 정부에 대한 각각의 태도에 있어 상충된 입장의 공존이 가능하다는 것이다. 이 글에선 정부업적에 긍정적이면서도 정부견제심판 논리에 동의하는 응답층(친MB심판론자), 정부업적 평가에 부정적이면서도 동시에 야당에 대해서도 부정적인 응답층(반야당반MB심판론자)을 대표적인 양면적, 상충적 태도의 유권자 유형으로 분류한다. 이 장에서는 이들은 누구이며 왜 높은 지지율을 유지하던 정부 여당 대신 야권을 선택하게 된 과정과 이유를 분석하고자 한다.

상충적 유권자는 누구인가?

상충적 유권자의 규모

그렇다면 이번 선거에서 상충적 유권자들은 누구이고 실제 선거결과에 얼마나 큰 영향력을 행사했던 것일까?

무엇보다 이번 선거에서 최대 쟁점이 된 대통령에 대한 중간평가와 정권심판론에 대한 태도에서 상충적 태도가 공존하는 유권자들을 발견할 수 있다. [그림 5]에서 서울과 경기지역 794명의 패널을 분석해보면 52.9퍼센트가 국정운영을 잘한다고 평가한 반면 47.1퍼센트가 잘못한다고 답했다. 같은 조사에서 "지방선거에서 이명박 정부의 실정을 심판해야 한다."는 입장에 공감한다는 응답은 65.1퍼센트였고, 정권심판론에 공감하지 않는다는 응답이 34.9퍼센트

---

8) 국정지지율이 정부의 경제적 업적에 의해 좌우된다는 논의는 Lewis-Beck and Stegmaier(2000, 188-191), Yi(2010)를 참조할 것. 본 연구팀은 선거운동 초기 '정부견제론'(balancing)과 '정부심판론'(punishment) 개념을 구분하여 심판론은 여권이 정치적 수세를 전제하고, 견제론은 여권의 정치적 우세를 전제한다는 점에서 서로 구별되는 개념으로 이해했다(이내영 외 2010). 그러나 실제 선거운동 과정에서 야당은 이러한 구분보다 "중간선거에서의 중간평가를 통해 독주하는 정부에 대해 견제해 달라."고 통합된 논리를 내세웠고, 국민들 역시 두 개념을 구분 없이 사용했던 것으로 보인다. 지면사정상 싣지는 않지만 본 패널조사의 "안정론과 견제론 중 어느 쪽을 선호하는가?", "이번 지방선거에서 현 정부의 실정에 대해 심판해야 한다는 주장에 대해 동의 하는가?" 라는 견제론 문항과 심판론 문항의 응답 사이에는 매우 높은 상관관계가 확인되었다.

[그림 5] MB 지지 및 정권심판론 공감도에 따른 유권자 유형 분포

		MB정권심판론에 대한 태도	
		정권안정론 277명(34.9%) MB정권심판 비공감	정권심판론 517명(65.1%) MB정권심판 공감
MB 국정 지지	親MB 국정지지 420명 (52.9%)	親MB안정론 (250명) 親MB의 59.5% 정권안정론의 90.3% 전체유권자의 31.5%	親MB심판론 (170명) 親MB의 40.5% 정권심판론의 32.9% 전체유권자의 21.4%
		한나라 핵심지지층 (한나라당 지지) 200명 친MB안정론의 80.0% 전체유권자의 25.2% / 反한나라당 성향 (무당파/야당지지) 50명 친MB안정론의 20% 전체유권자의 6.3%	
	反MB 국정반대 374명 (47.1%)	反MB안정론 (27명) 反MB의 7.2% 정권안정론의 9.7% 전체유권자의 3.4%	反MB심판론 (347명) 反MB의 92.8% 정권심판론의 67.1% 전체유권자의 43.7%
			야당 지지층 (민주/민노/창조/참여) 208명 反MB심판론의 59.9% 전체유권자의 26.2% / 反야당성향 (무당파/보수정당) 139명 反MB심판론의 40.1% 전체유권자의 17.5%

* 자료 : 1-3차 조사에 참여한 서울과 경기지역 794명 대상으로 한 2차 조사 데이터.[9]

로 나타나 정권심판론의 공감대가 상당히 확산되어 있음을 보여준다.

 이 두 조사결과를 교차해보면, 이명박 정부를 바라보는 국민인식의 유형을 크게 네 가지로 분류해볼 수 있다. 대통령 국정 지지층이면서 정권심판론에 반대하는 '친MB정권안정론자', 대통령 국정 지지층이지만 정권심판론에 공감하는 '친MB심판론자', 대통령 국정에 비판적이면서 정권심판론을 주장하는 '반MB심판론자', 대통령에 비판적이면서 정권심판에도 반대하는 '반MB정권

---

9) 위의 [그림 5]에서 음영처리한 셀들이 양면적 태도를 가진 유권자 유형으로 분류된다.

안정론자'이 그것이다. 수도권에서 3차 조사까지 모두 참여한 전체 패널 응답자 794명을 기준으로 보면 MB 국정평가와 정권심판론에 대해 일관된 양 극단을 대표하는 것이 '친MB안정론자(250명)'와 '반MB심판론자(347명)'로서 각각 전체유권자의 31.5퍼센트, 43.7퍼센트다.

반면 양면적 태도로 분류되는 나머지 두 유형 중 대통령 국정운영에 비판적이면서 정권심판론에도 비판적인 '반MB안정론자'는 27명으로 전체 응답자의 3.4퍼센트에 불과했고, 이번 선거에서 큰 변수가 되지 못했다고 할 수 있다. 그러나 정권심판론에 공감하면서도 대통령의 국정운영에 지지를 보내는 소위 '친MB심판론자'는 170명으로서 전체 응답자의 21.4퍼센트에 해당하는 수치다. 즉 수도권 유권자의 5명 중 1명은 MB를 지지하면서 동시에 선거에서 심판의 필요성을 인정하는 상충적 태도를 보이고 있는 셈이다. '친MB안정론자'와 '반MB심판론자'의 격차가 12.2퍼센트포인트 차이에 불과했던 것을 감안하면 이들이 심판 대 안정 중 어느 쪽으로 움직이느냐에 따라 전체 선거판세가 달라질 수 있음을 시사하는 결과다.

또한 반MB심판론, 친MB안정론 등 일관된 태도를 가진 유권자들 중에서도 정당지지 태도에 따라 양면성을 가진 하위집단이 존재할 수 있다. 우선, 반MB심판론자 중에서는 상당수가 MB에 비판적이면서도 현존하는 야당세력에 대한 실망을 느끼는 층이 적지 않게 존재하고 있다. 과거 노무현 대통령 지지층, 17대 총선에서 열린우리당 지지층의 상당수가 이탈하여 한 때 한나라당과 대등했던 현재 민주당 등 주요 야당의 지지율은 여당에 뒤지고 있다. 특히 이명박 대통령 취임 이후 대통령에 비판적인 응답층 중에서도 민주당 지지는 과반에 못 미치곤 했다. 이는 반MB성향의 국민들 중 현존하는 야당을 대안으로 인정하지 않는 경우가 적지 않다는 것을 의미한다. 이 역시 대통령과 야당에 대한 상충적 태도로 이해할 수 있다.

이들의 규모를 경험적으로 파악하기 위해 대표적인 반정부 성향을 보이고 있는 '반MB심판론'자 374명 중에서 6·2 지방선거에서 반한나라당 후보 단일화에 참여한 정당을 지지하는 응답자와 이에 참여하지 않은 정당 지지자를 구분하여 보았다. 민주당, 민주노동당, 창조한국당, 국민참여당 등 반한나라당 후보 단일화에 참여한 정당을 지지하는 유권자들은 374명 중 208명(59.9퍼센트) 수준이었고 나머지 139명(40.1퍼센트)은 여도 야도 지지하지 않는 무당파거나 다른 성향의 정당을 지지하고 있었다. 전체 유권자(794명)를 기준으로는 17.5퍼센트에 달하는 규모로서 친MB심판론자 21.4퍼센트까지 합치면 선거막판 변수로 작용하기에 충분했다.

반면 친MB안정론자 중에서도 한나라당을 지지하지 않는 상충적 태도를 가진 유권자들이 존재할 수 있다. 그러나 수도권 친MB안정론자 250명을 분석해 보면 대부분 한나라당에 대한 높은 지지를 보여주었다. 이들 중 80.0퍼센트인 200명이 한나라당 지지를 밝혔다. 한나라당을 지지하지 않는 응답층은 친MB안정론자의 20.0퍼센트, 전체 응답자의 6.3퍼센트 수준에 불과하다.

상충적 유권자는 누구인가?

상충적 유권자들의 특성을 알아보기 위해 이들의 세대, 학력, 이념성향, 정당지지 등 사회경제적, 정치적 특성을 분석해 보았다. [표 2]에서 기존의 일관된 태도를 가진 유권자 유형(친MB안정론, 반MB심판론)의 경우 세대별, 학력별, 이념별, 지지지정당별로 뚜렷한 차이를 보여주고 있다. 여당의 지지기반인 고연령층, 저학력층, 보수층, 한나라당 지지층에서는 친MB안정론의 비중이 높았고, 야당의 지지기반인 젊은층, 고학력층, 진보층, 민주당 지지층에서 반MB심판론의 비중이 높았다.

그러나 상충적 태도를 대표하는 친MB심판론자들의 뚜렷한 사회정치적 특성을 확인하기 어렵다. 다만 연령대별로 보면 30대, 50대, 60대 이상에서 상대적으로 높은 비중을 차지고 있으며 학력에서는 저학력 층에서 다소 높게 나타나지만 고졸, 대졸이상 층에서도 적은 규모는 아니었다. 정당지지에서도 한나라당과 무당파층에서 민주당 지지층에 비해 10퍼센트포인트 가량 높게 나타나고 있다. 다만 이념성향으로 보면 진보층에서는 비교적 반MB심판론에 집중되어 상충적 유권자의 비중이 적었고, 중도 및 보수층으로 갈수록 친MB심판론의 태도가 많았다. 본문에 담지는 않았지만 반MB심판론자 중 반야당성향의 상충적 태도를 가진 유권자층은 주로 야당 지지성향의 젊은층, 고학력층, 진보층에서 확인된다.

즉, 친MB심판론의 경우 주로 보수성향의 계층에서 상대적으로 많이 나타나고 있고, 반야당 반MB심판론자들은 주로 고학력층, 진보성향등 야당지지 계층에서 발견된다. 이는 상충적 유권자들이 단순히 저학력, 무당파 층에서 나타

[표 2] 유권자 유형별 사회경제적 배경 (단위 : %)

분류	하위집단	일차원적/일방적		이차원적/상충적		계
		친MB안정론	반MB심판론	친MB심판론	반MB안정론	
연령	20대	17.9	67.9	9.9	4.3	100
	30대	14.7	54.7	26.3	4.2	100
	40대	31.4	44.9	18.9	4.9	100
	50대	50.8	21.9	25.8	1.6	100
	60대+	54.3	16.3	28.7	0.8	100
학력	중졸이하	40.4	31.6	28.1		100
	고졸	40.0	35.4	21.2	3.4	100
	대졸이상	23.6	52.1	20.7	3.6	100
이념성향	진보	13.2	70.4	13.8	2.6	100
	중도	29.0	46.5	19.9	4.7	100
	보수	45.5	23.9	27.9	2.7	100
정당지지	한나라당	64.7	8.7	25.6	1.0	100
	민주당	5.7	75.1	15.3	3.8	100
	무당파	16.3	49.0	25.5	9.2	100

* 주 : 1-3차 조사에 참여한 서울 및 경기지역 794명 대상으로 한 2차 조사 데이터.

나는 정치적 무관심과 정치적 무지의 산물로 해석하기에 무리가 따른다는 것을 의미한다. 친MB심판론자는 주로 보수층 중에서 여당 지지를 철회한 세력을, 반야당 반MB심판론자는 주로 진보층 중에서 야당에서 이탈한 집단을 대표하는 것으로 볼 수 있다.

상충적 유권자의 투표선택

투표선택 : 상충적 유권자, 선거 막바지 야권후보 지지 급증

친MB심판론자의 선택
[표 3]과 [표 4]에서 투표 일주일을 앞둔 시점의 제2차 패널조사결과를 보면, 친MB안정론자들은 오세훈 후보(83.6퍼센트)와 김문수 후보 지지결집도(81.0퍼센트)가 높았고, 반대로 반MB심판론자들의 경우 한명숙 후보(64.2퍼센트)나 유시민 후보 지지결집도(66.7퍼센트)가 상대적으로 낮았다. 더구나 이 시기에 상충적 태도를 가진 친MB심판론자 중에선 오세훈(46.6퍼센트), 김문수 후보(60.6퍼센트) 지지로 쏠려 있었다. 반면 한명숙 후보 지지는 19.2퍼센트, 유시민 후보 지지는 18.2퍼센트에 불과했다.

전체적으로 반MB심판론의 여론이 친MB안정론보다 많았지만, 후보 지지율에서는 친MB안정론자들과 친MB심판론자들을 여당지지로 끌어들임으로써 지지율에서 한나라당 후보들이 앞서나가고 있던 것이다.

그러나 일주일이 지나 후 선거직후 조사한 3차 패널조사에서는 친MB심판론자와 반MB심판론자 중에서 적지 않은 변화가 확인된다. 서울의 경우 친MB심판론자 중 한명숙 지지가 19.2퍼센트에서 39.4퍼센트까지 상승했다. 반면 이들

집단에서 오세훈 후보 지지는 47.9퍼센트로 2차 조사에 비해 큰 변화가 없었다. 3차 조사에서도 오세훈 후보 지지율이 한명숙 후보 지지율을 넘어서고는 있지만 2차 조사 시점에 비해서는 지지 격차가 매우 크게 줄어들었다. 한명숙 후보는 반MB심판론자들 사이에서 2차 조사에 비해 7.4퍼센트포인트 상승한 71.6퍼센트 지지율을 기록하여 이들 오세훈 후보와의 지지격차를 크게 벌렸다.

경기지역에서도 동일한 패턴이 발견된다. 친MB안정론자 중에서는 김문수 후보가 2차 조사에서 81.0퍼센트, 3차 조사에서 82.1퍼센트의 높은 지지를 유지했다. 반면, 반MB심판론자 중에서는 2차 조사까지만 해도 유시민 후보를 지지하는 비율은 66.7퍼센트에 그쳤다. 그러나 3차 조사시점에서는 유시민 후보에게 투표한 비율이 81.8퍼센트로 급상승한 것으로 나타났다. 친MB 심판론자 중에서도 김문수 후보의 지지율은 정체되어 있던 반면 유시민 후보 지지율은 18.2퍼센트에서 28.6퍼센트로 10퍼센트포인트 가량 상승하여 김문수 후보와의 지지율 격차를 줄였다.

결국 서울 및 경기 지역에서 여야 후보 간 지지율 격차가 급격하게 줄어든 것은 선거 막바지에 친MB심판론자 사이에서 한명숙, 유시민 후보 지지율이 급상승하고 반MB심판론자들의 지지결집이 나타난 결과로 풀이할 수 있다.

[표 3] 서울 유권자 유형별 지지후보 변화 (단위 : %)

조사 시기 (총 396명)	선거 전 제2차 조사(5.24-26)				선거 직후 제3차 조사(6.3-5)			
	오세훈	한명숙	미결정	기타	오세훈	한명숙	기권	기타
친MB안정론(135명)	83.6	1.5	13.4	1.5	79.3	5.2	11.1	4.4
반MB심판론(176명)	13.1	64.2	13.6	9.1	9.1	71.6	10.2	9.1
친MB심판론(71명)	46.6	19.2	26.0	8.2	47.9	39.4	9.9	2.8
반MB안정론(14명)	13.3	46.7	33.3	6.7	28.6	42.9	14.3	14.3

[표 4] 경기 유권자 유형별 지지후보 변화 (단위 : %)

조사 시기 (총 397명)	선거전 제2차 조사(5.24-26)				선거직후 제3차 조사(6.3-5)			
	김문수	유시민	미결정	기타	김문수	유시민	기권	기타
친MB안정론(117명)	81.0	6.9	10.3	1.7	82.1	8.5	8.5	0.9
반MB심판론(170명)	9.4	66.7	18.1	5.8	7.1	81.8	7.6	3.5
친MB심판론(98명)	60.6	18.2	14.1	7.1	60.2	28.6	10.2	1.0
반MB안정론(12명)	33.3	41.7	25.0	0.0	41.7	33.3	25.0	0.0

반야성향 반MB심판론자의 전략적 선택

반대로 반MB심판론자 중에서 상충적 유권자들의 투표선택 변화를 검토하기 위해 야당 당파성을 가지고 있던 반MB심판론자와 야당을 지지하지 않는 반MB심판론자의 지지변동을 비교해보았다. 가정대로 후자의 그룹이 반야성향과 반MB심판의 경향을 동시에 갖고 있는 상충적 유권자들이고 이들이 막판 야당후보 지지결집의 주역이라면, 이 집단에서 선거 전후로 한명숙, 유시민 야당후보에 대한 지지율 상승이 확인되어야 할 것이다.

서울과 경기지역의 반MB심판론자 346명을 뽑은 후 반한나라당 후보단일화에 참여한 야당을 지지하는 층과 그렇지 않은 층의 2차, 3차 조사에서의 지지후보 변화를 살펴보았다. 예상대로 반MB심판론자 중 반한나라당 성향의 야당을 지지하는 유권자층에서는 오세훈, 김문수 등 한나라당 후보를 지지한 비율은 2차 조사에서 4.5퍼센트, 3차 조사에서 4.8퍼센트로 변화가 없었고, 한명숙, 유시민 후보에 대한 지지 역시 2차 조사에서 78.6퍼센트, 3차 조사에서 85.6퍼센트로 7.0퍼센트포인트 증가하는 데 그쳤다. 그러나 반야당성향의 반MB심판론자들의 경우 2차 조사시점만 하더라도 오세훈, 김문수 후보 지지가 21.3퍼센트, 한명숙, 유시민 후보를 지지한 비율은 45.5퍼센트로 과반수에 못 미쳤다. 반MB정권심판이라는 반정부성향을 가지고 있었지만 현존 야당에 대한 불신이 작용한 결과로 보인다.

그러나 일주일 후, 선거직후에 실시한 조사에서는 오세훈, 김문수 후보 지지는 13.0퍼센트로 8.3퍼센트포인트 감소한 반면 한명숙, 유시민등 야권 단일후보를 지지한 비율이 62.3퍼센트로 16.8퍼센트포인트나 증가했다. 선거전후 야당후보의 지지율 상승이 주로 반MB심판론자 중에서 반야당 성향의 상충적 유권자들이 최종투표에서 야당후보에 전략적으로 투표한 결과로 해석된다.

[표 5] 수도권(서울/경기) 반MB심판론자 중 야당에 대한 태도별 지지후보 변화 (단위 : %)

서울/경기 (총 346명)	선거 전 제2차 조사(5.24-26)				선거 직후 제3차 조사(6.3-5)			
	오세훈 김문수	한명숙 유시민	미결정	기타	오세훈 김문수	한명숙 유시민	기권	기타
야당지지층(208명)	4.5	78.6	10.1	6.8	4.8	85.6	4.6	50.0
反야당성향(138명)	21.3	45.5	24.1	9.0	13.0	62.3	16.0	8.7

투표결정 시기 : 상충적 유권자일수록 투표일 임박하여 지지후보 결정

서울과 경기지역에서의 이변이 숨은표가 아니라 투표결정을 주저하던 상충적 유권자들의 표심이 선거 막바지에 야당후보 지지로 쏠린 결과라고 한다면 이들의 지지후보 결정시점은 바로 선거 직전이었을 것이라고 가정할 수 있다. 실제로 응답자 유형별 투표결정 시점을 살펴보면 이러한 가정이 타당함을 보여준다.

〔표 6〕에서 친MB안정론을 지지하는 응답자들은 투표 한 달 이전에 지지할 후보를 정한 비율이 48.2퍼센트였고 투표 2주 전에 실시한 후보자등록 시기에 정했다는 응답도 22.8퍼센트였다. 무려 71.1퍼센트는 투표 2주전에 이미 지지할 후보를 선택하고 있었다. 상충적 성향의 친MB심판론자의 경우 투표 일주일 전 결정했다는 응답이 18.4퍼센트, 2-3일 전 결정했다는 응답이 23.7퍼센트, 당일 결정했다는 응답이 10.3퍼센트로 역시 과반수가 투표 1주일을 앞두고 지

지후보를 결정했다. 반MB심판론자의 경우 선거 일주일 이내에 지지후보를 정한 경우가 많았다. 1주일 전 결정했다는 응답이 24.8퍼센트, 2-3일전에 결정했다는 응답도 22.0퍼센트, 투표당일에 지지후보를 결정했다는 응답도 6.3퍼센트, 절반이 넘는 52.1퍼센트가 선거 일주일 이내에서야 지지후보를 결정했다.

특히 반MB심판론자 중에서도 지지하는 야당이 없는 상충적 태도의 유권자들은 투표 일주일 전 지지후보를 결정한 비율이 23.2퍼센트, 2-3일 전이 27.7퍼센트였고, 투표 당일에 결정했다는 응답도 12.9퍼센트로 64퍼센트 가량이 투표 일주일을 앞두고 지지후보를 결정했다. 결국 이들의 투표성향이 숨어 있었다기보다는 선거 일주일 사이에 집중적으로 야당후보 지지로 활성화되었음을 시사하는 결과이다.

[표 6] 유권자 유형별 투표후보 결정시기 (단위 : %)

최종 투표자 (714명)	선거 직후 제3차 조사(6.3-5)				
	투표당일	2-3일 전	투표 1주일 전	후보자 등록 직후	투표 한 달 전
친MB안정론(225명)	3.5	11.6	13.8	22.8	48.2
반MB심판론(315명)	6.3	22.0	24.8	18.6	27.6
친MB심판론(153명)	10.3	23.7	18.4	19.7	28.0
반MB안정론(21명)	15.3	21.1	21.3	7.1	35.2

[표 7] 반MB심판론자 중 야당지지 여부에 따른 투표 결정시기 (단위 : %)

최종 투표자 (714명)	선거 직후 제3차 조사(6.3-5)				
	투표당일	2-3일 전	투표 1주일 전	후보자 등록 직후	투표 한 달 전
야당지지층(199명)	2.4	18.7	25.8	23.6	28.5
反야당성향(116명)	12.9	27.7	23.2	10.2	26.0

야권지지로 급선회한 요인 : 여권공세에 대한 견제심리

그렇다면 왜 상충적 유권자들은 선거 막바지에 야권후보에 대한 지지로 급선회한 것일까? 본 연구에서는 후보경선이 완료된 투표 2주 전부터 투표 직전까지 한나라당의 선거전략의 변화에 대한 여론의 역풍에 주목하고자 한다. 선거 초중반까지 한나라당의 선거전략은 쉽지 않은 싸움임을 강조하며 '정권심판론'이 부각되는 것을 경계하는 몸 낮추기 전략이었다. 그러나 경기지역에서 친노성향의 유시민 후보로 단일화된 이후 청와대 자체 조사결과 50퍼센트 지지율 돌파 소식에 고무되면서 여권의 선거전략이 대단히 공세적으로 전환된다.

MB정부 심판론에 맞선 '전 정부 심판론', '전교조에 대한 이념적, 정치적 심판론'의 부각, 정부의 선거 직전 '천안함 발표'를 계기로 한 북풍, 즉 안보이슈의 전면부각이 그것이다. 실제 의도가 어떠했든 간에 이 세 가지 핵심전략은 여당의 핵심 지지층을 제외한 중도적, 상충적 성향의 유권자들이 여당에 반발하게 만든 3대요인이라고 할 수 있다. 일종의 균형잡기 투표(Balancing Vote)를 강화시킨 셈이다.

이 세 가지 한나라당 공세전략에 대한 유권자들의 인식은 한나라당 핵심 지지층인 친MB안정론자를 제외하면 큰 반감을 샀다. 천안함사건 발표에 정부

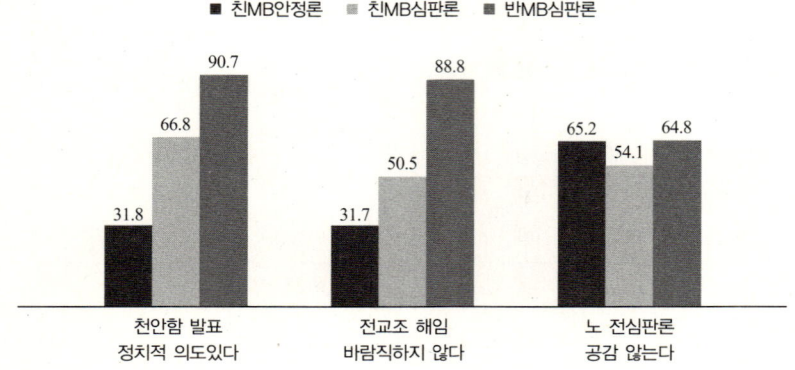

[그림 5] 한나라당 선거 후반기 3대 선거캠페인에 대한 유권자 평가 (단위 : %)

* 자료 : 서울, 경기지역 제2차 패널조사 결과.

여당의 정치적 의도가 있다고 보느냐는 질문에 대해 반MB심판론자는 무려 90.7퍼센트가 그렇다고 보았고, 친MB심판론자들의 66.8퍼센트가 동의했다. 친MB안정론자에서만 31.8퍼센트 동의하는 비율이 낮았다. 선거직전 불거진 민노총가입 전교조교사 해임에 대해서도 반MB심판론자의 88.8퍼센트가 바람직하지 않다고 보았고, 친MB심판론자들도 과반수인 50.5퍼센트가 공감하지 않았다. 친MB안정론자들 중에서만 전교조교사 해임에 반발하는 여론이 31.7퍼센트로 낮았다. 한편 친노심판론, 전정권심판론에 대해서는 모든 집단 특히 친MB안정론층에서조차 공감하지 않는다는 여론이 많았다. 무려 65.2퍼센트가 이에 부정적이었다. 결국 선거 중후반에 한나라당이 내놓은 공세전략이 반MB심판론자들의 경우 야당지지로 결집시키는 효과를 낳았고, 친MB심판론자와 같은 상충적 유권자들에 대해서는 정부에 대한 반감과 견제심리를 자극하여 막판 야당지지로 선회하게 한 것으로 보인다.

막판 쏠림의 원인과 유권자의 메시지

본 연구는 50퍼센트를 넘는 지지율을 유지하고 있는 대통령과 정부 여당이 왜 선거에서 심판받았는가라는 질문에 대해 상충적 유권자이론에 입각해 나름의 답변을 시도했다. 이를 통해 수도권 이변의 핵심 원인으로 여론조사가 사회적 억압요인에 의해 자기의사를 표현하지 못한 '숨은표'나 숨겨진 여론을 포착하지 못한 여론조사 방법의 한계를 지적하기 보다는 50퍼센트의 지지율이 선거 승리로 이어지지 못한 정치적 이유를 강조하고자 했다. 즉 상충적 유권자들이 여권의 공세전략에 반발하여 선거막바지에 급격히 야권후보에 대한 지지로 선회한 것이 주된 요인이라고 주장했다.

천안함사건의 과도한 활용, 노 전대통령 추모분위기에 정면으로 맞서는 '참여정부심판론', '전교조심판론' 등 압박전략이 역풍을 불러일으켰다는 것이다. 그럼에도 숨은표효과에 집착할 경우 논의의 초점이 조사방법론의 문제나 표현의 자유를 억압하는 정치사회적 환경의 문제로 과도하게 집중된다. 이러한 현상이 전혀 없었다고 보기는 힘들지만 이번 선거에서 나타난 유권자들의 표심과 그 메시지를 왜곡할 수 있다. 즉, 아무리 50퍼센트를 넘는 지지를 받는 대통령과 여당이라 할 지라도 일방적 독주, 독선 정치에서 벗어나 국정을 운영하라는 것이 이번 선거의 핵심 메시지라 할 수 있다. 이를 위해 야당을 탐탁치 않게 생각해온 유권자들의 상당수가 야권단일 후보에 표를 몰아준 것이다. 즉 여당 패배이지 야당의 승리로 평가하기엔 무리가 따른다.

정부와 여당은 비교적 이러한 메시지를 정확히 읽은 것으로 평가된다. 선거가 끝나고 연이어 치러지는 7·28 재보궐선거에서 반성과 자중의 메시지로 선거전략을 구사했고, 8·15 정국구상을 통해 친서민 중도실용주의 및 공정사회 구현이라는 새로운 국정전략을 내세워 정국주도권을 찾으려 하였다. 물론 40대 김태호 총리 기용 등 인사정책에서의 문제로 적지 않은 타격을 받았지만 여론에 역행하기보다 순행하는 방향으로 정국을 운영하려 하였다.

반면, 야권의 경우 이러한 메시지를 읽는데 실패한 것으로 보인다. 6·2 지방선거 이후 두달도 안되어 치러진 7·28 재보궐 선거에서 참패하고 만다. 상충적 유권자들은 6·2 지방선거에서 여당의 독주에 견제에 나섰지만, 7·28 재보선에선 자기 개혁과 변신에 게으른 야권에 대해 일침을 놓은 것으로 볼 수 있다. 실제로 야권은 6·2 지방선거 결과의 긍정적 요인만 과대해석하고 야권이 가지고 있는 불안요인과 약점을 바로잡는데 게을렀다. 그 결과 각종 공천잡음이 나타났고, MB심판론을 강조하는 것 이외의 이렇다 할 선거캠페인을 보여주지 못했다. 이번 6·2 지방선거에서 여당인 한나라당의 참패와 연이은 7·28 재보선에서의 야당의 참패는 한국정치가 얼마나 역동적일 수 있는지 보여준 결과이다. 이러한 역동적 변화를 제대로 읽기 위해서는 무엇보다 상충적 유권자들의 여론 변화가 미치는 영향력에 주목해야 한다는 것이 본 연구가 강조하는 정치적 함의라 할 수 있다.

■ 참고문헌

강원택. 2010. "지방선거는 중앙정치의 대리전? : 1998년 지방선거."《한국선거정치의 변화와 지속 : 이념, 이슈, 캠페인과 투표참여》. 파주 : 나남출판사.
_____. 2010. "2002년 지방선거의 정치적 의미 : 중간평가 혹은 대선 전초전?"《한국선거정치의 변화와 지속 : 이념, 이슈, 캠페인과 투표참여》. 파주 : 나남출판사.
김장수. 2005. "비대칭적 활성화와 정당에 대한 상충적 태도."〈한국정치학회보〉 39, 2: 145-169.
유성진. 2009. "상충적 태도의 유권자 : 민주주의의 적인가, 이상적 유권자인가?"《변화하는 한국유권자3》. 김민전 · 이내영 공편. 서울 : 동아시아연구원.
이내영 · 정한울. 2010. "2010 지방선거 주요 아젠다와 국민여론."〈EAI 여론브리핑〉 74. 서울 : 동아시아연구원.
이내영 외. 2010. "2010 지방선거의 전국판세와 특징 : 지방선거, 중간심판론 바람 불까?"〈EAI 여론브리핑〉 79. 서울 : 동아시아연구원.
정한울. 2007. "한국에서 경제투표는 가능한가?"《변화하는 한국유권자 : 패널조사를 통해 본 5. 31 지방선거》. 이내영 · 이현우 · 김장수 공편. 서울 : 동아시아연구원.
진영재 · 조진만. 2002. "한국 재보궐선거의 특징을 파악하기 위한 분석틀의 제시와 사례분석 : 김영삼과 김대중 정권기를 중심으로."〈한국정치학회보〉 40, 2: 75-100.

Alvarez, R. Michael and John Brehm. 2002. *Hard Choices, Easy Answers: Values, Information, and American Public Opinion.* Princeton: Princeton Univ. Press.
Basinger, Scott J. and Howard Lavine. 2005. "Ambivalence, Information, and Electoral Choice." *American Political Science Review* 99, 2: 169-189.
Johnston. Ron, Charles Pattie, Daniel Dorling, Iain MacAllister, Helena Tunstall and David Rossiter. 2000. "Local Context, Retrospective Economic Evaluations, and Voting: The 1997 General Election in England and Wales." *Political Behavior* 22, 2: 121-141.
Yi, Konsu. 2010. "Economy President? Exploring Determinants of Presidential Approval of Myung-bak Lee." *Korean Public Administration Quarterly* 22, 2: 331-348
Lewis-Beck, Michael S. and mary Stegmaier. 2000. "Economic Determinants of Electoral Outcomes." *Annual Review of Political Science* 3: 183-219.
Tufte, Edward. 1975. "Determinants of Outcomes of Midterm Congressional Elections,"

American Political Science Review 69: 812-26.

Norris, Pippa. 1999. *British By-elections: The Volatile Electorate.* Oxford: Oxford University Press.

〈동아일보〉. 2010. "족집게 출구조사 빗나간 여론조사" 6월 4일.
〈연합뉴스〉. 2010. "6·2 결과분석 ① 승패요인(종합)" 6월 3일.
〈조선일보〉. 2010. "1주전 여론조사와 딴판 대접전. 왜?" 6월 3일.
〈조선일보〉. 2010. "野 숨은표 10-15% 예상." 5월 19일.
〈중앙일보〉. 2010. "[분수대] 여론조사의 오류" 6월 4일.
〈프레시안〉. 2010. "이해찬, 한명숙 근소하게 이길 것." 5월 31일.
〈한국일보〉. 2010. "유선전화응답방식, 20, 30대 표심 반영 못해." 6월 3일.
〈한겨레신문〉. 2010. "여론조사 전문가들 한숨, 왜 빗나갔나" 6월 3일.
〈미디어오늘〉. 2010. "한나라 우세 점치다 선거 하루전 접전 전망" 6월 3일.

# 5. 시도지사선거의 현직효과

이곤수

서론

1990년 지방자치가 재개된 이래 한국의 지방선거는 주로 중앙정치와 지역주의에 의해 압도되어 왔다. 이번 6·2 지방선거에서도 정권심판론이 대립하였고, 천안함사건, 4대강사업, 세종시문제 등 중앙정치 이슈가 지배적이었다. 그에 따라 "한나라당의 패배와 민주당의 약진"이라는 선거해석과 더불어 집권여당과 현정부에 대한 국민적 심판이라는 관점에서 국정운영 변화를 처방하고 있다. 그렇지만 이와 같이 지방선거 결과를 중앙정치의 관점에서만 설명하는 것이 타당한가? 과연 이번 선거에서 지방정치적 요인이나 후보자요인이 고려될 여지는 없었는가? 이러한 질문에 대한 해답을 모색하는 차원에서 시·도지사 선거결과를 살펴보면 흥미로운 점을 발견할 수 있다. 전통적으로 여당이 우세를 보였던 경상남도, 강원도, 인천시 등에서 무소속과 야당후보가 당선되는 예기치 못한 결과들이 나타났다는 점이다. 이러한 선거결과를 현정부에 대한 국민적 평가의 산물이라고만 해석하는 것은 한계가 있다. 대통령에 대한 중간평가, 정당투표 및 지역주의 중심의 기존 시각으로는 여당이 서울과 경기도에서 승리를 거두었음에도 불구하고 전통적으로 강력한 여당지역인 경상남도와 강원도에서 패배한 결과를 설명하기가 어렵기 때문이다. 여기에는 중앙정치적 요인 외에 다른 요인들이 영향을 미친 것으로 보아야 할 것이다.

이런 맥락에서 주목할 만한 결과는 현직 시·도지사가 출마한 현직선거구와 출마하지 않는 비현직선거구 간의 차이점이다. 이번 선거에서는 제주도를 제외한 15개 시도에서 현직선거구는 11개, 비현직선거구는 4개였다.[1] 선거결과를 보면 현직후보는 서울을 비롯한 8개의 선거구에서 재선에 성공하여 72.8퍼센트의 재선율을 기록한 반면, 비현직선거구의 '현직계승후보'[2]는 광주시를 제외한 3개 선거구에서 모두 낙선하여 25퍼센트의 당선율에 그쳤다. 이것은 후보자요인의 하나로서 '현직'(incumbency)이 잠재적인 설명변수가 될 수 있음을 시사한다.

[표 1] 제4회 지방선거 시·도지사선거 결과

	현직(승계)후보 당선	도전후보 당선
현직선거구 (11)	서울, 부산, 대구, 울산	인천, 대전, 충북
비현직선거구 (4)	경기, 전북, 전남, 경북 광주	경남, 강원, 충남

* 주 : 제주도 제외.

합리적 유권자라면 민선공직자의 직무수행 결과에 대한 평가에 기초하여 자신의 투표선택을 결정할 것이다. 여기서 현직 시·도지사에 대한 회고적(retrospective) 평가가 유권자의 투표선택에 중대한 영향을 미칠 것이라고 가정해 볼 수 있다. 이것은 지방선거가 정당투표나 대통령 중간평가라는 국민투표 가

---

1) 제주도의 경우는 무소속의 현직도지사 재출마하지 않은 가운데 무소속 후보가 당선된 예외적 사례이기 때문에 이 글의 논의에서 제외하였다.
2) '현직계승후보'란 현직단체장이 출마하지 않은 비현직선거구에 출마한 동일 정당의 후보자를 말한다. 만일 정당변수와 지역변수에 의해 지방선거가 결정된다면, 현직후보와 현직계승후보 간에는 선거결과의 차이가 거의 없을 것이다. 그러나 후보자 개인 요인이 투표선택에 영향을 미친다면, 현직계승후보와 현직후보 간에는 유권자 지지 확보에 있어 상당한 차이가 나타날 수 있다. 이런 이유로 이 연구에서는 현직계승후보를 다른 비현직후보와 구분하여 '현직' 효과의 분석에 적용하고자 한다.
3) 한국의 현직효과 연구는 거의 대부분 국회의원선거에만 치중되어 있는 실정이다. 지금까지 지방자치단체장 선거의 현직효과를 본격적으로 분석한 연구로는 기초자치단체장선거를 대상으로 한 황아란(1998)의 연구가 거의 유일하며, 시·도지사선거를 대상으로 현직효과를 검증한 연구는 찾아보기 어렵다.

설과 더불어 지방정부의 수장인 현직자의 책임을 묻는 자치단체장 신임투표 가설이 성립될 수도 있음을 시사한다. 그렇지만 지금까지 지방선거연구에서는 여기에 대해 만족스러운 설명을 내놓지 못했다.[3]

이러한 맥락에서 이 글에서는 6·2 지방선거의 시·도지사 선거결과를 '현직효과'(incumbency advantage)라는 분석렌즈를 통해 살펴보고자 한다. 이를 위해 현직효과에 관한 이론적 논의와 선행연구들을 검토하고, 하나의 '통계적 사실'로서 현직효과 수준을 측정하기 위해 6·2 지방선거의 집합자료를 분석하고자 한다. 다음으로 집합자료를 통해 확인되는 '현직'의 영향이 개인 수준에서는 어떻게 작용하는지를 유권자의 투표선택 메커니즘에 초점을 두어 검토하기로 한다. 개인의 투표행태 분석을 위한 자료는 동아시아연구원의 "2010년 6·2 지방선거 패널조사" 제1-3차 지역 패널조사 원자료이다.

현직효과의 이론적 배경

일반적으로 현직효과는 공직선거와 관련하여 "현직에 있는 후보가 선거에서 가지는 유리함(an electoral edge)"을 의미한다(Mayhew 2008, 202). 그런데 이처럼 현직효과에 관한 명료한 개념정의에도 불구하고 실제로는 상당한 혼란을 야기하기도 한다. 그것은 현직효과에 관한 서로 다른 두 가지의 연구경향 때문이다.

한 가지 연구경향은, 현직효과를 "그 이유가 무엇이든, 현직자가 선거에 재출마할 때 다른 후보자들에 비해 더 나은 성과를 거두는 것"이라는 통계적 사실로 간주하고, 현직효과의 존재와 정도를 주로 집합자료 분석을 통해 측정하는 것이다(Ansolabehere and Snyder, Jr. 2002). 미국에서는 1970년대 초부터 의원선거의 현직효과를 측정하는 연구들로부터 시작하여 대통령선거와 주지사선거로 연구 대상이 확대되어 왔다(황아란 1998a). 한국에서도 주로 국회의원 선거를 중심으로 현직효과에 관한 분석이 활발히 진행되었지만, 현직효과 유무에 대해서는 서로 상이한 결과를 제시하고 있다. 일부 연구들은 '현직'이 정당득표율이나 당락에 유의미한 영향을 미쳤다는 결과를 제시하는 반면(박찬욱·김형준 1996; 윤종빈 2001; 황아란 1996), 다른 연구에서는 현직효과가 거의 없거나 미미한 영향을 미치는 것으로 나타났다(문용직 1996; 이남영 1996). 한편 지방선거의 현직효과를 분석한 황아란(1998a)은 1998년 지방선거에서 기초단체장의 현직보유는 후보득표율과 당선율에 가장 큰 영향을 미친 변수라고 주장한다.

이처럼 현직효과 유무에 대해 대립되는 결과가 나오는 것은 분석대상의 차이나 선거별 정치적 경제적 환경의 차이에 따른 문제일 수도 있지만, 근본적으로 현직효과의 측정방법이 서로 다르기 때문일 수도 있다. 실제로 현직효과의 측정에는 연구자에 따라 현직자의 당락여부, 재선율, 득표율, 혹은 득표율증감 등 서로 다른 지표를 이용하고 있어 그 결과 해석에 논란이 야기될 수밖에 없는 것이다. 그러므로 현직효과 분석에서 중점을 두어야 할 일차적 사안은 통계적 사실로서의 현직효과 자체를 정확히 측정할 수 있는 방법을 강구하는 것이다. 여기에는 한국의 지방선거에서 가장 영향력이 큰 정당요인과 지역요인 등을 적절히 통제하는 것이 중요할 것이다.

현직효과에 관한 다른 하나의 연구경향은 현직후보가 자신의 선거구에서 갖는 현실적 이점에 초점을 두고 "왜 현직후보가 선거에서 유리한지"를 설명하는 것이다. 이러한 연구들에 따르면, 현직자는 선거구에 서비스 제공이나 자원 분배를 통해 유권자의 지지를 획득하기 쉽고, 선거자금 동원이 용이하며, 잠재적 도전자를 배제하는 효과를 누린다는 것이다(박명호·김민선 2009; 임성학 2005; Cox and Katz 1996; Mayhew 2008). 그리고 현직의원의 경우에는 선거구 재획정과정, 의정활동과정 및 그에 대한 홍보과정에서 프리미엄을 가지기도 한다(윤종빈 2006; Mayhew 1974). 그런데 이러한 연구들은 선거에서 '현직'에 따르는 이점은 말해 주지만, 실제로 현직요인이 유권자의 투표선택(또는 현직투표)에 어떻게 영향을 미치는지에 대해서는 설명의 한계를 보인다.

회고적 투표 이론에 따르면, '현직'은 유권자들의 투표선택에 있어 중요한 준거기준으로 작용한다. 만일 임기 동안의 성과를 지지한다면 유권자들은 현직공직자 또는 현직정당후보에게 투표하지만, 반대의 경우라면 경쟁후보를 지지한다는 것이다. 유권자는 공직수행 성과의 판단에 기초하여 현직자 혹은 현직정당에 대한 지지여부를 결정하거나(Key 1966), 이를 장래의 공직수행능력에 대한 전망적 평가의 수단으로 이용할 수 있다(Downs 1957; Fiorina 1981). '경제투표'의 관점에서 볼 때, 경제가 호전되면 경제여건 변화에 대해 책임을 지는 민선공직자에 대한 유권자의 지지가 높아져 재선에 성공할 가능성이 높아진다. 집합자료를 이용한 미국 주지사선거 연구들에서는 주(州) 경제여건이 주지사 선거 결과에 영향을 미친다는 점을 보여주고 있다(Adams and Kenny 1989; Leyden and Borrelli 1995; Lowry et al. 1998). 또한 설문조사 자료를 이용하여 유권자 투표행태를 분석한 연구들에서도 경제성과에 따라 주지사에 대한 지지여부가 달라진다는 것을 보여주고 있다(Atkeson and Partin 1995; Carsey and Wright 1998; Partin 1995). 그러나 슈타인(Stein 1990)은 회고적 경제평가의 책임에 대해 유권자들이 현직 주지사가 아닌 집권여당에 책임을 묻는다고 주장한다. 국민들이 경제여건을 정확하게 평가할 수 있느냐에 관한 논란은 있지만, 경제성과와 국민인식 간에는 상당한 상관관계가 있다는 것이 지배적인 입장이다(Haller and Norpoth 1996; Holbrook and Garand 1996; Niemi et al. 1999). 이런 점에서 한국의 시·도지사선거에서도 지역경제여건에 대한 유권자의 인식이 현직 시·도지사에 대한 지지나 투표선택에 영향을 미쳤을 가능성을 생각해 볼 수 있다.

회고적 투표를 지지하는 다른 입장은 '국민투표가설'(혹은 대통령지지가설)에서 찾을 수 있다. 미국에서는 대통령인기도가 주지사 선거결과에 영향을 미친다는 점에 상당한 합의가 이루어져 있다. 이런 점에서 "주지사 후보의 운명은 대통령에 대한 국민의 평가에 달려 있다."고 주장한다(Simon 1989, 301). 카아세이와 라이트(Carsey and Wright 1998)에 따르면, 지역경제의 평가보다 대통령지지가 주지사선거를 결정하는 더 중요한 변수로 작용한다. 대통령중심제 국가에서 유권자들이 대통령을 현재의 여건에 대한 만족이나 불만의 표출대상으로 삼는 것은 당연할 수 있다.

6·2 지방선거를 즈음하여, 이명박 대통령에 대한 높은 지지율은 지방선거에서 집권여당에 유리한 환경을 조성할 것으로 인식되었다. 그렇지만 지방선거에서 유권자들이 현직단체장에 대한 고려를 완전히 배제하고 대통령에게만 초점을 맞추리라는 주장은 받아들이기 쉽지 않다. 사실 시·도지사는 지방선거의 장에서 가장 인지도가 높은 정치적 인물로서 지속적으로 언론에 노출되고 유권자들의 관심의 대상이 된다. 그리고 지방자치의 맥락에서 지방선거를 통해 현직 시·도지사나 현직정당의 후보에게 전반적인 지역여건에 대한 책임을 묻는 것은 바람직한 일이다.[4] 아무리 한국의 지방선거가 중앙정치에 지배된다고 하더라도 지역민들이 현직대통령과 집권여당에만 책임을 묻고 현직단체장은 무시할 것이라고 보기는 어렵다. 따라서 대통령지지변수와 함께 현직단체장에 대한 평가 또한 지방선거의 중요한 설명변수로 다루어져야 할 것이다.

---

[4] 이런 맥락에서 킹(King 2001)은 미국 주지사선거에 관한 선행연구들의 이론적 배경인 경제투표론과 대통령 신임투표가설에 덧붙여 주지사의 인기를 중요한 영향변수로 도입할 것을 주장하였다.
[5] 현직후보와 비현직후보를 단순 비교하는 것은 정당요인을 무시하는 문제가 발생하지만, 비현직후보 중에서 동일정당 소속의 현직계승후보를 분리하여 현직후보와 비교하면 정당요인의 영향력을 어느 정도 통제할 수 있다는 장점을 가진다.

시·도지사선거의 현직효과 측정

6·2 지방선거의 시·도지사선거에서 현직효과는 과연 발생하였는가? 앞에서 언급한 바와 같이 한국의 현직효과에 대한 평가는 논자에 따라 다양하다. 현직효과의 유무와 그 정도에 대해서는 서로 다른 주장들이 대립하고 있으며, 이는 현직효과 측정 방법의 상이성에 기인한 바가 크다. 대부분의 연구자들은 후보자득표율로 현직효과를 측정하고 있다. 대표적으로 황아란(1998b)은 득표율을 준거로 낙선한 현직선거구의 당선경쟁을 재선에 성공한 현직선거구의 당선경쟁 혹은 비현직선거구의 당선경쟁에 비교하여 현직효과를 분석한다. 그렇지만 후보자득표율에 의존하여 현직효과를 측정하게 되면 현직후보자요인에 미치는 정당요인 등에 의한 교란효과를 통제하지 못하는 문제가 발생한다. 이런 점에서 윤종빈(2008)은 현직효과를 후보자득표율에 직전선거의 득표율을 차감한 '득표율증감'으로 측정하였다. 그러나 직전선거의 현직후보자에 대한 유권자의 반응은 현직성과와는 거의 관계가 없을 수도 있고(King 2001), 서로 다른 선거에서 작용하는 정당요인이나 대통령지지 같은 정치변수들의 영향력 차이를 고려하지 못하는 한계가 있다.

이러한 측면에서 임성학(2009)은 기존의 측정방법이 후보자요인과 정당요인을 정확히 분리하지 못한다고 비판하면서 '후보요인득표율'을 이용한 측정방법을 제안하고 있다. 여기서 후보요인득표율이란 "선거구별로 후보자 개인의 득표율에서 정당득표율을 뺀 값"으로 정의되며, 이것은 현직후보가 정당득표보다 더 많은 지지를 받을 경우 후보자요인으로서 현직효과가 있는 것으로 간주하는 것이다. 물론 이 방법 역시 현직효과의 고유값을 완전히 측정하기는 어렵지만, 적어도 선거구 특성 반영이 전제된 상태에서 정당요인을 분리하여 후보자개인의 영향력을 측정한다는 점에서 기존 방법보다 효과적이다. 이 연구에서도 현직효과의 측정에는 후보요인득표율을 이용하여 현직후보자와 현직계승후보자를 비교하기로 한다. 비현직후보자와 구별되는 현직계승후보자를 비교하는 것은 현직후보자 개인의 영향력을 측정하는 데 유리하기 때문이다.[5]

시·도지사선거의 집합자료를 분석한 결과, 현직자가 출마한 11개 선거구에서 전체 현직후보의 득표율평균은 56.40퍼센트고 후보요인득표율 평균은 8.86퍼센트로 나타났다. 4개 비현직선거구 현직계승후보의 득표율평균은 41.66퍼센트고 후보요인득표율 평균은 -2.18퍼센트이다. 이와 같은 현직선거구와 비현직선거구 간의 차이는 '현직'이 후보득표율에 중요한 영향변수가 될 수 있음을 의미한다. 선거구 구분 없이 모든 현직후보와 비현직후보의 후보요인득표율을 비교한 결과 양자의 차이는 더욱 분명하게 드러났다. 전체선거구의 비현직당선자의 후보요인득표율은 4.32퍼센트인데 비해 모든 비현직후보자의 후보요인득표율은 -0.47퍼센트에 불과하였다([표 3] 참조).

이를 당락결과와 교차하여 살펴보면, 현직요인이 유권자투표에 미치는 영향력에 관한 시사점을 도출할 수 있다. 현직선거구에서 당선현직자의 득표율평균은 62.70퍼센트, 후보요인득표율평균은 9.80퍼센트인데 비해, 낙선현직자의 득표율평균은 39.60퍼센트, 후보요인득표율 평균은 6.36퍼센트로 나타나 후보요인득표율보다는 후보득표율의 차이가 더 크다는 것을 알 수 있다. 후보요인득표율보다 후보득표율의 차이가 더 크게 벌어지는 것은 정당요인이나 대통령지지 같은 정치변수가 현직후보의 당락에 큰 영향을 미쳤기 때문일 것이다. 그렇지만, 당선현직자와 낙선현직자 간의 후보요인득표율에서도 상당한 격차를 보이는 것은 '현직'이 유권자의 투표선택에 일방적인 영향을 미치는 것이 아니라 후보자 개인의 차이에 따라 결과가 달라질 수 있음을 의미한다. 이는 회고적투표이론의 주장처럼, 현직 시·도지사에 대한 유권자의 평가에 따라 지지도가 변화된다는 가정을 뒷받침한다.

한편, 비현직선거구의 분석결과를 보면 당선 현직계승후보의 후보득표율평균은 56.73퍼센트 후보요인득표율평균은 0.81퍼센트인 반면, 낙선현직계승후보의 후보득표율평균은 36.64퍼센트, 후보요인득표율 평균은 -3.17퍼센트를 기록하여 양자 간 큰 격차가 있음을 알 수 있다. 그런데 낙선 현직후보와 당선 현직계승후보를 비교해 보면, 유권자의 투표지지에 미치는 '현직'과 관련한 흥미로운 결과를 볼 수 있다. 즉, 낙선한 현직후보자의 후보요인득표율이 당선한 현직계승후보자의 후보요인득표율보다 상대적으로 더 높다는 것이다. 이러한 차이는 후보자 개인요인으로서 '현직'이 후보선택에 미치는 영향력의 일면을 보여주는 것이라 하겠다.

[표 2] 6·2지방선거의 시·도지사선거 결과 : 현직선거구와 비현직선거구의 비교 (단위 : %)

선거구 구분 현직/비현직	당락 구분 (사례수)	당락별 평균득표율		전체 평균득표율	
		후보득표율	후보요인 득표율[a]	후보득표율	후보요인 득표율[a]
현직선거구	현직자 당선(8)	62.70	9.80	56.40	8.86
	현직자 낙선(3)	39.60	6.36		
비현직선거구	승계자 당선(1)	56.73	0.81	41.66	-2.18
	승계자 낙선(3)	36.64	-3.17		

* 주 : a) 후보요인득표율 = 후보자개인득표율 − 비례대표정당득표율(광역의원).

현직효과의 작동 메커니즘

앞에서 집합자료 분석을 통해 '현직' 요인이 유권자의 투표선택에 영향을 줄 수 있음을 확인하였다. 그러면, '현직' 요인이 유권자의 투표지지에 어떻게 영향을 미치게 되는지를 검토하기로 한다. 이를 위해 앞의 이론적 검토에 기반을 두어 [그림 1]과 같은 현직효과 메커니즘의 개념적 분석틀을 구상하였다.

현직효과는 현직후보의 개인적 요인이 선거에 미치는 영향력을 의미한다.

[표 3] 6·2지방선거의 시·도지사선거 결과 및 후보요인득표율 (단위 : %)

시·도	후보자 및 선거결과					후보요인 득표율	
	후보자	소속정당	득표율	현직여부	당선여부	비례대표 정당득표율	후보요인 득표율
서울특별시	오세훈	한나라당	47.43	현직	당선	41.38	6.05
	한명숙	민주당	46.83			49.71*	-2.88
부산광역시	허남식	한나라당	55.42	현직	당선	51.73	3.69
	김정길	민주당	44.57			47.77*	-3.20
대구광역시	김범일	한나라당	72.92	현직	당선	55.52	17.40
	이승천	민주당	16.86			25.28*	-8.42
인천광역시	안상수	한나라당	44.38	현직		40.98	3.40
	송영길	민주당	52.69		당선	51.99*	0.70
광주광역시	정용화	한나라당	14.22			8.32	5.9
	강운태	민주당	56.73	승계	당선	55.92	0.81
대전광역시	박성효	한나라당	28.50	현직		24.80	3.70
	김원웅	민주당	23.28			26.18*	-12.9
	염홍철	자유선진당	46.67		당선	36.99	9.68
울산광역시	박맹우	한나라당	61.26	현직	당선	48.39	12.87
	김창현	민주노동당	29.25			42.97*	-13.72
경기도	김문수	한나라당	52.20	현직	당선	41.77	10.43
	유시민	국민참여당	47.79			54.18*	-6.39
강원도	이계진	한나라당	45.63	승계		47.48	-1.85
	이광재	민주당	54.36		당선	51.69*	2.67
충청북도	정우택	한나라당	45.91	현직		33.98	11.99
	이시종	민주당	51.22		당선	53.12	-1.90
충청남도	박해춘	한나라당	17.79	승계		23.80	-6.01
	안희정	민주당	42.25		당선	36.37	5.88
	박상돈	자유선진당	39.94			37.96	1.98
전라북도	정운천	한나라당	18.20			12.63	5.57
	김안주	민주당	68.67	현직	당선	61.70	6.97
전라남도	김대식	한나라당	13.39			8.51	4.88
	박준영	민주당	68.30	현직	당선	62.01	6.29
경상북도	김관용	한나라당	75.36	현직	당선	61.68	14.68
	홍의락	민주당	11.82			11.22	0.60
경상남도	이달곤	한나라당	46.49	승계		48.15	-1.66
	김두관	무소속	53.50		당선	43.21*	10.29

* 주 : a) 득표율 10% 미만의 군소정당 후보는 제외하였음.
  b) 비례대표정당득표율은 광역희회비례대표의 정당득표율을 말하며, 별표(*)는 야권후보단일화에 참여한 정당들의 득표율을 합한 수치임.
  c) 후보요인 득표율 = 후보득표율 − 비례대표정당득표율(광역의원)

[그림 1] 현직효과 메커니즘의 개념적 분석틀

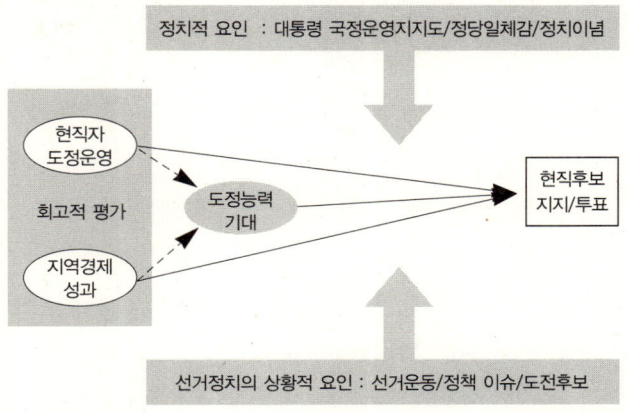

회고적투표이론에서는 이를 현직자 성과와 지역경제여건에 대한 평가가 유권자의 투표선택에 영향을 주는 것으로 설명한다. 그렇지만 유권자의 선택은 회고적 평가 결과를 토대로 장래 후보자 성과를 판단하는 전망적 평가에 의해서도 영향을 받게 된다.[6] 따라서 "유권자의 현직투표는 현직후보에 대한 회고적 평가와 전망적 기대의 함수"라는 시각에서 현직효과 메커니즘의 기본모형을 구성할 수 있다. 여기에 중앙정치적 요인으로 현정부에 대한 중간평가라는 국민투표가설과 정당투표가설에 따른 국정운영지지도와 정당일체감을 설명변수로 포함하고 정치이념을 추가하였다. 그리고 선거정치의 상황적 요인에 따른 영향력을 검토하기 위해 현직(계승)후보와 경쟁하는 도전후보 변수와 정책이슈를 독립변수로 도입하였다. 경험적 분석에는 현직선거구인 경기도와 비현직선거구인 경상남도의 조사자료를 이용하여 현직후보와 현직계승후보 간 비교분석을 통해 '현직' 요인의 영향력을 검토하기로 한다.[7]

---

[6] 예를 들어, 로메로(Romero 1996)는 미국 의원선거를 대상으로 한 '재직자 평판'(the incumbent reputation) 분석을 통해 현직자가 장래의 문제해결에 도움이 될 것이라는 주관적 판단이 유권자의 현직투표에 큰 영향을 미치고 있음을 발견하였다.

현직평가와 현직후보 지지의 관계

교차분석을 실시한 결과, 현직자에 대한 회고적 평가와 현직지지 간에는 상당한 연관성이 있는 것으로 나타났다. 현직자의 도정(道政)운영에 대한 긍정적 평가자 54.2퍼센트는 현직후보를 선택하고 부정적 평가자 56.4퍼센트는 도전후보를 선택하였다. 이것은 현직평가에 따라 유권자들이 보상적 차원에서 현직후보를 지지하거나 징벌적 차원에서 도전후보를 선택하는 경향이 어느 정도 있음을 보여주는 것이다. 현직평가에 입각한 합리적 투표행태의 특징은 비현직선거구의 분석결과와 비교할 때 더욱 분명히 드러났다. 비현직선거구에서는 현직자의 도정운영 성과에 대한 긍정적 평가자의 29.5퍼센트만이 현직후보를 선택하고 부정적 평가자의 41.2퍼센트가 도전후보를 선택하여 현직평가와 후보지지 간에 상관성이 크게 약화되었다([그림 2] 참조).

지역경제에 대한 평가와 후보지지 간 관계에서도 이와 유사하게 현직선거구

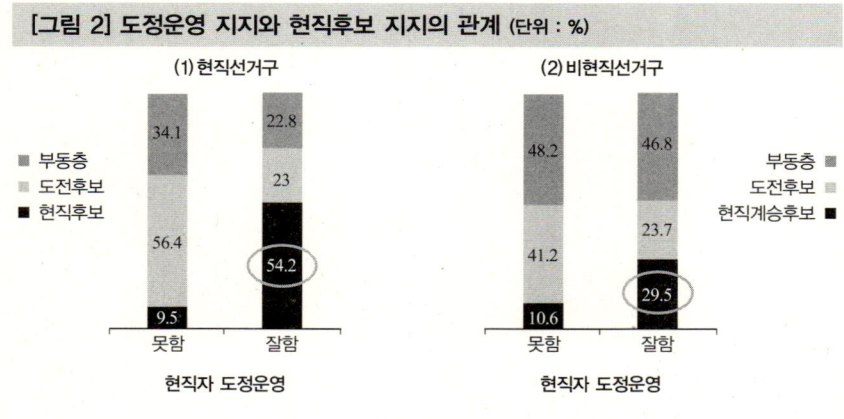

[그림 2] 도정운영 지지와 현직후보 지지의 관계 (단위 : %)

---

7) 현직후보와 비현직후보를 비교하는 것보다 현직후보와 현직계승후보를 비교하는 것이 '현직' 요인의 영향력을 보다 정확히 보여줄 것으로 기대된다. 왜냐하면, 현직요인이 작동하지 않는다면 다른 조건이 동일할 상황에서 현직자가 출마하는 경우와 현직자를 승계한 동일정당후보가 출마하는 경우 간에는 투표 결과에 큰 차이가 없을 것이기 때문이다.

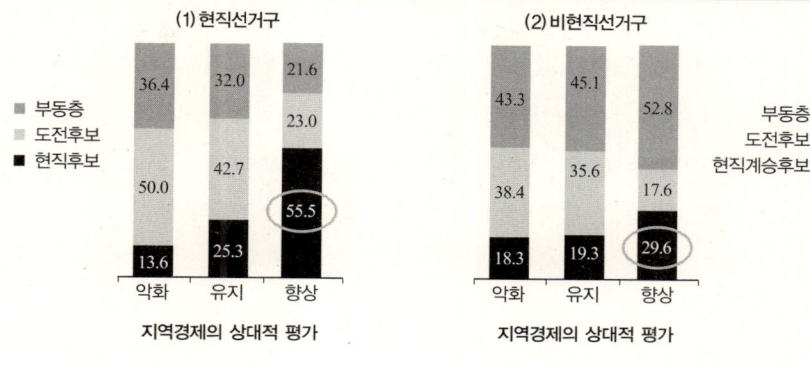

[그림 3] 지역경제 평가와 현직후보 지지의 관계 (단위 : %)

에서만 경제투표의 상벌효과가 확인되었다. 현직선거구의 경우 지역경제여건이 향상되었다고 평가하는 유권자 55.5퍼센트가 현직후보를 지지하고 악화되었다고 보는 유권자 50.0퍼센트는 도전후보를 지지했지만, 비현직선거구에서는 긍정적 경제평가자의 29.6퍼센트만 현직계승후보를 지지하였다([그림 3] 참조). 이러한 현직선거구와 비현직선거구간의 차이는 유권자들이 현직후보와 계승후보를 분리하여 인식하고 도정성과의 책임소재를 현직정당이 아닌 현직후보 개인에게 두기 때문으로 추정된다. 따라서 시·도지사선거의 '현직' 요인은 도정운영과 지역경제 성과에 기초한 현직평가를 통해 현직후보에 대한 지지 또는 반대의 태도 형성에 영향을 미친다고 하겠다.

한편 전망적 투표이론에 따르면, 유권자는 특정 후보가 당선되었을 때 가져다 줄 미래의 기대효용가치를 평가하여 보다 큰 편익이 기대되는 후보를 선택하게 된다. 이와 같은 주장을 인정할 경우, 현직후보는 비현직후보에 비해 안정지향의 유권자들로부터 더 많은 지지를 획득할 가능성이 크다고 볼 수 있다. 왜냐하면 현직후보에 대해서는 회고적평가를 토대로 도정능력을 평가할 수 있지만, 비현직후보에 대해서는 불확실한 기대감에만 의존해야 하는 위험성이 있기 때문이다. 실제 분석결과도 이러한 전망적 투표의 예측을 지지하고 있다. 즉 현직자의 도정능력을 긍정적으로 평가하는 유권자 52.0퍼센트가 현직후보를 지지한 반면에 부정적 평가자의 65.5퍼센트가 도전후보를 선택함으로써 전망적 평가가 유권자의 지지행태와 밀접한 관련성이 있음을 보여주고 있다. 그런데 비현직선거구에서는 현직계승후보에 대한 긍정적 평가자 35.3퍼센트가 지지를 하였고 부정적 평가자 44.6퍼센트가 도전후보를 지지한 것으로 나타나 전망적 평가와 후보지지 사이의 상관성이 크게 약화되었다. 또한 비현직선거구에서는 현직계승후보에 대한 전망적 평가는 높으면서도 지지여부를 결정하지 못한 부동층이 현직선거구에 비해 2배나 많다는 사실에서 '현직' 요인이 후보자평가에 미치는 제한적 영향력을 보여준다.

이와 같은 현직요인의 영향력은 현직후보에 대한 회고적 평가와 전망적 평가 간의 관계에 관한 상관분석의 결과에서도 확인되었다([표 4] 참조). 스피어만(Spearman) 상관계수를 이용하여 분석한 결과,[8] 현직후보의 도정능력에 대한 전망적 기대는 도정운영 성과와 뚜렷한 정의 관계를 보였고 지역경제 평가와도 약하지만 정의관계에 있음을 확인할 수 있었다. 또한 도정운영 성과와 지역경제 평가 간에도 뚜렷한 정(+)의 관계가 나타났다. 이러한 분석결과를 정리하

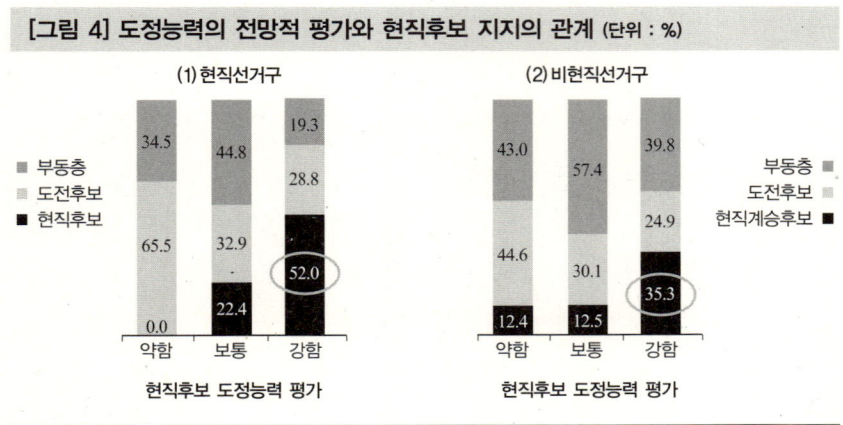

[그림 4] 도정능력의 전망적 평가와 현직후보 지지의 관계 (단위 : %)

[표 4] 현직후보 도정능력, 도정운영 평가, 지역경제 평가 간의 상관관계 분석

현직후보	도정능력 기대	도정운영 평가	지역경제 평가
도정능력 기대	1.00	0.44[1]	0.22[1]
도정운영 평가		11.00	0.43[1]
지역경제 평가			1.00

* 주 : Spearman 상관계수를 사용함.
  1) 상관유의수준이 0.001임(양측).

면, 시·도지사선거에서 '현직' 요인은 회고적 평가와 전망적 평가를 통해 현직후보에 대한 지지선택에 영향을 미친다고 하겠다. 따라서 이는 한국의 지방선거가 비록 정당투표나 중앙정부에 대한 중간평가라는 측면이 강하지만, 현직자가 출마할 경우에는 그에 대한 신임투표의 성격도 함께 나타날 수 있음을 함축한다.

한편, 선거정치의 변동성과 불확실성이 높은 상황에서 유권자의 후보지지는 선거경쟁과정에 따라 변화할 수 있다. 기존 선거연구에 따르면, 선거운동은 유권자에게 필요한 다양한 정보를 제공하고 정치적 관심을 제고시켜 투표참여를 촉진시키는 효과를 가진다(서현진 2008, 105). 선거운동 초기에 불분명하거나 부족한 후보자에 대한 정보가 선거운동기간 동안 TV, 신문, 인터넷 등의 뉴스와 광고 등 다양한 채널을 통해 전달됨으로써 유권자의 태도변화를 가져오는 것이다. 특히, 특정 정당이나 후보에 대한 충성도가 낮은 유권자와 지지후보를 결정하지 못한 부동층 유권자에게 큰 영향을 미치게 된다. 그런데 이내영(2007)에 따르면, '후보자신'을 지지근거로 삼는 유권자들은 선거운동기간 동안 지지후보를 바꾸지 않는 경향이 있다(이내영 2007).[9] 이것은 현직요인이 선거에 미치는 영향력에 관한 다른 측면을 보여준다. 즉 현직후보는 임기동안 자신의 능력을 검증받을 기회를 가지기 때문에 비현직후보와 달리 선거초반부터 지지획

---

8) 서열척도에 의한 자료의 특성을 고려하여 스피어만(Spearman) 상관분석을 실시하였다.

득에 유리한 입장에 있다는 것이다. 이러한 현직의 장점은 비현직선거구에 비해 현직선거구에서 부동층 규모가 작다는 사실에서 확인할 수 있다.[10] 유권자들이 현직평가에 근거하여 현직후보를 지지할 경우에는 선거기간 동안 지지이탈 없이 현직후보를 선택할 가능성이 높다는 것이다. 그러나 현직자가 출마하지 않은 비현직선거구에서는 후보능력 검증에 대한 불확실성이 높기 때문에 지지선택에 시간이 소요될 뿐 아니라 정치적 상황변화에 영향을 받기 쉽다고 하겠다.

지지후보의 결정시기는 이와 같은 현직의 장점을 보여주고 있다([그림 5] 참조). 현직후보를 선택한 유권자 중 40퍼센트가 후보자등록 이전인 1개월 전에 지지를 결정했고 선거운동 개시 2주 전에 이미 약 3분의 2의 지지자들이 현직후보에 대한 투표를 결정한 것으로 나타났다. 이러한 수치는 동일 시점의 비현직후보를 선택한 유권자비중은 30-40퍼센트에 불과한 것과는 매우 큰 대조를 보여준다. 현직선거구의 도전후보와 비현직선거구 후보자들의 인지도와 지역적 차이를 감안하더라도, 현직후보에 대한 지지자들은 여타 비현직후보에 대한 지지자들보다 일찍 결정한다는 사실을 알 수 있다. 이러한 차이는 앞에서 살펴본 것처럼 현직후보의 경우에는 회고적 판단을 통해 유권자들이 조기에 투표선택을 결정할 수 있지만, 비현직후보에 대해서는 불확실한 선택의 위험성이 높아 지지결정이 상대적으로 어렵기 때문일 것이다.[11]

---

9) 2006년 서울시장선거의 분석에서 '소속정당'과 '후보자신'을 지지요인이라고 응답한 유권자들은 대체로 80% 이상이 선거기간동안 변경없이 지지후보를 유지한 것으로 나타났다(이내영 2008, 212). 이번 선거에서도 이와 유사한 결과를 확인할 수 있었는데, 제2차 패널조사 결과에서 경기도의 현직후보지지자 유지율은 86.3%이고 경남의 현직계승후보지지자 유지율은 83.3%로 나타나 현직선거구와 비현직선거구 간에 큰 차이 없이 지지후보가 유지된 것으로 나타났다.
10) 본 조사의 2차 패널조사 자료를 분석한 결과, 지지후보를 결정하지 못한 미결정층의 비율이 현직선거구인 서울 15.0%, 경기 16.4%, 전북 13.0%인데 비해, 비현직선거구인 충남 23.3%, 경남 32.3%로 현직선거구에 비해 비현직선거구의 부동층 규모가 상대적으로 크다는 사실을 확인할 수 있다.
11) 기초자치단체장선거를 분석한 황아란(1998a)의 연구에서도 마찬가지의 결과를 보여주었다. 1998년 지방선거의 분석에서 기초단체장 후보선택 투표결정시기는 현직후보 지지자의 경우 31.3%가 투표일 3주전에 결정했지만, 동일시점에서 현직선거구의 도전후보 지지자는 21.6%가 비현직선거구후보 지지자는 22.2%가 지지를 결정한 것으로 나타났다(황아란 1998a, 696).

[그림 5] 지지후보의 결정시기 비교 (단위 : %)

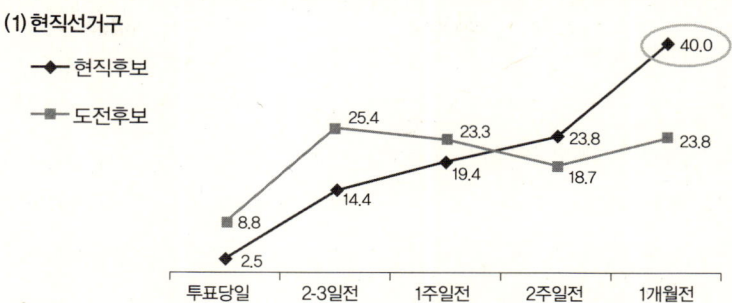

(1) 현직선거구

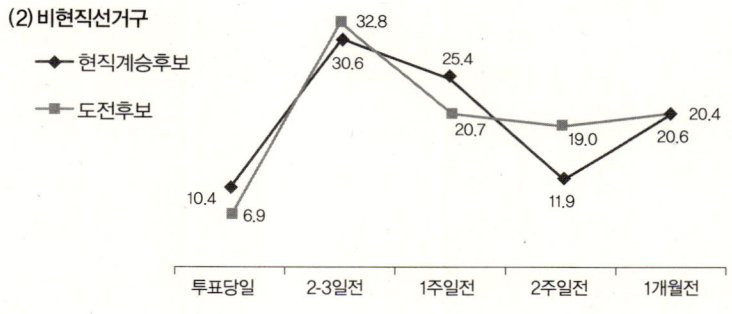

(2) 비현직선거구

현직투표의 영향요인 분석

지금까지 기술통계분석을 통해 시·도지사선거에서 '현직' 요인이 투표선택에 영향을 미치는 현직효과의 기본모형을 살펴보았다. 그러면 이와 같은 현직요인을 다른 투표결정요인, 특히 정당요인이나 중간평가요인(즉 대통령지지)과 같은 강력한 설명변수와 비교할 때 어느 정도 영향력을 가지는지를 알아보기로 한다. 다음에서는 투표결정에 영향을 미치는 요인들에 대한 종합적 분석을 통해 현직효과를 검증하기로 한다.

이를 위해 개념 분석틀에서 제시된 변수들을 투입한 유권자의 현직투표에 관한 이분형 로지스틱 회귀분석을 실시하였다. 현직선거구의 회귀모형(모형 1)의 종속변수는 현직후보에 대한 투표선택(현직후보투표=1, 아닐 경우=0)이며, 독립변수는 현직후보에 대한 회고적 평가(도정성과평가와 지역경제평가)와 전망적 평가(도정능력 기대), 경쟁후보(또는 도전후보)에 대한 전망적 평가, 정당투표요인(정당일체감), 대통령지지, 정책이슈요인(천안함사건 및 노 전대통령 서거) 및 이념성향이다. 통제변수인 인구사회적 변수로는 성별, 연령, 교육수준, 소득수준이 투입되었다. 또한 현직선거구의 현직투표와 비교를 위해 동일한 독립변수들을 투입하여 비현직선거구의 현직계승후보의 투표선택(현직계승후보투표=1, 아닐 경우=0)에 관한 이항로지스틱모형(모형 2)을 개발하였다. 로지스틱 회귀분석의 결과는 [표 5]와 같이 정리하였다.

먼저 모형 1의 분석결과에서는 현직자에 대한 회고적 평가가 현직투표에 유의한 영향을 미치는 것으로 나타났다. 즉 도정평가에 대한 지지가 증가할수록 현직후보를 선택할 확률이 높다. 그러나 지역경제 변수의 영향력은 통계적으로 유의하지 않아서 지역경제에 기반을 둔 경제투표가설은 검증되지 않았다. 이것은 지역경제 변동에 대한 책임을 전적으로 시·도지사에게만 귀인시키는 것이 아니라 대통령과 중앙정부, 기업 및 지역주민들에게 분산시키는 경향이 있기 때문으로 판단된다.[12] 후보자요인과 관련된 흥미로운 발견은 현직후보에 대한 전망적 기대감보다는 회고적 평가의 영향력이 더 강하게 작용한다는 것이다. 분석결과에서 볼 수 있듯이, 도전후보의 능력을 긍정적으로 평가할수록 현직후보를 지지할 확률은 감소하지만, 경쟁후보 능력에 대한 평가보다 현직후보 관련요인들이 투표선택에 더 강하게 작용하고 있다. 이것은 현직선거구의 경우 도전후보의 역량이 독립적으로 평가되기보다 현직후보를 준거기준으로 한 상대적 평가가 이루어지는 경향이 있고, 도전후보를 선택하는 것이 현직후보에 대한 부정적 평가에 따른 반사적 결과라는 점도 있다(Hogan 2004). 이런 점에서 현직후보의 재선성공 여부에는 도전후보의 경쟁력도 중요하지만 현직후보 자신의 역량이 더 중요한 변수라는 것을 알 수 있다.

　모형 2의 비현직선거구 분석결과를 보면, 현직요인변수들의 통계적 유의성은 없었다. 이것은 현직요인의 영향력이 현직후보에게만 제한적으로 작용하며, 현직정당을 통한 현직계승효과로는 나타나지 않는다는 것을 의미한다. 따라서 비현직후보자에게는 지역유권자들에게 얼마나 역량있는 후보로서 기대를 얻느냐 하는 것이 중요한 변수가 된다. 그렇지만, 현직후보와 달리 비현직후보는 회고적 평가에 따른 확실한 검증기회를 가지지 못한다는 점에서 불리한 입장에 있다. 이것은 다른 한편으로 비현직선거구에서는 상대적으로 지역민들에게 인지도가 낮은 현직계승후보(이를테면, 지역적 연고가 약한 낙하산 공천후보)의 당선가능성은 낮아질 수 있음을 의미한다. 전통적인 여당우세지역이면서 대통령지지율이 높은 경남에서 현직계승후보인 이달곤 후보가 낙선한 이유 중 하나를 여기서 찾을 수 있을 것이다.

　그런데 전체적인 독립변수의 영향력을 비교해 보면, 현직 및 후보자요인보다는 정당요인과 대통령지지요인에 의해 투표선택이 결정되는 경향이 강하였다. 모형 1의 분석결과에서 나타난 것처럼, 한나라당에 대해 정당일체감을 가지는 사람은 그렇지 않은 사람보다 한나라당의 현직후보에게 투표할 확률이 15.8배나 증가하였다. 또한 이명박 대통령에 대한 지지도가 증가할수록 현직후보를 선택할 확률은 3.6배 증가하였다. 그리고 이념성향을 볼 때 보수적인 유권자는 다른 유권자보다 현직후보에 투표할 확률이 2.3배 높은 것으로 나타났다. 이와 같은 결과는 여당의 현직후보에 대한 지지선택은 대체로 정당요인과 대통령지지요인 및 이념성향에 의해 결정되지만, 현직후보자요인에 따라 다른 결과를 가져올 수 있다는 것을 의미한다. 모형 2의 분석결과에서도 정당일체

---

12) 여기서 분석대상지역의 유권자들이 지역경제 변화에 대한 책임을 누구에게 묻고 있는지를 조사한 결과, 지방정부(37.0%)의 책임이 가장 크다고 인식하면서도 중앙정부(23.2%)나 정당과 국회(10.9%) 그리고 지역주민(8.6%)에게도 상당한 책임을 부여하는 것으로 나타났다(EAI, 2010년 지방선거패널조사자료).

감과 대통령지지변수가 현직계승후보 투표를 결정하는 가장 영향력이 큰 변수로 나타났다.

그런데 선거과정에서 부각된 정치이슈는 실제 유권자의 투표선택에는 강하게 작용하지 않은 것으로 나타났다. 모형 1에서는 천안함사건 고려가 투표선택에 통계적으로 유의한 영향을 미치지 못했다. 이른바 '북풍'으로 여당후보에 유리한 이슈로 평가되는 천안함침몰이슈는 선거 초기부터 여권의 지지자를 결집하는 효과를 가져왔지만, 선거운동기간 후반에 들어 각종 의혹이 제기되면서 효력이 분산되었기 때문으로 추정된다. 그런데 여당후보에게 불리한 부정적 이슈인 노무현 전대통령 서거 문제를 고려한 유권자는 여당현직후보에 투표할 확률이 감소하는 것으로 나타났다. 그러나 모형 2에서는 정치이슈에 대한 고려가 투표선택에 유의한 영향을 미치지 못했다. 이것은 정당요인이나 후보자요인에 의해 현직투표를 결정한 유권자들의 경우에는 외적 요인에 따라 지지선택을 변경하지 않는 경향이 강하며, 정치이슈는 주로 지지후보를 결정하지 못한 부동층유권자들에게 큰 영향을 미치기 때문일 것이다. 결국 선거정치의 이슈는 집합적 차원에서 선거결과를 설명하는 핵심변수이지만 개인적 차원의 투표결정에서는 유의성이 크지 않은 것으로 평가된다. 한편, 인구 및 사회적 변수 중에서는 연령만이 2개 모형에서 모두 유의성이 확인되었는데, 연령이 많을수록 여당후보를 지지하는 보수적 투표성향이 그대로 나타났다.

[표 5] 이항로지스틱 회귀분석 결과

모형 1. 현직선거구	투표선택(현직후보=1)			
	B	S.E.	Wald	Exp(B)
도정평가	1.028[1]	0.461	4.967	2.797
지역경제평가	0.109	0.332	0.108	1.116
현직후보 도정능력	0.650[1]	0.339	3.678	1.915
도전후보능력	-0.608[1]	0.293	4.312	0.544
대통령 국정운영 지지도	1.291[3]	0.392	10.838	3.635
정당일체감(한나라당=1)	2.758	0.393	49.291	15.775
정치이념(보수=1)	0.850[1]	0.372	5.222	2.339
노무현이슈(고려=1)	-0.730[2]	0.297	6.027	0.482
천안함이슈(고려=1)	-0.097	0.227	0.181	0.908
성별(여성=1)	0.729	0.385	3.590	2.073
연령	0.372[1]	0.164	5.131	1.450
학력	0.224	0.350	0.409	1.251
소득	0.094	0.186	0.259	1.099
상수	-9.044[3]	1.917	22.265	0.000
-2Log Likelihood	211.278			
Cox & Snell R^2	0.494			
분류정확도(%)	87.5			
모형 2. 비현직선거구	투표선택(현직계승후보=1)			
	B	S.E.	Wald	Exp(B)
도정평가	-0.361	0.332	1.182	0.697
지역경제평가	0.145	0.318	0.207	1.156
현직계승후보 도정능력	0.800[1]	0.344	5.418	2.225
도전후보능력	-0.810[2]	0.301	7.228	0.445
대통령 국정운영 지지도	1.194[3]	0.198	36.310	3.300
정당일체감(한나라당=1)	2.104[3]	0.382	30.285	8.199
정치이념(보수=1)	0.287	0.366	0.615	1.332
노무현이슈(고려=1)	-0.069	0.462	0.023	0.933
천안함이슈(고려=1)	0.570	0.376	2.290	1.767
성별(여성=1)	-0.137	0.361	0.144	0.872
연령	0.305[1]	0.138	4.486	1.356
학력	0.002	0.306	0.000	1.002
소득	0.056	0.143	0.157	1.058
상수	-6.164[3]	1.644	14.054	0.002
-2Log Likelihood	237.701			
Cox & Snell R^2	0.405			
분류정확도(%)	91.9			

* 주 : 1) $p<0.05$, 2): $p<0.01$, 3): $p<0.001$.

결론

지금까지 한국의 지방선거는 주로 정당투표, 지역주의, 그리고 대통령중간평가의 관점에서 설명되어 왔다. 그런데 이번 2010년 지방선거 시·도지사선거 결과는 이러한 관점에서 설명되기 어려운 측면을 보였다. 즉 서울과 경기도에서는 여당이 승리했지만 전통적인 여당우세지역인 경상남도, 강원도, 인천시 등에서 무소속과 야당이 승리한 것은 정당투표이나 중간투표론의 시각으로는 설명하기 어려운 결과들이다. 이러한 문제인식에서 출발하여 이 글은 지금까지 지방선거분석에서 소홀히 다루어 온 '현직효과'의 렌즈를 도입하여 그 설명가능성을 타진하였다. 이것은 기본적으로 단체장신임투표가설에 입각하여 "유권자들이 시·도지사의 직무성과를 지지한다면 긍정적인 태도를, 반대한다면 부정적 태도를 형성할 것이며, 이것은 선거에서 현직자에 대한 책임을 묻는 형태로 나타날 것"이라고 보았기 때문이다. 이러한 가정을 확인하기 위해 경기도와 경상남도의 사례를 이용하여 이번 선거에서 현직효과가 있었는지, 그리고 있었다면 어떻게 현직요인이 유권자의 투표선택에 영향을 미쳤는지를 경험적으로 분석하였다.

앞에서 살펴본 바와 같이, 6·2 지방선거의 집합자료 분석결과는 시·도지사 선거에서 현직효과가 어느 정도 작용하였음을 보여주었다. 물론 분석사례 수가 적기 때문에 이를 일반화하는 데는 한계가 있지만, 적어도 시·도지사선거에서 발견된 현직투표의 현상 자체를 부정하기는 어렵다. 또한 현직효과가 가지는 또 하나의 영향력은 현직지지층에서는 3분의 2 이상이 본격적인 선거가 시작되기 전에 투표결정을 마쳤고 선거정치의 변동에 따른 유동성을 보이지 않았다는 점이다. 그렇지만 여기에서 발견된 현직효과는 미국의 의원선거 연구들이 우려하는 것처럼 현직에 따르는 높은 선거경쟁력으로 인해 정치적 책임성과 반응성이 저해된다고 할 수준은 아니었다.

그렇지만 전체적인 투표결정 요인들의 영향력을 종합적으로 검토할 때, 유권자의 현직투표에는 정당일체감과 대통령지지 변수가 가장 중요하게 작용했다는 점에서 이번 지방선거 역시 지난 선거들처럼 정당투표와 현정부의 중간평가라는 양상이 그대로 나타났다. 개인 차원의 유권자 투표선택에 관한 로지스틱회귀분석 결과에서도 현직자 평가가 상당한 영향력을 미친 것으로 나타나, 전반적인 정당투표나 중간평가의 분위기 속에서도 후보자 역량에 따라 선거결과가 달라질 수 있음을 검증하였다. 나아가 분석결과는 현직선거구의 경우 현직자에 대한 회고적 평가와 전망적 기대에 의해서 '현직' 요인이 작동하지만, 비현직선거구의 경우 현직계승후보에 대한 전망적 기대가 투표지지에 유의한 영향을 미친다는 것을 보여주었다.

이러한 결과는 지방선거가 중앙정치 일변도에서 벗어나 지역일꾼을 선발한다는 본연의 가치를 회복할 가능성이 있다는 것을 시사한다. 무엇보다 '현직' 자체가 투표선택으로 이어지기보다는 "현직투표는 현직성과에 대한 회고적 평가의 함수"라는 특성을 보였기 때문이다. 이는 '단체장 신임투표 가설'이 대통령 지지에 기반을 둔 기존의 국민투표 가설을 보완하여 한국의 지방선거에 관한 설명력을 확장하였다는 점에서 상당한 의미를 가진다. 여기서 "유권자들이 현직성과를 얼마나 정확히 판단할 수 있느냐?"라는 회의적 비판이 제기될 수도 있지만, 적어도 "민선 공직자의 직무수행이 지역주민의 선호에 얼마나 잘 반응했는가?"라는 정치적 책임성의 차원에서 이번 선거에서 나타난 현직효과를 긍정적으로 평가할 수 있을 것이다.

■ 참고문헌

문용직. 1997. "국회의원선거에서의 현직 국회의원 효과."〈한국과 국제정치〉 27, 1: 161-190.

박명호·김민선. 2009. "후보자요인, 현직효과 그리고 정치적 경쟁."〈정치·정보연구〉 12, 1: 165-179.

박찬욱·김형준. 1996. "제15대 국회의우너서거결과에 대한 집합자료 분석."〈한국과 국제정치〉 12, 2.

서현진. 2008. "제17대 대선과 투표참여."《변화하는 한국 유권자 2 : 패널조사를 통해 본 2007 대선》 이현우·권혁용 공편. 서울 : 동아시아연구원.

윤종빈. 2001. "16대 총선에서 나타난 현직의원의 득표율증감 분석 : 지역구활동 효과를 중심으로."〈한국정치학회보〉 35, 4: 129-146.

윤종빈. 2006. "한국에서의 현직의원 지지에 관한 연구 : 17대 총선을 중심으로."〈한국정치학회보〉 40, 3: 145-164.

윤종빈. 2008. "18대 총선 현직의원 득표율 증감 분석." 한국정치학회 춘계학술대회 논문집.

이갑윤·이현우. 2000. "국회의원선거에서 후보자요인의 영향력 : 14-16대 총선을 중심으로."〈한국정치학회보〉 34, 2: 149-161.

이남영. 1996. "한국 국회의원선거결과를 결정하는 주요 요인."《정당·선거·여론》. 김광웅·이갑윤 편. 서울 : 한울.

이내영. 2007. "5·31 지방선거와 정당지지기반의 재편 : 이탈투표의 분석."《변화하는 한국 유권자 : 패널조사를 통해 본 5·31 지방선거》. 이내영·이현우·김장수 공편. 서울 : 동아시아연구원.

이현우. 2007. "5·31 지방선거의 유동투표자 분석."《변화하는 한국 유권자 : 패널조사를 통해 본 5·31 지방선거》. 이내영·이현우·김장수 공편. 서울 : 동아시아연구원.

임성학. 2005. "17대 총선의 선거자금과 정치개혁의 효과."〈한국정치학회보〉 39, 2.

임성학. 2009. "18대 총선과 현직효과."《변화하는 한국의 유권자 3》. 이내영·김민전 편. 서울 : 동아시아연구원.

황아란. 1996. "선거구 특성이 투표율에 미치는 영향 : 제15대 국회의원선거분석."〈한국정치학회보〉 30, 4: 163-186.

황아란. 1998a. "기초단체장 선거에서의 현직효과." 한국정치학회 연례학술회의 논문집

: 681-707.

황아란. 1998b. "국회의원선거의 당선경쟁과 선거구요인 : 제15대 총선 당선자의 선거경쟁도를 중심으로." 〈한국정치학회보〉 32, 3: 163-186.

Adams, James D. and Lawrence W. Kenny. 1989. "The Retention of State Governors." *Public Choice* 62: 1-13.

Ansolabehere, Stephen and James M. Snyder, Jr. 2002. "The Incumbency Advantage in U.S. Elections: An Analysis of State and Federal Office, 1942-2000." *Election Law Journal* 1: 315-338.

Atkeson, Lonna Rae and Randall W. Partin. 1995. "Economic and Referendum Voting: A Comparison of Gubernatorial and Senatorial Elections." *American Political Science Review* 82: 99-107.

Carsey, Thomas M. and Gerald C. Wright. 1998. "State and National Factors in Gubernatorial and Senatorial Elections." *American Journal of Political Science* 42: 994-1002.

Cox, Gary W. and Jonathan, N. Katz. 1996. "Why Did the Incumbency Advantage in U.S. House Election Grow?" *American Journal of Political Science* 40, 2: 478-497.

Downs, Anthony. 1957. *An Economic Theory of Democracy*. New York: Haper and Row.

Fiorina, Moris P. 1981. *Retrospective Voting in American National Elections*. New Heaven, CT: Yale University Press.

Haller, H. Brandon and Helmut Norpoth. 1996. "Reality Bites: News Exposure and Economic Opinion." *Public Opinion Quarterly* 61: 555-575.

Hogan, Robert E. 2004. "Challenger Emergence, Incumbent Sucess, and Electoral Accountability in State Legislative Elections." *Journal of Politics* 66, 3: 1289-1303.

Holbrook, Thomas and James C. Garand. 1996. "Homo Economous? Economic Information and Economic Voting." *Political Research Quarterly* 49: 351-375.

Key, V. O., Jr. 1966. *The Responsible Electorate*. New York: Vintage.

King, J. D. 2001. "Incumbent Popularity and Vote Choice in Gubernatorial." *Journal of Politics* 63, 2: 585-597.

Leyden, Kevin M. and Stephen A. Borrelli. 1995. "The Effect of State Economic Conditions on Gubernatorial Elections: Does Unified Government Make a Difference?" *Political Research Quarterly* 49: 275-290.

Lowry, Robert C., James E. Alt, and Karen C. Ferree. 1998. "Fiscal Policy Outcomes and Electoral Accountability in American States." *American Political Science Review* 92, 4: 759-774.

Mayhew, David R. 1974. "Congressional Elections: The Case of the Vanishing Marginals." *Polity* 6, 3: 295-317.

Mayhew, David R. 2008. "Incumbency Advantage in U.S. Presidential Elections: The Historical Record." *Political Science Quarterly* 123, 2: 201-228.

Niemi, Richard G., John Bremer, and Michael Heel. 1999. "Determinants of State Economic Perceptions." *Political Behavior* 21, 2: 175-193.

Partin, Randall W. 1995. "Economic Conditions and Gubernatorial Elections: Is State Executive Held Accountable?" *American Politics Quarterly* 23: 81-95.

Romero, David W. 1996. "The Case of the Missing Reciprocal Influence: Incumbent Reputation and the Vote." *Journal of Politics* 58, 4: 1198-1207.

Simon, Dennis M. 1989. "Presidents, Governors, and Electoral Accountability." *Journal of Politics* 51: 286-304.

Stein, Robert M. 1990. "Economic Voting for Governor and U.S. Senator: The Electoral Consequence of Federalism." *Journal of Politics* 52: 29-53.

제2부
한국의 사회균열과 지방선거

6
6·2 지방선거에서 유권자들은
이념에 얼마나 충실하게 투표하였나?
_이우진

7
6·2 지방선거와 세대균열의 부활
_이내영

8
지역주의 분열의 완화 가능성은?
_임성학

6.
6·2 지방선거에서 유권자들은 이념에 얼마나 충실하게 투표하였나?*

이우진

서론

2010년 6월 2일에 실시된 제5회 지방선거(이하 6·2 지방선거)는 이변도 많고 논란도 많은 선거였다. 이유는 다음과 같다. 첫째, 많은 사람들이나 여론조사기관들의 예상과 달리 선거결과는 여당인 한나라당의 참패로 끝났다. 이 점에서 6·2 지방선거는 민주화 이후 한국선거 특징 중의 하나인 선거변동성[1]에 또 하나의 사례를 보탠 것으로 볼 수도 있다. 여당인 한나라당은 수도권 두 곳과 전통적 지지기반인 대구, 경북, 부산에서만 승리했을 뿐 나머지 전 지역에서 야당들이 승리하였다. 애초 박빙의 승부처로 예상된 강원이나 인천에서는 야권 후보들이 낙승하고 여권후보들의 압승이 예상되던 서울과 경기에서는 접전양상을 보였다.

둘째, 민주화 이후 한국의 선거결과에 큰 영향을 미쳐왔던 이벤트성 정치사건이나 안보이슈가 이번 지방선거의 경우에는 그 사안들의 요란스러움에도 불구하고 선거결과에 미치는 영향은 그리 크지 않았다. 예컨대 외형적으로 보아 선거기간 동안 가장 요란하게 언론의 주목을 받은 이슈는 천안함사건과 노무

---
*본장의 데이터 작업을 도와준 고려대학교 경제학과 대학원의 이원석 군에게 감사의 말을 전한다.
1) 선거변동성이란 주요 정당들이 획득한 지지율이 급격히 변화하는 현상을 말한다. 이내영(2009) 참조.

현 전대통령 서거 1주기였지만 이 이슈들은 유권자들의 투표결정에 큰 영향을 주지는 못했다(강원택 2010).

본고의 목적은 이변도 많고 논란도 많은 이번 6·2 지방선거에서 유권자들의 정치이념이 얼마나 중요한 역할을 하였는가를 살펴보는 것이다.

1987년 민주화 이후 수차례에 걸친 한국의 선거들에서 매우 중요한 선거변수 중 하나는 '지역'이었다. 정치적 경제적 이념은 유권자들의 선택에 있어 중요한 기준이 되지 못했다. 그러나 최근의 선거들에서는 지역과 함께 이념이나 세대도 점점 그 중요성이 증가하고 있음이 관찰되고 있다.

지역과 함께 이념과 세대가 매우 중요한 역할을 했던 본격적인 선거는 2002년 대통령선거라 할 수 있다. 당시 선거에서 이회창 후보와 노무현 후보에 대한 지지는 지역, 세대, 이념에 따라 분명하게 갈렸다. 한편 2007년 대선은 지역과 세대의 중요성은 많이 완화되고 이념의 중요성이 부각된 선거였다. 2007년 대선에서 이명박 후보는 호남을 제외한 전 지역에서 그리고 모든 연령 세대에서 득표율 선두를 기록한 반면, 정동영 후보는 진보적 유권자들 사이에서 압도적 지지를 받았다.

그러면 2010년 6월 2일에 실시된 6·2 지방선거에서 지역, 이념, 세대는 얼마만큼 중요했는가? 이 중에서 이념의 중요성에 대해 검토하는 것이 본고의 목적이다.

정치학과 선거분석에서 매우 자주 사용되지만 보수와 진보로 통상 나누는 '이념'이라는 것은 사실 모호한 개념이다(Erikson and Tedin 1995). 무엇이 진보이고 무엇이 보수인가에 대해 사람마다 의견이 다르기 때문이다. 진보와 보수를 나누는 전통적인 기준은 경제적 이슈들에 대한 신념이나 태도이다. 이 기준에 따르면 시장이나 경쟁의 규율을 강조하는 입장은 보수(우파)로 구분되고 정부나 분배의 역할을 강조하는 입장은 진보(좌파)로 분류된다. 그러나 현대 민주주의 정치에서는 이러한 전통적 기준만으로는 구분되기 어려운 다차원적 정치적 경쟁의 구조에 의해 이념이 형성된다. 예를 들어 분배문제에는 긍정적이면서 가족과 여성의 역할에 대해서는 가부장적 가치를 갖는 유권자들을 보자. 그들은 진보적인가, 보수적인가? 전통적인(경제적) 구분 기준에 따르면 이들은 진보적인 유권자이다. 그러나 여성주의의 구분 기준에서 보면 이들은 보수적인 유권자들이다.

유권자들이 정당들의 이념을 평가하는 것도 다차원적이다. 분배문제에는 부정적이지만 여성의 역할에 대해서는 적극적인 정책을 펴는 정당이 있을 때, 분배문제를 중시하는 유권자는 그 정당을 보수적 정당으로 평가하겠지만 여성문제를 중시하는 유권자에게는 동일한 정당이 진보적 정당으로 비추어 질 것이다.

호텔링-다운스(Hotelling-Downs) 모형을 위시하여 정치적 경쟁에 대한 현대정치학의 많은 이론들은 일차원적인 정치적 경쟁을 설정하고 있다. 그런데 이러한 설정은 이론의 현실적 적합성보다는 분석의 편리함 때문이다. 즉 현실정치가 일차원적 정치경쟁에 의해 잘 근사화(approximation)되기 때문이 아니라 정치적 경쟁의 차원이 일차원을 넘어서게 되면 분석이 매우 복잡할 뿐 아니라 많은 경우 의미 있는 정치균형(political equilibrium)이 존재하지 않기 때문이다.[2]

필자는 현대사회의 민주주의적 '정치적 경쟁'(political competition)은 기본적으로 다차원적(multi-dimensional) 정책공간에서 이루어지는 복잡한 경쟁이라고 본다. 그리고 개인의 정치이념은 중요한 정치경제적 이슈들에 대한 다차원적 인식들이 복잡한 과정을 거쳐 상응(mapping)된 결과로 이해한다. 필자는 다른 논문들과 책에서 다차원적 정치적 경쟁에 대한 분석을 검토한 바 있는데(Lee and Roemer 2006; Roemer, Lee and Van der Straeten 2007), 이 글에서는 다차원적 정치경쟁에 대한 분석이나 다차원적 정책이슈들이 이념이라는 일차원적 변수로 어떤 과정을 거쳐 상응(mapping)되는지는 논의하지 않는다. 사실 다차원적 정책이슈들이

---

[2] 호텔링-다운스 모델(Hotelling-Downs model)을 위시하여 정치적 경쟁의 다양한 모델들에 대한 엄밀한 분석은 Lee(2008)와 Roemer(2001)를 참조하라. 호텔링-다운스 모델은 종종 공간경쟁모델(spatial competition model)과 동일시되는데 이는 사실과 다르다. 호텔링-다운스 모델은 공간경쟁모델의 한 특수한 예에 불과하다.

정치이념으로 어떻게 상응되는지는 이 글의 범위를 훨씬 벗어나는 주제이다. 복잡한 논의를 피하기 위해 이 장에서는 모든 유권자들과 모든 정당들의 정책위치(policy position)가 서로 조응된 최종결과로서의 정치이념이라는 하나의 변수로 정형화하는 것이 가능하다고 전제할 것이다. 그리고 본 장의 모든 논의는 여기에서 출발한다.

일단 이념이라는 변수를 적절하게 정의하더라도 이념이 선거결과에 미치는 영향을 측정하는 방법은 그 연구목적에 따라 여러가지가 있을 수 있다. 하나의 방법은 각각의 정당에 투표한 유권자들의 이념분포를 계산해 보는 것이다. 예컨대 민주당후보에 투표한 사람들의 이념분포를 계산해 보면 그들 중 몇 퍼센트가 진보적 유권자이고 몇 퍼센트가 보수적 유권자인지, 혹은 유권자들의 평균적 이념위치가 어떤지 등을 판단할 수 있다. 따라서 이 방법은 개별 정당의 이념위치가 알려져 있을 경우 투표자의 이념과 정당의 이념이 얼마나 일치하는가를 파악하는데 유용하게 사용될 수 있다.

또 다른 하나의 방법은 특정 정당(혹은 후보)에 대한 투표율이나 특정 정당(후보)을 나타내는 더미변수(dummy variable)를 종속변수로 하고 이념을 나타내는 변수를 독립변수로 하는 다중회귀분석(multivariate regression analysis)을 사용하거나, 유권자들의 이념위치별로 각 정당들에 대한 투표율이 어떠한 차이가 있는지를 살펴보는 것이다. 이러한 분석방법은 특정후보나 특정정당이 보수적 이념성향의 유권자들로부터 지지를 더 받았는지 아니면 진보적 이념성향의 유권자들로부터 지지를 더 받았는지 등을 분석하는데 유용하다.

그러나 이러한 통상의 분석방법들은 유권자들이 자신들의 이념성향에 얼마나 충실하게 투표했는지를 분석하지 못한다는 단점이 있다. 이 글에서 우리의 주요 관심은 여당이나 야당의 지지기반이 이념적으로 어디에 있는지, 혹은 각 정당지지자들의 이념분포가 어떠한가라는 문제에 있기보다는 이번 지방선거에서 유권자들이 자신들의 이념위치에 얼마나 충실하게 투표했는가에 있다.

모든 유권자들과 모든 정당들의 정책 위치를 이념이라는 일차원적 변수로 정형화하는 것이 가능하다고 가정하면, 자신들의 이념위치와 가장 가까운 이념위치에 있는 정당들에 투표한 유권자들을 자신이 가진 이념에 충실하게 투표한 것이라 볼 수 있다. 반면 자신들의 이념위치와 가장 가까운 이념위치에 있는 정당이 아닌 정당에 투표한 유권자들은 투표에서 자신들의 이념에 충실하지 않은 것이라 볼 수 있다.

진보적 이념을 갖는 유권자가 진보적 이념위치를 갖는 정당에 투표한 경우나 보수적 이념을 갖는 유권자가 보수적 이념위치를 갖는 정당에 투표한 경우가 통상 이념에 충실한 투표로 간주된다. 그러나 진보적 이념을 갖는 유권자가 보수적 이념위치를 갖는 정당에 투표한 경우나 보수적 이념을 갖는 유권자가 진보적 이념위치를 갖는 정당에 투표한 경우도 이념에 충실한 투표일 수 있다. 예컨대 이념을 0에서 10사이의 숫자로 표시할 수 있다고 가정하고 0-4는 진보, 5는 중도, 그리고 6-10은 보수를 의미한다고 해보자. 이제 진보적 이념위치를 갖는 한 유권자가 있는데 그의 이념위치는 매우 진보적이어서 1이라 하자. 그리고 두 개의 보수정당이 있는데 한 보수정당의 이념위치는 7이고 다른 보수정당의 이념위치는 9라 하자. 이 유권자가 만일 첫 번째 정당에 투표했다면 진보적 유권자가 보수적 정당에 투표한 것이 된다. 그러나 이 유권자는 자신의 이념 성향에 충실하게 투표한 것이 된다. 왜냐하면 첫 번째 정당이 보수정당임에도 불구하고 후보자가 존재하는 정당들 중에는 자신의 이념에 가장 가까운 정당이기 때문이다.

우리의 분석에 의하면 6·2 지방선거에서 많은 유권자들은 자신의 이념에 매우 충실하게 투표하였다. 유권자들은 자신의 이념위치뿐 아니라 정당들의 이념위치에 대해서도 명확한 차이를 인식하고 있었으며 많은 유권자들이 자신의 이념위치와 가장 가깝다고 인식하고 있는 정당에 투표하였다. 예컨대 광역자치단체장선거의 경우 약 70퍼센트 정도의 유권자들이 자신의 이념에 가장 가까운 정당에 투표하였다. 6·2 지방선거가 표면적으로는 이념과 무관한 것처럼 보였지만 그 내면을 자세히 들여다보면 매우 이념적인 선거였다는 것이다. 우리는 전체뿐 아니라 성별, 학력별, 소득별, 그리고 연령별로 나누어서 살펴보았는데 성, 교육수준, 소득이 이념투표를 설명하는 중요한 요인이 아닌 반면 연령은 이념투표를 설명하는 매우 중요한 요소로 나타났다.

한편 이념적 대립의 주요 쟁점이 되는 정책차원에 대해 우리는 성장과 분배, 자유와 질서, 한미동맹에 대한 지지여부, 대북정책의 네 가지를 검토하였는데 이념별 차이가 이 네 가지 차원 모두에 대해 현저했지만 그 중에서도 자유와 질서에 대한 입장 차이가 가장 중요하였다.

본장의 구성은 다음과 같다. 먼저 6·2 지방선거에서 유권자들이 자신의 이념에 얼마나 충실하게 투표하였나를 제주도를 제외한 15개 광역단체를 모집단으로 해서 살펴본다. 다음 에는 동일한 주제를 성별, 교육수준별, 소득별 그리고 연령별로 살펴본다. 그리고 세 번째로는 이념적 대립의 주요쟁점이 되는 몇 가지 정책사안에 대한 지지여부가 유권자의 이념성향에 따라 어떻게 다른지를 간략히 검토해본다. 마지막은 결론이다.

6·2 지방선거에서 유권자들은 이념에 얼마나 충실하게 투표하였나?

6·2 지방선거에서 유권자들이 자신의 이념에 얼마나 충실하게 투표하였는가를 파악하기 위해 우리는 2010년 6·2 지방선거 패널조사 중 두 차례의 전국패널조사 자료를 이용하였다. 전국패널조사의 1차 조사는 선거 전에, 2차 조사는 선거 후에 이루어진 것이다. 16개 광역단체 중 제주를 제외한 15개 광역단체를 분석대상으로 한정하였다.[3] 또한 본 논문의 표와 그림은 인구가중치[4]를 부여

하기 전과 부여한 후의 값을 모두 표시하고 있다. 하지만 논의는 인구가중치를 부여하기 전의 값을 중심으로 하였다.

우리는 먼저 전국패널 2차 조사의 문18을 이용하여 유권자와 6대 정당들의 이념위치를 측정하였다. 문18은 6대 정당(한나라당, 민주당, 자유선진당, 민주노동당, 국민참여당, 진보신당)과 이명박 대통령, 그리고 응답자 자신의 주관적 이념위치를 0에서 10사이의 숫자로 표시하고 있는데, 0이면 매우 진보, 5는 중도, 그리고 10은 매우 보수를 의미한다. 필자는 응답자들이 자신과 각 정당들의 이념위치를 어떻게 평가하는지 알아보기 위해, 우선 응답자들이 스스로 평가한 자신 및 각 정당들의 이념 위치에 대한 평균치를 계산해 보았다.[5] 먼저 응답자 자신의 이념위치의 평균은 5.15로[6] 우리국민들의 평균적 이념성향은 중도에 가까웠다. 이념의 전체분포는 [그림 1]에 나타나 있다. 대체로 볼 때 5(중도)를 중심으로 대칭형의 모양을 취하지만 자신을 보수(6-10)라고 생각하는 쪽이 진보(0-4)라고 생각하는 쪽보다 약간 많음을 눈으로 쉽게 확인 할 수 있다.

한편 응답자들이 평가한 6대 정당들의 이념위치의 평균을 보면 민주노동당은 3.23, 진보신당은 3.40, 국민참여당은 3.93, 민주당은 4.47, 자유선진당은 5.72, 한나라당은 7.23의 값을 보이고 있다. 0에 가까울수록 진보적인 정당으

[그림 1] 응답자들의 이념분포

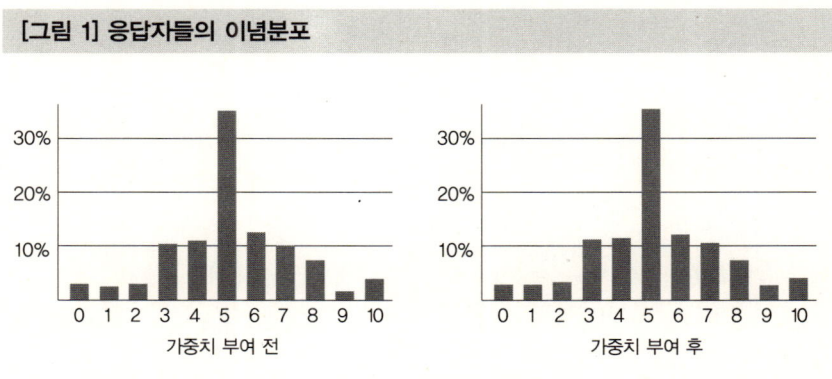

가중치 부여 전   가중치 부여 후

[그림 2] 응답자들이 평가한 6대 정당들의 이념 위치[7]

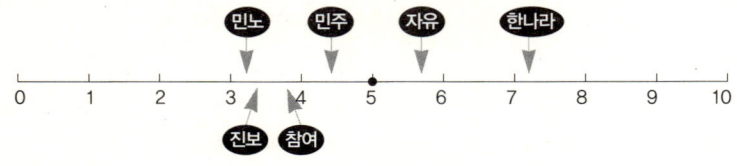

로 평가하는 것이므로 응답자들은 — 평균적으로 — 각 정당을 위의 순서대로 진보적이라고 평가하고 있음을 알 수 있다.

[그림 2]는 응답자들이 평가한 6대 정당들의 이념위치의 평균을 일직선상에 표시하고 있다. 개략적으로 말해 응답자들은 한나라당을 우파정당, 자유선진당을 중도우파정당, 민주당과 국민참여당을 중도좌파 정당, 민주노동당과 진보신당을 좌파정당으로 인식하고 있는데 한 가지 흥미로운 사실은 우파정당인 한나라당이 중간에서 오른쪽으로 치우친 정도가 좌파정당인 민주노동당이나 진보신당이 중간에서 왼쪽으로 치우친 정도보다 더 크다고 보고 있다는 점이다.

서론에서 우리는 이념과 투표성향의 상관관계를 파악하는 세 가지 방법들에 대하여 언급하였다. 이제 이 세 가지 방법들을 사용하여 6·2 지방선거에서의 이념과 투표성향의 상관성을 살펴보겠다.

이념과 투표성향과의 관계를 파악하기 위한 통상적인 방법 중 하나는 서로 다른 정당의 후보들에 투표한 유권자들의 평균적 이념위치를 보는 것이다. 아래의 [표 1]은 광역단체장선거에서 6대 정당에 투표한 응답자들의 평균적 이

---

3) 제주의 경우에는 6대 정당 중 민주당 후보만 출마하였고 나머지는 모두 무소속이어서 배제하였다. 전체 응답자 1,200명중 제주도의 응답자는 총 12명이다.
4) 통계청의 2010년 추계인구를 기준으로 작성하였다.
5) 우리는 여기서 이 숫자들이 기수적(cardinal)인 의미를 갖는 것으로 해석한다. 그리고 이 숫자들의 크기는 응답자들 간에 비교가 가능(interpersonally comparable)하다고 가정한다.
6) 당연하지만 이 평균들이 의미를 갖기 위해서는 이념수치들의 응답자간 비교가능성이 전제되어야 한다.
7) [그림 2]의 경우 가중치 부여 전과 가중치 부여 후의 그림이 큰 차이를 보이지 않는다.

념위치를 요약하고 있다.

〔표 1〕에 따르면 진보신당에 투표한 유권자들의 평균적 이념위치는 5.58로 국민참여당이나 민주당에 투표한 응답자들의 이념위치(각각 4.26과 4.54)보다 훨씬 보수적으로 나타난다. 또 국민참여당에 투표한 응답자들의 이념위치(4.26)가 민주노동당에 투표한 응답자들의 이념위치(4.44)에 비해 더 진보적인 것으로 나타나며, 자유선진당에 투표한 응답자들의 이념위치(6·27)가 한나라당에 투표한 응답자들의 이념위치 (5.91)보다 더 보수적인 것으로 나타난다.

따라서 〔표 1〕의 결과에 의하면 이번 지방선거에서 이념이 투표에 미친 영향이 강하지 않은 것처럼 보일 수 있다. 그러나 이러한 결론은 약간 성급하다. 정당에 투표한 사람들의 평균적 이념위치를 통해 유권자들이 얼마나 이념에 충실하게 투표하였는가를 파악하는 방법은 부정확한 방법이기 때문이다.

이념과 투표의 관계를 파악하는 통상의 방법들 중 또 다른 하나는 이념위치별로 여러 정당의 후보들에 투표한 유권자들의 비율을 계산하는 것이다. 다음의 〔표 2〕는 이념성향을 진보성향(0-4), 중도성향(5), 보수성향(6-10)의 세 가지로 크게 나눈 후 이념성향과 광역단체장선거에서의 투표율의 관계를 요약하고 있다.

〔표 2〕는 〔표 1〕에 비해 이념성향과 제 정당들에 대한 투표율 사이의 상관관

[표 1] 광역단체장선거에서 6대 정당에 투표한 사람들의 평균적 이념위치

투표한 정당	그 정당에 투표한 사람들의 평균적 이념위치	
	가중치 부여 전	가중치 부여 후
민주노동당	4.44	4.43
진보신당	5.58	5.67
국민참여당	4.26	4.65
민주당	5.54	4.68
자유선진당	6.27	6.24
한나라당	5.91	6.28

[표 2] 이념성향과 광역단체장선거에서의 투표성향

	민주노동당/진보신당 투표비율	민주당/국민참여당 투표 비율	한나라당/자유선진당 투표비율	관측빈도
진보성향 (0-4)	5.24(5.74)	61.57(60.44)	25.76(26.00)	229
중도성향 (5)	2.62(2.59)	50.94(50.06)	41.57(42.59)	267
보수성향 (6-10)	3.07(3.40)	22.18(20.66)	72.35(73.92)	293

* 주 : 괄호 안의 값은 가중치를 적용하여 계산한 값을 나타냄.

계를 좀 더 명확하게 보여준다. 진보성향의 유권자들 중 약 67퍼센트 정도가 민주노동, 진보신당, 민주당, 참여당의 4대 진보정당 중 하나에 투표한 반면 26퍼센트 정도는 한나라당, 자유선진당의 2대 보수정당 중 하나에 투표하였다. 반면 보수성향의 유권자는 약 24퍼센트 정도가 위의 4개 진보정당중 하나에 투표하고 72퍼센트는 2대 보수정당중 하나에 투표하고 있다. 즉 진보적 유권자가 진보적 정당들에 투표할 확률 및 보수적 유권자가 보수적 정당들에 투표할 확률이 매우 높게 나타나고 있는 것이다.

그러나 이러한 방식은 다음과 같은 두 가지 비판에 직면할 수 있다. 첫째, 보수정당에 투표한 진보성향의 유권자들이나 진보정당에 투표한 보수성향의 유권자들은 '자신들의 이념에 충실하지 않은 투표자들'이라고 추론할 여지가 있는데 이 유권자들 중 상당수는 자신의 이념에 아주 충실하게 투표한 사람들일 수 있다. 둘째, 중도성향의 유권자들의 투표행태에 대해서는 설명하는 것이 거의 없다.

우리가 볼 때 유권자들이 자신들의 이념에 충실하게 투표하였는가를 가장 정확하게 파악하는 방법은 응답자 자신의 이념위치와 응답자가 평가한 정당들의 이념위치를 각각 계산한 후 이 둘을 비교하는 것이다. 즉 응답자들이 자신과 이념적으로 가장 가깝게 느끼는 정당을 파악하여야 한다는 것이다. 예를 들어 응답자가 자기 자신의 이념은 5라고 평가한 반면, 민주노동당을 2, 민주당,

진보신당, 국민참여당은 3, 자유선진당은 6, 한나라당은 8로 평가했다면 이 응답자는 이념적으로 자유선진당과 가장 가깝다. 따라서 만일 이 응답자가 자신의 이념에 충실하게 투표하는 사람이라면 자유선진당에 투표할 것이다.

  필자는 이런 방법으로 각 응답자가 이념적으로 가장 가깝게 느끼는 정당을 찾은 후, 얼마나 많은 응답자들이 실제로 자신이 이념적으로 가깝게 느끼는 정당의 후보에 투표를 하였는지를 계산해 보았다. 만일 특정지역에서 응답자의 이념에 가장 가까운 정당의 후보가 없을 경우에는 그 다음으로 가까운 정당에 투표하였는지를 살펴보았다. 예컨대 서울시장선거에는 민주노동당과 국민참여당의 후보가 출마하지 않았다. 따라서 이념적으로 민주노동당과 국민참여당에 가장 가까운 응답자들의 경우 자신들이 가장 가깝게 느끼는 정당들에 투표할 수가 없다. 이 경우에는 해당 응답자들이 그 다음으로 가깝게 느끼는 정당을 찾은 후 그 정당의 후보에 투표를 하였는지 살펴보았다.

  우리는 광역단체장선거(2차 조사의 문1에 근거[8])와 비례대표선거(2차 조사의 문 2-4에 근거)라는 두 가지 선거에 대해 자신의 이념에 충실하게 투표한 응답자의 비율을 계산하였다.[9] 그리고 엄밀하게 말하면 선거는 아니지만 지지하는 정당의 선택에 대해서도 전국패널 1차 조사의 문25를 이용하여 동일한 비율을 계산해 보았다.[10] 이런 방식으로 계산한 결과가 아래의 〔표 3〕에 정리되어 있다.

  〔표 3〕에 의하면 이번 지방선거의 광역단체장선거에서 상당히 많은 수의 응답자들이 자신의 이념에 매우 충실하게 투표하였음을 알 수 있다. 전체적으로 보면 약 70퍼센트 정도의 응답자들이 자신들의 이념에 충실하게 투표하고 있는데 이는 매우 높은 수치라 할 수 있다. 물론 이 수치는 전체평균이며 지역별

---

8) 해당 문항은 부록의 질문지 참조.
9) 우리가 광역단체장선거와 비례대표선거만 포함하고 시장, 군수, 구청장 선거를 제외한 이유 중 하나는 시장, 군수, 구청장에서는 이러한 분석이 불가능하기 때문이다.
10) 어느 정당의 후보에게 투표하였는가와 어느 정당을 지지하는가는 다른 문제이다. 하지만 대개의 경우 양자의 상관관계는 매우 높게 나타난다.

[표 3] 각종선거와 정당지지에서 이념에 충실하게 후보를 선택한 응답자 비율 (단위 : %)

	광역단체장선거		비례대표 선거		지지하는 정당	
	가중치 부여 전	가중치 부여 후	가중치 부여 전	가중치 부여 후	가중치 부여 전	가중치 부여 후
서울	67.84	69.06	61.84	64.43	68.86	70.30
부산	70.91	74.37	53.19	61.01	68.85	75.51
대구	57.89	56.17	54.29	53.81	76.92	79.13
인천	75.51	74.57	72.73	71.12	69.05	65.99
광주	60.00	57.68	50.00	43.94	66.67	65.05
대전	59.26	61.38	62.50	66.66	45.45	53.80
울산	62.50	63.12	60.00	63.02	68.75	67.41
경기	80.12	80.16	53.80	53.47	68.42	67.61
강원	86.36	87.88	70.00	68.30	75.00	77.64
충북	64.00	60.61	50.00	50.05	75.00	81.35
충남	72.41	75.77	51.61	58.55	71.43	75.27
전북	51.72	53.55	48.15	46.88	58.06	60.49
전남	63.33	57.09	53.13	50.35	69.44	63.24
경북	69.05	67.61	47.62	47.67	70.45	68.52
경남	69.57	71.77	56.00	54.73	68.75	66.85
전체	70.08	70.41	56.71	57.57	68.65	69.59
관측빈도	752	752	723	723	791	791

* 주 : 괄호 안의 값은 가중치를 적용하여 계산한 값을 나타냄.

로 편차가 존재한다. 대구 58퍼센트, 대전 59퍼센트, 전북 52퍼센트 등은 전체 평균보다 그 비율이 상대적으로 낮은 반면 인천 76퍼센트, 경기 80퍼센트, 강원 86퍼센트 등은 전체평균을 상회하고 있다.

이념에 따라 정당지지를 선택한 비율 역시 광역단체장선거에서 이념에 따라 투표한 비율과 매우 유사하다. 예컨대 전국적으로 69퍼센트의 유권자가 자신이 이념적으로 가장 가깝게 느끼는 정당을 지지하는 것으로 나타났는데 이는 광역단체장선거에서 자신의 이념에 가장 가깝게 투표한 사람들의 비율 70퍼센트와 대동소이하다.

광역단체장선거에서 이념에 충실하게 투표한 응답자의 비율에 비해 비례대표 선거에서 이념에 충실하게 투표한 응답자의 비율들은 약간 낮다. 그 비율이 가장 낮은 곳이 48퍼센트(경북)이고 가장 높은 곳이 73퍼센트(인천)이다. 전국 평균은 57퍼센트로 광역단체장선거나 정당지지의 경우들에 비해 약 13퍼센트 정도 낮다. 그러나 비례대표선거가 광역단체장선거에 비해 상대적으로 중요성이 덜하다는 점을 고려하면 이 수치들을 낮은 수치라 하기는 어려워 보인다.

결론적으로 [표 3]이 보여주는 바는 이번 6·2 지방선거에서 이념이 투표결과에 미친 영향이 매우 크다는 것이다.

이념적 위치와 이념충실적 투표의 성별, 학력별, 소득별, 연령별 차이

우리는 앞에서 매우 높은 비율의 응답자들이 이념적으로 충실하게 (즉 자신의 이념위치에 가장 가까운 정당에) 투표하였음을 살펴보았다. 그런데 응답자들의 이념위치에 대한 인식은 주관적인 것이므로 서로 다른 유권자들이나 유권자 그룹들 간에 그 인식에 있어 현저한 차이가 존재하는가라는 의문이 생길 수 있다. 이제 응답자들의 이념위치에 대한 인식이나 이념충실도 등이 유권자그룹별로 현저하게 다른지를 살펴보겠다.

우리는 먼저 자신의 이념위치나 정당들의 이념위치에 대한 인식에서 서로 다른 유권자 그룹들 간에 차이가 존재하는지를 성별, 학력별, 소득별, 그리고 연령별 네 가지로 나누어 살펴보았다. [표 4]는 우리의 계산결과를 요약하고 있다.

먼저 남성과 여성 간에 이념위치에 대한 인식의 차이가 있는지를 살펴보자.

[표 4-1] 응답자 자신과 정당들의 이념위치 : 성별, 학력별, 소득별, 연령별 차이 (가중치 부여 전)

		응답자자신	민주노동당	진보신당	국민참여당	민주당	자유선진당	한나라당
전체	비율(%)	5.15	3.23	3.40	3.93	4.47	5.72	7.23
	관측빈도	880	836	769	760	876	823	881
성별	남	5.25	2.94	3.18	3.88	4.36	6.11	7.42
	여	5.06	3.54	3.65	3.99	4.58	5.31	7.03
	관측빈도	880	836	769	760	876	823	881
학력별	중졸이하	4.84	3.27	3.09	3.50	4.14	5.20	5.97
	고졸	5.42	3.43	3.64	3.97	4.53	5.34	6.89
	대재이상	5.02	3.12	3.30	3.96	4.47	6.00	7.60
	관측빈도	877	834	767	758	873	821	878
소득별	<300	5.23	3.44	3.47	4.01	4.37	5.51	6.88
	300~600	5.07	3.13	3.42	3.90	4.45	5.88	7.57
	>600	5.28	2.89	3.04	3.95	4.85	5.94	7.06
	관측빈도	848	8.8	743	734	844	796	849
연령별	20대	4.42	3.47	3.59	4.23	4.70	5.56	7.75
	30대	5.04	3.48	3.66	4.30	4.77	6.19	7.46
	40대	5.05	3.30	3.61	3.86	4.51	5.70	7.23
	50대	5.21	3.21	3.30	4.07	4.22	6.13	6.88
	60대+	6.10	2.62	2.65	3.04	4.06	5.01	6.78
	관측빈도	880	836	769	760	876	823	881

〔표 4-1〕에 의하면 남성과 여성 간에 이념위치에 대한 인식의 차이가 거의 없음을 알 수 있다. 응답자 자신의 이념위치의 경우 전체평균은 5.15인데 여성들의 평균적 이념위치는 5.06이고 남성들의 평균적 이념위치는 5.25로 여성들이 남성들보다 약간 진보적이지만 그 차이는 통계적으로 거의 무시할만하다. 또 6대 정당들의 이념위치에 대한 인식에서도 남성과 여성 간에 큰 차이가 발견되지 않는다. 여성이 남성보다 4개의 진보정당들(민주노동당, 진보신당, 국민참여당, 민주당)에 대해서는 약간 더 보수적으로 평가하고 있고 2개의 보수정당들(한나라

[표 4-2] 응답자 자신과 정당들의 이념위치 : 성별, 학력별, 소득별, 연령별 차이 (가중치 부여 후)

		응답자자신	민주노동당	진보신당	국민참여당	민주당	자유선진당	한나라당
전체	비율(%)	5.15	3.18	3.36	3.88	4.47	5.68	7.23
	관측빈도	880	836	769	760	876	823	881
성별	남	5.16	2.92	3.16	3.82	4.40	6.03	7.38
	여	5.14	3.44	3.57	3.95	4.54	5.32	7.08
	관측빈도	880	836	769	760	876	823	881
학력별	중졸이하	5.03	2.80	2.50	2.90	4.13	4.74	5.91
	고졸	5.39	3.40	3.65	3.97	4.53	5.36	6.93
	대재이상	5.01	3.10	3.29	3.94	4.47	5.98	7.59
	관측빈도	877	834	767	758	873	821	878
소득별	<300	5.24	3.30	3.36	3.91	4.34	5.40	6.89
	300~600	5.08	3.12	3.41	3.89	4.48	5.89	7.55
	>600	5.17	2.96	3.05	3.99	4.88	5.96	7.16
	관측빈도	848	808	743	734	844	796	849
연령별	20대	4.34	3.50	3.62	4.26	4.62	5.44	7.72
	30대	5.04	3.50	3.70	4.32	4.81	6.16	7.48
	40대	5.03	3.29	3.61	3.83	4.52	5.70	7.23
	50대	5.21	3.24	3.28	4.09	4.24	6.21	6.97
	60대+	6.26	2.21	2.29	2.67	4.07	4.81	6.70
	관측빈도	880	836	769	760	876	823	881

당, 자유선진당)에 대해서는 약간 더 진보적으로 평가하고 있지만 그 차이는 미미하다. 결국 남성이든 여성이든 진보정당은 진보정당으로 보수정당은 보수정당으로 인식하고 있으며 각 정당의 이념위치에 대해서도 매우 비슷한 수치로 인식하고 있다고 할 수 있다.

다음에는 학력별로 이념위치에 차이가 있는지 살펴보았는데 학력별로도 현저한 차이는 발견되지 않았다. 응답자 자신의 이념위치에 대해서는 중졸이하(4.84)-대재이상(5.02)-고졸(5.42)의 순서로 보수적이지만 전체평균인 5.15와 비교하여 볼 때 그 차이가 통계적으로 유의미할 만큼 크다고 보기는 힘들다. 정당들의 이념위치에 대해서도 한나라당의 이념위치에 대해서만 중졸이하 응답자들과 대재이상 응답자들 간에 약간의 차이가 있을 뿐 그 밖의 경우에는 거의 차이가 없다. 결국 성별 차이의 경우처럼 학력별 차이의 경우에도 그 차이는 미미하다는 것이다.

이번에는 소득별로 차이가 있는지 살펴보자. 약간 자의적이긴 하지만 우리는 월 가구소득이 300만 원 이하인 경우, 300만원에서 600만원 사이인 경우, 그리고 600만 원 이상인 경우의 세 가지 경우로 나누어 살펴보았다. 소득그룹을 이렇게 나누었을 때 [표 4]가 보여주는 바는 응답자 본인의 이념위치가 소득그룹별로도 현저한 차이를 보이지 않는다는 사실이다. 월 가구소득이 300만 원 이하인 응답자들의 평균적 이념위치는 5.28이고, 월 가구소득이 300만원에서 600만원 사이인 경우에는 5.07, 그리고 600만 원 이상인 경우에는 5.28로 나타나 소득그룹별 차이가 거의 없다. 정당들의 이념위치에 대한 인식에 있어서도 300만원에서 600만원사이의 가구소득을 가진 응답자들의 평균이 전체평균과 유사하며 300만 원 이하의 저소득자와 600만 원 이상의 고소득자가 그로부터 약간 벗어난 모양을 보이는데 그렇다고 하여도 소득그룹들 간 현저한 차이가 관찰된다고 하기는 힘들다.

이러한 결과들은 6·2 지방선거에서 소득은 이념성향에 차이를 가져오는 주요 요인이 아니었음을 의미한다.

마지막으로 우리는 연령별 차이를 검토해 보았는데 연령별 차이의 경우는 앞의 세 가지 경우들과는 다른 양상을 보이고 있다. 먼저 응답자 자신의 이념위치를 살펴보면 앞의 세 가지 경우와는 대조적으로 명백한 세대균열이 관찰되고 있다. 예컨대 60대 이상 응답자의 이념평균은 6.10으로 20대(19세 포함)의 이념위치의 평균 4.42보다 무려 1.7정도의 차이를 보이고 있다. 전체평균에 가까운 연령세대는 40대와 50대이고 연령이 이보다 작은 경우에는 진보, 연령이 이보다 큰 경우에는 보수 성향을 보임이 뚜렷하게 관찰되고 있는 것이다.

우리나라의 경우 소득이나 교육수준보다는 연령이 이념을 나누는 중요한 기준이라는 점은 많은 사람들에 의해 종종 지적되어 왔는데, [표 4]는 6·2 지방선거에서도 세대는 이념을 나누는 매우 중요한 기준임을 보여주고 있다. 대한민국은 지난 50년간 경제발전이나 정치발전에 있어 매우 급격한 변화를 겪어 왔다. 60대 이상의 응답자들이 겪은 정치·경제적 상황은 20대나 30대가 겪은 정치·경제적 상황과는 엄청나게 다르다. 이런 의미에서 우리나라에서 연령별로 이념위치가 매우 다른 것은 그다지 놀라운 일이 아닐지도 모른다. 그런데 응답자 자신의 이념위치가 명백한 세대균열을 보이는 것과는 대조적으로 6대 정당들의 이념위치에 대한 인식에 있어서는 60대 이상의 경우를 제외하면 연령별로 큰 차이를 보이지 않고 있다. 60대 이상의 유권자들은 6대 정당 모두를 다른 연령대의 유권자들에 비해 더 진보적이라고 인식하고 있지만, 60대 이하의 다른 연령대의 응답자들은 6대 정당의 이념위치에 대해 매우 유사하게 인식하고 있다.[11]

결론적으로 말해 응답자 본인의 이념위치는 성별, 학력별, 소득별로 큰 차이가 없고 연령별로는 큰 차이를 보이고 있다. 즉 6·2 지방선거에서 이념과 가장 상관관계가 높은 변수는 연령이라 하겠다. 반면 유권자들이 정당들의 서로 다른 이념위치를 인식하는 데 있어서 성별, 학력별, 소득별로 그다지 큰 차이가 없고 연령별로도 노령층을 제외하면 그다지 차이가 없다. 즉 우리나라의 유권자들은 몇몇 예외적인 경우를 제외하면 대체로 유권자그룹이 다르더라도 정당들의 서로 다른 이념위치에 대해 비슷한 인식을 가지고 있는 것이다.

---

11) [표 3]은 한국정치에서 60대 이상의 노령층이 왜 지나치게 보수적으로 행동하는지에 대해 잘 설명한다. 60대 이상의 유권자들은 다른 연령대의 유권자들에 비해 자신의 이념적 위치는 더 오른쪽으로 설정하고 있으면서 동시에 이들은 다른 연령대의 유권자들에 비해 한국의 주요정당들 모두가 더 왼쪽으로 기울었다고 인식하고 있다. 한국정치가 왼쪽으로 가고 있다고 강한 불만을 터트리는 연령층의 대다수가 60대 이상의 노령층이라는 사실이 결코 놀라운 일이 아니다.

여태까지는 이념위치의 평균을 유권자그룹별로 살펴보았는데 이번에는 [표 5]를 통해 이념에 충실하게 투표한 유권자의 비율이 성별, 학력별, 소득별, 연령별로 다른지 살펴보자.

먼저 [표 5]는 각종선거와 정당지지에서 이념에 충실하게 선택한 응답자의 성별, 학력별, 소득별 및 연령별 비율을 요약하고 있는데 이에 의하면 이념에 충실하게 정치적 선택을 한 응답자의 비율은 그룹별로 그리 큰 차이를 보이지 않음을 알 수 있다. 광역단체장의 경우를 예로 들면 남성은 70.7퍼센트가 여성

[표 5-1] 이념에 충실하게 후보나 정당을 선택한 응답자의 비율 : 성별, 학력별, 소득별, 연령별 차이 (가중치 부여 전)

		광역단체장선거	비례대표 선거	정당지지
전체	비율(%)	70.08	56.71	68.65
	관측빈도	752	723	791
성별비율	남	70.73	58.19	69.76
	여	69.19	55.28	67.45
	관측빈도	752	723	791
학력별비율	중졸이하	67.27	60.00	75.68
	고졸	68.52	60.47	68.66
	대재이상	71.23	54.05	67.59
	관측빈도	749	720	790
소득별비율	<300	70.07	61.75	69.23
	300~600	69.54	52.74	67.34
	>600	72.22	61.43	73.75
	관측빈도	724	696	761
연령별비율	20대	67.27	52.88	67.44
	30대	65.84	54.36	68.52
	40대	66.67	52.54	64.57
	50대	73.33	60.15	67.76
	60대+	76.88	63.13	74.57
	관측빈도	752	723	791

은 69.2퍼센트가 이념에 충실하게 투표하고 있으며 이 수치들은 전체 평균 70 퍼센트와 대동소이하여 성별 차이가 거의 없음을 알 수 있다. 학력별로도 중졸 이하는 68퍼센트, 고졸은 69퍼센트, 대재이상은 71퍼센트로 학력이 높을수록 비율이 약간씩 증가하지만 그 차이가 통계적으로 유의한 수준은 아니다. 또한 월 가구소득이 300만 원 이하인 응답자들은 약 71퍼센트가, 300만원에서 600만원사이의 응답자들은 70퍼센트 그리고 600만 원 이상의 응답자들은 약 72퍼센트가 이념에 충실하게 투표하고 있어 소득그룹별 차이도 거의 없다. 마지막

[표 5-2] 이념에 충실하게 후보나 정당을 선택한 응답자의 비율 : 성별, 학력별, 소득별, 연령별 차이 (가중치 부여 후)

		광역단체장선거	비례대표 선거	정당지지
전체	비율(%)	70.41	57.57	69.59
	관측빈도	752	723	791
성별비율	남	70.22	58.19	69.96
	여	70.59	56.96	69.19
	관측빈도	752	723	791
학력별비율	중졸이하	71.11	66.97	83.07
	고졸	69.52	61.04	68.39
	대재이상	70.92	54.12	67.54
	관측빈도	749	720	790
소득별비율	<300	71.38	63.70	72.02
	300~600	69.86	53.14	66.79
	>600	70.80	61.41	72.03
	관측빈도	724	696	761
연령별비율	20대	67.75	52.64	67.87
	30대	64.49	54.05	66.76
	40대	65.96	53.14	65.54
	50대	74.36	60.54	67.76
	60대+	80.07	66.64	78.52
	관측빈도	752	723	791

으로 연령별로도 차이가 거의 없는데 한 가지 흥미로운 사실은 이념에 충실하게 투표한 응답자의 비율이 가장 높은 연령층은 60대 이상의 고령층이라는 사실이다. 60대 이상의 연령층 중 이념에 충실하게 투표한 비율은 광역단체장선거의 경우 77퍼센트로 전체평균 70퍼센트에 비해 7퍼센트나 높다.

이번 지방선거에서 연령이 이념을 설명하는 가장 중요한 변수였음을 상기해 보면 이러한 결과는 보수적 유권자일수록 더 이념에 충실하게 투표하였음을 함축한다. 실제로 우리는 이념에 충실하게 투표한 사람들의 비율을 진보성향의 유권자, 중도성향의 유권자, 보수성향의 유권자라는 세 그룹으로 나누어 계산하여 보았는데 이에 의하면 보수성향의 유권자들이 진보나 중도성향의 유권자들보다 이념에 충실하게 투표하였음을 확인할 수 있었다. 예컨대 [표 6]은 광역단체장선거의 경우에 대한 결과를 요약하고 있는데, 이를 보면 진보성향의 유권자들은 64퍼센트 정도가 이념에 충실하게 투표한 반면 보수성향의 유권자들은 약 76퍼센트가 이념에 충실한 방식으로 투표하고 있음을 알 수 있다.

보수적 유권자들의 이념충실도가 진보적 유권자들의 이념충실도보다 높았던 것은 흥미로운 현상인데 그 이유에 대해서는 최소한 다음의 두 가지 설명이 모두 가능한 것으로 생각해 볼 수 있다.

하나의 가능한 설명은 보수적 유권자들이 진보적 유권자들보다 더 '이념적'이라는 것이다. 즉 보수적 이념의 유권자들이 진보적 이념의 유권자들에 비해

[표 6] 각종 선거와 정당지지에서 이념에 충실하게 선택한 응답자의 이념성향별 비율

	광역단체장선거		비례대표 선거		정당지지	
	가중치 부여 전	가중치 부여 후	가중치 부여 전	가중치 부여 후	가중치 부여 전	가중치 부여 후
진보성향 유권자(0-4)	64.15	65.02	53.33	54.98	53.41	54.74
중도성향 유권자(5)	67.72	67.79	54.37	55.00	53.65	54.32
보수성향 유권자(6-10)	76.22	76.82	61.23	61.77	81.80	81.99
관측빈도	752	752	723	723	791	791

자신과 정당들의 이념위치에 대해 더 정확히 파악하고 있고 이념에 더 충실한 사람들이라는 것이다.

그러나 다른 설명도 가능하다. 예컨대 보수정당은 2개(한나라당, 자유선진당)인 반면 진보정당은 4개여서 결과적으로 보수적 유권자들의 이념충실도가 더 높게 나왔다고도 볼 수 있다. 즉 응답자 자신과 정당들의 이념위치에 대한 파악, 그리고 이념충실적 투표행태 등은 보수적 이념의 유권자들이나 진보적 이념의 유권자들 양쪽 모두 거의 동일하지만 보수정당의 숫자가 진보정당의 숫자보다 더 적어 자신의 이념위치와 가까운 정당을 고르는 일이 진보적 유권자들보다 보수적 이념의 유권자들에 상대적으로 더 쉬웠다는 설명도 가능하다.

이상에서 우리는 정당들의 이념위치를 인식하는데 있어서뿐 아니라 이념에 충실하게 투표한 유권자의 비율에 있어서도 성별, 학력별, 소득별, 연령별로 큰 차이를 보이지 않음을 관찰하였다. 이러한 우리의 분석결과는 특정 정당후보에 투표한 유권자는 그 정당이 이념적으로 어떤 정당인지 잘 모르고 투표한 것이 아니라는 사실을 보여준다. 결국 대부분의 유권자들은 자신이 투표한 정당의 이념적 위치가 어디에 있는지를 명확히 인지하고 있으며 그 정당이 자신의 이념위치와 가장 가까운 정당이기 때문에 그 정당에 투표한 것이라 하겠다.

이념을 설명하는 정책차원들

여태까지의 분석을 통해 우리는 6·2 지방선거에서 이념이 매우 중요한 역할을 담당했음을 살펴보았다. 그리고 성, 소득, 학력은 이념의 차이를 설명하는데 그리 중요하지 않은 반면 연령세대는 매우 중요함도 살펴보았다. 이제부터 이념적 대립의 주요쟁점이 되는 몇 가지 정책 사안에 대한 지지여부가 유권자의 이념성향에 따라 어떻게 다른지를 간략히 검토해보고자 한다.

이념적 대립의 주요쟁점이 되는 정책차원에 대해 우리는 다음의 네 가지 설문을 검토하였다.

첫째는 경제정책의 방향과 관련하여 경제성장과 분배 중 어떤 것이 중요한지에 대한 질문(2차 조사 문21)이다. 이는 진보와 보수를 나누는 전통적인 정책이슈중 하나로서, 성장보다는 분배가 중요하다는 입장은 형평성과 복지를 강조하는 입장이고 분배보다는 성장이 중요하다는 입장은 효율성과 경쟁을 강조하는 입장이다.

둘째는 자유/권리 대 권위/질서에 대한 것이다. 2차 조사의 문22는 정부가 정치적 자유보다는 질서유지에 힘써야 하는지 아니면 질서보다는 자유의 진작에 힘써야 하는지를 묻고 있다. 자유나 개인의 권리를 중시하는 입장은 자유주의(libertarianism)라 할 수 있고 조직이나 공동체의 권위나 질서를 강조하는 입장은 공동체주의(communitarianism)라 할 수 있다. 키트셸트(Kitschelt 1994)는 시장-계획이라는 경제적 차원과 자유주의-공동체주의라는 사회적 차원 두 가지를 결합하여 유럽정치를 분석한 바 있는데 대략적으로 위의 두 설문은 키트셸트의 두 가지 정책차원에 조응한다.

셋째는 우리나라의 외교안보정책과 관련하여 한미동맹을 강화하는 데 힘써야 하는지 아니면 한미동맹중심정책에서 탈피해야 하는지에 대한 것이다(2차 조사 문19). 이는 국제관계에 대한 태도로서 유럽정치에서는 앞의 두 차원보다 중요성이 떨어지지만 우리나라에서는 보수와 진보를 가르는 중요한 전통적 기준 중의 하나이다.

넷째는 북한에 대한 태도로서 정부가 북한에 대해 강경하게 대처해야 하는지 남북 간에 화해와 협력을 추구해야 하는지 여부를 묻는 것이다(2차 조사 문20). 이 질문은 보수와 진보를 구분할 때 우리나라에만 독특한 정책차원이다.

[표 7]은 이 네 가지 정치이슈에 대해 응답자의 이념성향별로 그 지지비율을

보여주고 있다.[12] [표 7]에 의하면 이념성향에 따라 이 네 가지 이슈에 대한 지지가 확연히 구분됨을 알 수 있다. 분배보다 성장이 중요하다고 생각하는 응답자는 진보성향의 유권자 중에서는 약 29퍼센트이고 보수성향의 유권자 중에는 약 60퍼센트로서 후자의 전자에 대한 비율은 약 2.1이고 비율 간 격차는 31퍼센트이다. 자유보다 질서가 중요하다는 입장은 진보성향의 응답자 중에는 17퍼센트고 보수성향의 유권자 중에는 54퍼센트로서 후자의 전자에 대한 비율은 약 3.1이고 격차는 37퍼센트이다. 한미동맹을 강화해야 한다는 입장은 각각 43퍼센트와 78퍼센트로 그 비율은 약 1.8이고 격차는 35퍼센트이다. 마지막으로 대북 강경대응을 해야 한다는 입장은 각각 22퍼센트와 50퍼센트로서 그 비율은 약 2.3이고 격차는 28퍼센트이다.

[표 7]은 이 네 가지 차원이 모두 중요함을 보여주지만 그 중에서도 자유와 질서에 대한 태도가 비율로 보나 격차로 보나 가장 두드러진 차이를 보이고 있다. 이는 이내영(2010)의 지적처럼 미네르바 사건, 연예인 김제동의 방송하차 논란 등에서 보이는 것처럼 현 정부의 권위주의적 통치방식에 대한 사회적 우려를 반영한 것으로 보인다.

[표 7] 정치적 입장들에 대한 이념성향별 지지비율 (단위 : %)

	분배보다 성장	자유보다 질서	한미동맹 강화	대북 강경대응
진보성향 (0-4)	28.92(29.74)	17.32(16.40)	42.80(43.45)	21.71(23.01)
중도성향 (5)	46.82(47.30)	32.11(31.52)	60.47(60.16)	33.77(34.30)
보수성향 (6-10)	60.38(62.54)	53.97(56.03)	77.50(79.37)	49.84(51.56)
관측빈도	866	868	866	879

* 주 : 괄호 안의 값은 가중치를 적용하여 계산한 값을 나타냄.

---

12) 지면 관계상 생략하지만 필자의 다중회귀분석에 의하면 이 네 가지 정치이슈들은 모두 응답자의 이념과 매우 강한 상관관계를 보였다.

우리는 앞에서 이념을 설명하는 연령과 세대가 매우 중요함을 살펴보았는데 이 네 가지 이슈들에 대한 입장 차이에 있어서도 연령별로 현격한 차이가 존재한다. [표 8]을 보면, 특히 20대와 60대 이상은 이 네 가지 차원 모두에서 큰 차이가 있음을 쉽게 알 수 있다.

[표 8] 정치적 입장들에 대한 연령별 지지비율 (단위 : %)

	분배보다 성장	자유보다 질서	한미동맹 강화	대북 강경대응
전체	46.65(47.51)	35.71(35.80)	61.66(62.22)	36.06(37.11)
20대	34.59(34.91)	13.04(12.73)	51.27(53.49)	27.50(26.99)
30대	40.21(40.70)	26.70(26.04)	51.30(51.94)	37.17(37.70)
40대	44.50(44.87)	38.10(38.36)	54.07(53.57)	37.09(36.88)
50대	54.73(55.28)	44.14(43.12)	71.91(71.71)	32.67(32.07)
60대+	61.49(65.65)	58.39(61.83)	85.00(86.21)	44.85(52.37)
관측빈도	866	868	866	879

* 주 : 괄호 안의 값은 가중치를 적용하여 계산한 값을 나타냄.

결론

이 장에서 우리는 상당히 많은 유권자들이 6·2 지방선거에서 자신의 이념에 충실하게 투표하였음을 알 수 있었다. 유권자들은 자신의 이념위치뿐 아니라 정당들의 이념위치에 대해서도 명확하게 인식하고 있었으며 많은 유권자들이 자신의 이념위치와 가장 가깝다고 인식하는 정당에 투표하였다. 우리는 전체뿐 아니라 성별, 학력별, 소득별, 그리고 연령별 이 네 가지로 나누어서도 살펴보았는데 연령별 차이를 제외하면 결과는 크게 다르지 않았다. 결론적으로 말해 6·2 지방선거에 이념은 유권자들의 투표행태를 이해하기 위한 매우 중요한 변수였다고 할 수 있다. 특히 이념적 차이는 네 가지 정책차원 각각에서 명백한 차이를 설명하고 있었다.

이 글을 마치기 전에 본 장의 논의에서 몇 가지 한계점을 지적하고자 한다.

첫째, 우리는 응답자 자신의 이념위치와 응답자가 투표한 정당의 이념위치 사이에 매우 높은 조응관계가 있음을 살펴보았는데, 이 높은 조응관계는 다음의 두 가지 가설 모두와 양립가능하다. 첫 번째 가설은 유권자의 이념위치가 먼저 주어져 있으며 유권자들은 사전적으로 주어진 자신들의 이념위치에 가까운 정당에 투표한다는 가설이다. 두 번째 가설은 사전적으로 주어진 것은 유권자의 정당일체감이며 — 예컨대 부모나 출신지역의 영향으로 좋아하는 정당을 이념과 상관없이 먼저 결정하며 — 유권자들은 일체감을 갖는 정당의 이념위치에 가장 가깝게 자신의 이념위치를 조정한다는 가설이다. 즉 자신의 이념위치를 일체감을 갖는 정당의 이념위치로 사후적으로 정당화한다는 것이다.

전통적인 정치이론들은 첫 번째 가설에 근거하고 있는데 본 논문의 실증분석도 이 전통적 가설에 기초하였다. 반면 두 번째 가설은 이념의 내생적 형성(endogenous formation of ideology)에 관한 가설이다. 물론 두 번째 가설에는 몇 가지 비판들이 제기될 수 있다. 예컨대 개인은 부모나 동향사람들로부터 특정 정당에 대한 일체감뿐 아니라 이념도 함께 영향 받을 수 있는데 이 둘을 구분하는 것이 쉽지 않다는 점을 지적할 수 있다. 본 논문이 제시하는 실증분석이 이 두 가지 가설들 중 어느 쪽 가설에 더 가까운지는 차후의 연구과제로 남겨둔다.

둘째, 본 장은 6·2 지방선거에만 분석을 한정함으로서 6·2 지방선거에서 이념의 중요성이 과거의 선거들에 비해 강화되었는지 약화되었는지는 분석하지 못했다. 이 역시 차후의 연구과제로 남겨둔다.

■ 참고문헌

강원택. 2010. "천안함사건은 지방선거의 변수였나?" 〈EAI 오피니언리뷰〉 201006-01. 서울 : 동아시아연구원.
이내영. 2007. "18대 총선의 정당지지 재편. "《변화하는 한국유권자 3》. 김민전 · 이내영 공편. 서울 : 동아시아연구원.
이내영. 2010. "6·2 지방선거와 세대균열의 부활." 〈EAI 오피니언리뷰〉 201006-03. 서울 : 동아시아연구원.

Erikson, R. and K. Tedin. 1995. *American Public Opinion*. Needham Heights, MA: Allysn and Bacon.
Kitschelt, H. 1994. *The Transformation of European Social Democracy*. London, UK: Cambridge University Press.
Laver, M. and W. Hunt. 1992. *Policy and Party Competition*. New York, NY: Routledge.
Lee, W. 2008. "Political competition and democratic distributive politics." 〈사회경제평론〉 29, 2: 309-343.
Lee, W. and J. Roemer. 2006. "Racism and redistribution in the United States: A solution to the problem of American exceptionalism." *Journal of Public Economics* 90, 6-7: 1027-1052.
Przeworski, A. and J. Sprague. 1986. *Paper Stones: A History of Electoral Socialism*, Chicago, IL: University of Chicago Press.
Roemer, J. 2001. *Political Competition: Theory and Applications*. Cambridge, MA: Harvard University Press.
Roemer, J. W. Lee, and K. van der Straeten. 2007. *Racism, Xenophobia and Distribution: Multi-Issue Politics in Advanced Democracies*. Cambridge, MA: Harvard University Press.

7. 6·2 지방선거와 세대균열의 부활

이내영

6·2 지방선거와 세대균열

2010년 지방선거 결과는 한나라당의 참패와 민주당의 약진으로 요약할 수 있다. 역대 지방선거에서 국민들의 견제심리로 인해 여당이 고전해왔다는 점을 고려하면 이번 지방선거에서 여당인 한나라당이 참패한 결과는 예상 밖의 결과는 아니다. 그러나 이번 선거에는 대통령 국정지지도가 50퍼센트 가까이 되었고 여당지지도도 야당보다 높았기 때문에 여당견제론의 위력은 제한적일 것으로 예상했었다. 그러나 2006년 지방선거에서 한나라당이 싹쓸이했던 수도권에서조차 민주당이 예상외의 약진을 했고, 인천, 강원, 충북, 충남의 단체장까지 민주당에게 빼앗긴 결과는 한나라당으로서는 당혹스러운 상황임은 분명하다. 무엇보다도 주요 신문과 방송사의 선거전 여론조사 결과와는 매우 상이한 민심의 흐름이 투표장에서 나타났기 때문에 여당의 충격이 컸다.[1]

6·2 지방선거의 여당 참패를 초래한 요인 가운데 하나는 2002년 노대통령의 승리를 가능하게 했던 세대균열이 부활했다는 점이다. 이번 지방선거에서는 20-30대 젊은 세대와 50대 이상 나이 든 세대의 투표성향이 확연하게 다른 것으로 나타났다. 또한 두 세대 사이에서 캐스팅보트(casting vote)를 가진 40대가

---

[1] 6·2 지방선거는 선거전 여론조사와 실제 투표 결과 사이에 상당한 격차가 나타났기 때문에 여론조사의 신뢰성에 대한 의문이 제기되었다. 이에 대한 자세한 논의는 김춘석·정한울(2010), "6·2 지방선거 여론조사 방법론 논쟁"을 참조.

야당지지로 기울면서 여당이 고전하는 결과가 나타났다. 또한 투표율이 2006년 51.6퍼센트에서 54.5퍼센트로 크게 상승하면서 젊은층의 투표참여가 늘어난 것이 민주당의 약진에 도움이 되었다. 아래 〔표 1〕은 방송 3사가 공동으로 실시한 출구조사를 바탕으로 세대별로 수도권의 후보지지율을 비교한 결과이다. 최대 승부처인 서울, 경기, 인천 등 수도권 선거에서 20-30대의 경우 56.7-70.5퍼센트가 야권 단일후보를 지지한 반면, 50대 이상 유권자 가운데 57.6-80.7퍼센트는 한나라당 후보를 지지했다. 세대별 표심의 차이가 매우 컸다는 점을 확인할 수 있다. 40대 가운데는 37.4-46.1퍼센트가 한나라당 후보를 지지한 반면, 53.8-60.7퍼센트는 야권 후보를 지지해서 야당의 선전에 기여한 것으로 나타났다.

[표 1] 6·2 지방선거 수도권의 세대별 한나라당과 제1야당 후보 지지율 (단위 : %)

		20대	30대	40대	50대	60대 이상
서울	오세훈 지지율	34.0	27.8	39.8	57.6	71.8
	한명숙 지지율	56.7	64.2	54.2	38.8	26.0
경기	김문수 지지율	34.7	31.7	46.1	66.5	80.7
	유시민 지지율	65.3	68.3	53.9	33.5	19.6
인천	안상수 지지율	30.1	26.1	37.4	53.8	69.8
	송영길 지지율	65.5	70.5	60.7	45.2	29.4

* 주 : 6·2 지방선거 방송3사 출구조사.

세대별 투표행태의 차이는 2002년 대선과 매우 흡사하다. 아래의 〔표 2〕가 보여주듯이 2002년 대선에서 20-30대는 노무현 후보를 압도적으로 지지했고, 반면 50대 이상의 연령층은 이회창 후보에 대한 높은 지지를 보내는 세대균열이 뚜렷하게 나타났다. 그러나 이러한 세대균열은 2007년 대선에서 현저하게 약화되어 이명박 후보는 20-30대를 포함한 모든 연령대에서 정동영 후보에 비해 높은 지지를 획득했다. 2008년 총선에서는 세대별 투표성향의 차이가 남아 있었지만 상당히 약화되었다. 20대에서는 민주당 지지율이 높았지만, 30대 이상 유권자들은 공통적으로 민주당보다 한나라당에 대한 지지율이 높았다. 결국 2002년 대선결과에 큰 영향을 미친 세대균열이 2007년 대선과 2008년 총선에서 약화되었다가 이번 지방선거에서 다시 부활했다는 점을 확인할 수 있다.

이 글의 목적은 2010년 지방선거에서 세대균열이 부활한 이유를 분석하는 것이다. 이 글은 2010 지방선거에서 세대균열이 부활한 주요 이유를 세대별로 이명박 정부의 국정운영에 대한 평가가 달라졌기 때문이라고 주장한다. 즉 젊은 세대일수록 이명박 정부의 국정운영에 대해 부정적으로 평가하는 반면, 나이 든 세대는 긍정적으로 평가하기 때문이라는 것이다. 젊은 세대가 이명박 정부의 국정운영을 부정적으로 평가하는 이유로는 정부 여당의 독선적 국정운영과 권위주의적 행태에 대한 반감, 세종시 수정안, 4대강사업 추진, 천안함사건으로 촉발된 안보불안과 대북 강경정책의 기조에 대한 거부감, 세대별로 정보취득 채널이 달라진 점들을 제시하였다.

[표 2] 세대별 대선/총선 지지율 : 2002년 대선, 2007년 대선, 2008년 총선 정당투표 (단위 : %)

		20대	30대	40대	50대	60대 이상
2002년	이회창	34.9	34.2	47.9	57.9	63.5
대선	노무현	59.0	59.3	48.1	40.1	34.9
2007년	이명박	37.4	37.4	50.0	56.2	69.0
대선	정동영	17.5	25.4	21.3	25.4	19.3
2008년 총선	한나라당	22.9	33.4	40.4	32.5	52.7
(정당투표)	통합민주당	30.3	27.4	18.0	26.9	21.6

* 주 : MBC-KRC 공동 여론조사(2002), EAI 17대 대선패널 사후조사(2007), EAI 17대 총선패널 2차 조사(2008).

기존 연구의 검토

정치세대(political generation)란 성년 초기에 동일한 역사적 경험을 통해 뚜렷이 구별될 수 있는 정치사회의식과 태도를 가지고 있는 연령집단(age cohort)을 의미한다. 세대이론에 따르면 정치세대가 나타나는 이유는 특정시기의 역사적 사건이나 사회적 환경이 가치관과 정치적 정향이 형성되는 데 결정적인 20세 전후의 사람들에게 중요한 영향을 미치며, 이러한 형성 시기 이후에는 당시 형성된 정치적 정향과 태도가 바뀌지 않고 지속되기 때문이다(Manheim, 1952). 예를 들면 한국의 386세대는 1960년대 권위주의적 산업화시기에 출생하여 1980년대 민주화 이행기에 대학생활을 하면서 민주화 이행기의 한국사회에 대한 집단적 경험과 기억을 공유하면서 개혁적인 가치관을 유사하게 가지고 있는 세대를 의미한다.

이러한 세대별 정치행태의 차이는 다른 국가들에서도 발견되는 현상이다. 잉글하트(Inglehart)는 유럽사회에서 2차대전 이후의 경제적 풍요와 평화의 시기에 성장기를 보낸 젊은 세대들은 이전 세대들에 비해 삶의 질, 인권, 환경 등 이른바 탈물질주의적 가치(post-material values)들을 추구하는 경향이 있으며, 이러한 새로운 가치정향을 지닌 세대들은 전통적 좌우이념에 기초한 정당들로부터 이탈해서 녹색당과 같이 탈물질적 가치를 지향하는 정당의 출현에 기여했음을 밝히고 있다(Inglehart 1990).

급격한 사회변동을 겪은 한국사회에서도 세대별로 상이한 역사적 경험을 통해 유사한 정치사회의식을 내면화할 가능성이 높기 때문에 한국의 선거정치에서 세대별로 상이한 정치적 선호를 표출하는 것은 자연스런 현상이라고 보인다. 예를 들면 한국전쟁을 경험하거나 반공이데올로기의 영향력 하에 있었던 50대 이상의 전전세대가 정치이념과 대북정책에서 보수적인 태도를 가지는 반면, 경제적 풍요와 남북화해의 시대에 성장한 신세대가 탈냉전의식을 가지고 대북경제지원과 보안법 등에서 진보적 태도를 가지게 된다. 이미 한국사회에서도 '63세대', '419세대', '386세대', 'N세대', 'G세대' 등 청소년기의 역사적 경험을 기준으로 특정연령 집단에 대한 세대기준이 사용되어 왔다. 한국 유권자의 투표행태에서 세대요인을 지속적으로 연구한 정진민(1994)은 한국의 세대를 1950년 이전에 출생한 '전전세대', 1950년에서 1961년 사이에 태어난 '민주세대', 1962년 이후에 출생한 '신세대'로 구분하고, 1987년 민주화 이후 치러진 세 차례의 대통령 선거에서 나타난 한국 유권자의 투표행태 및 정치적 정향에서 세대 간의 유의미한 차이가 지속적으로 나타나고 있음을 밝히고 있다.

2002년 대선은 세대균열이 한국의 선거정치에서 중요한 요인으로 등장한 선거이다(온만금 2004; 이정진 2007). 2002년 대선까지 세대요인은 한국의 선거정치에서 주목을 받지 못한 변수였다. 2002년 대선에서 세대균열이 정치균열로 등장한 이유를 설명한 기존의 연구들은 세대요인이 정치이념과 결합했다는 사실에 주목한다(이내영 2002; 강원택 2003). 또한 이렇게 세대-이념균열이 여전히 강력하게 작동하고 있었던 지역균열과 충돌하지 않았기 때문이라는 주장도 제기되었다(이내영·신재혁 2003). 한편 윤상철(2009)은 1997년 이후 세대정치가 출현, 소멸하는 동학을 정치균열과의 관계 속에서 분석하고 있다. 그는 특정세대가 정치세대로 형성되기 위해서는 객관적인 사회경제적 상황 혹은 정치적 문화적 경험이 존재해야 하고, 이러한 경험을 하나의 의식으로 재구성하여 자기집단의 정체성으로 삼아야하며, 마지막으로 이러한 정체성을 외적으로 표출할 수 있도록 허용하는 정치적 기회구조가 존재해야 한다고 주장하였다. 윤상철은 2002년 대선에서 세대정치가 작동한 이유는 세대균열을 정치적으로 동원할 수 있는 정치집단이 존재했기 때문이라고 본다. 즉 민주당의 비주류세력이었던 노무현 후보가 20-30세의 젊은 세대를 동원하였기 때문이다. 노무현 후보를 지지하는 팬클럽인 노사모의 구성원의 약 80퍼센트가 30대 이하의 젊은 층으로 구성되어 있었다는 사실이 이를 보여준다.

세대정치에 대한 또 다른 연구의 흐름은 세대정치의 등장이 정치지형(political landscape)의 변동에 미칠 영향력을 분석한다. 특히 세대정치의 등장이 이전까지 한국 선거정치의 핵심균열인 지역주의를 약화시켰는가에 관한 논쟁이 제기되었다(이남영 2008). 일부 연구들은 2002년 대선과 2004년 총선에서 이념과 세대균열이 뚜렷해지면서 지역균열이 약화되었다는 주장도 제기되었지만(최준영·조진만 2005), 다른 한편에서는 지역균열이 여전히 이념균열이나 세대균열을 압도하는 지배적 균열이라고 보는 견해들도 제기되었다(이갑윤 2002; 강경태 2004; 이준한·임경훈 2004).

2002년 대선 이후 2004년까지 한국의 선거정치에서 세대균열이 나타난 이유와 정치적 효과에 대한 학계의 논쟁이 지속되는 동안, 현실의 선거정치, 즉 2007년 대선과 2008년 총선에서 세대균열이 현저히 줄어드는 추세가 나타났다. 특히 2007년 대선에서는 진보적인 젊은 세대의 상당수가 정동영 후보가 아니라 이명박 후보를 선택하였다. 이내영(2008)에 따르면 2007년 대선에서 이전 선거에서 반한나라당 성향을 보였던 젊은 진보적 유권자 가운데 상당수가 자신의 이념성향은 여전히 진보라고 여기면서도 이명박 후보를 지지하는 이념성향과 정당지지 사이의 불일치 현상이 나타났다. 이내영은 이념성향과 정당지지 사이의 불일치가 나타나는 두 가지 이유를 제시하고 있다. 첫째, 지역정체성이 정당선택에서 이념성향의 영향력을 교란시킴으로써 진보적 한나라당 지지자의 증가에 기여하였다. 둘째, 2007년 대선에서 경제이슈의 중요성이 강해진 상황에서 노무현 정부의 경제실적에 대한 부정적 평가가 진보성향 유권자의 이탈과 한나라당 지지를 초래하였다고 분석하고 있다. 또한 강원택(2009)의 연구는 정치적 진보를 상징하던 집단인 386세대가 2007년 대선과 2008년 총선에서 거의 주목의 대상이 되지 못할 만큼 정치세대로서의 집단적인 정치적 정향을 드러내지 않았다는 점에 주목하였다. 예를 들면 2007년 대선에서 386세대의 57.2퍼센트가 보수후보인 이명박 후보를 지지했으며, 그 절반도 안되는

24.5퍼센트만이 진보적이라 할 수 있는 정동영 후보에게 투표하였다. 강원택(2010)은 2007년 대선과 2008년 총선에서 386세대의 상당수가 이전 선거에서 보였던 진보성향을 정치적으로 표출하지 않고 이명박 후보를 지지한 이유를 정치적 이슈보다 부동산, 교육, 고용 등 경제적 이슈가 선거운동을 지배하는 상황에서 386세대가 중시하는 진보적 가치가 커다란 관심의 대상이 되지 못했기 때문이라고 주장하였다.

왜 세대정치가 부활했나?

2007년 대선과 2008년 총선에서 약화되었던 세대정치가 6·2 지방선거에서 부활한 이유는 무엇인가? 어떤 요인들이 이번 지방선거에서 젊은 세대가 정부 여당에 대한 지지를 철회하고 야당에 대한 지지로 돌아서게 했을까?

세대별 이념성향의 격차

세대균열에 대한 선행 연구들(이내영 2002; 강원택 2003)은 2002년 이후 한국 선거 정치에서 세대균열의 등장 원인을 세대별 이념성향의 차이 때문으로 설명하고 있다. 즉 20-30대가 이념적으로 진보성향을 보이는 반면, 나이가 들수록 보수 성향을 가지고 있기 때문에, 이러한 이념성향의 차이가 세대별 투표행태의 뚜렷한 차이를 초래했다고 보는 것이다. 2010년 지방선거에서 약화되었던 세대 균열의 부활 원인이 세대별 이념성향의 격차가 다시 커졌기 때문인가? 이를 검증하기 위해 2007년 대선과 2010년 지방선거에서의 연령대별 주관적 이념성향(ideological self-identification)의 분포와 평균값을 비교하였다.[2] [표 3]과 [표 4]가 보여주는 것처럼 주관적 이념성향의 평균값은 2007년 대선의 5.5에서 이번 지방선거에서는 5.1로 나타나서 전반적으로 진보적인 방향으로 변화한 것으로 나타났다. 모든 연령대의 이념 평균값이 진보성향으로 바뀌었지만, 특히 19-29세의 평균값이 5.0에서 4.4로 가장 큰 폭으로 변했고 40대의 평균값도 5.5에서 5.0으로 변화하였다.

유권자의 이념성향의 변화를 살펴보면 전 연령대에서 보수의 비중은 줄고 진보와 중도의 비중이 커진 것을 확인할 수 있다. 2007년 대선에 비해 2010년 지방선거 조사에서 진보의 비중이 25.4퍼센트에서 30.0퍼센트로 증가한 반면 보수의 비율은 42.4퍼센트에서 33.6퍼센트로 크게 감소하였고 중도가 32.3퍼센트에서 34.6퍼센트로 약간 증가하였다. 연령대별 이념성향 분포를 비교해 보면 연령대가 낮을수록 진보의 비중이 크고 연령대가 높을수록 보수의 비중이 높은 것을 알 수 있다.

모든 연령대에서 주관적 이념성향의 평균값이 진보적 방향으로 변했고 진보의 비중이 커졌다는 점은 6·2 지방선거에서 보수적인 한나라당보다 상대적으로 진보적인 민주당에 대한 지지가 늘어나는 영향을 미친 것으로 볼 수 있다. 또한 젊은 세대가 진보성향인 반면, 나이든 세대는 보수성향을 가지는 이념성향의 격차는 6·2 지방선거뿐만 아니라 2007년 대선에서도 공통적으로 나타난 현상이었다. 다만 연령대 사이의 격차가 조금 커졌다고 볼 수는 있다. 따라서 6·2 지방선거에서 세대별 이념성향의 격차가 2007년에 비해 2010년에 커진 것이 세대균열이 부활한 이유의 하나로 볼 수 있다. 이론적으로 보면 유권자의 이념성향은 유권자가 가진 장기적으로 형성된 가치정향이다. 합리적 유권자모델에 따르면 유권자의 이념성향은 후보선택에 영향을 미친다. 유권자는 자신의 이념성향과 가장 가깝거나, 혹은 방향성이 일치하는 후보를 선택하는 경향

---

2) 유권자의 주관적 이념성향이란 여론조사를 통해 응답자들에게 자신의 이념성향을 물어보는 방법으로 측정한 결과이다. 이 방법은 측정이 용이하고 따라서 가장 흔히 사용되지만, 그 타당성에서는 많은 비판이 제기되어왔다. 주관적 이념성향이 타당성을 갖기 위해서는 유권자들이 진보 혹은 보수의 의미를 공통되게 이해하고 이를 바탕으로 자신의 이념적 위치를 평가할 수 있는 상당한 수준의 정치지식을 가지고 있어야 한다.

이 있다. 그러나 한국선거정치의 현실에서 유권자의 주관적 이념성향은 고정된 가치정향이라기보다는 주요정당에 대한 평가와 선호가 반영되어 단기적으로 변화를 보이는 특징을 가진다. 즉 유권자의 후보선택이 자기 이념평가에 영향을 미치는 인과관계의 전도가 일어날 수 있다(이내영 2010). 따라서 세대별 이념성향의 격차가 이전 선거보다 커졌다는 사실만으로는 2010년 지방선거에서 세대균열이 부활한 이유를 충분히 설명하지 못한다. 따라서 2010년 지방선거 시점에서 세대별 이념격차가 이전에 비해 증가한 구체적인 이유를 추적할 필요가 있을 것이다.

[표 3] 2010 지방선거 연령대별 유권자의 이념성향 분포와 평균 (단위 : %)

	진보	중도	보수	모름/무응답	평균
전체	30.0	34.6	33.6	1.7	5.1
19-29세	42.5	39.4	17.2	0.8	4.4
30-39세	34.6	33.8	30.8	0.7	5.0
40-49세	32.2	35.5	31.6	0.6	5.0
50-59세	29.4	30.5	38.6	1.5	5.3
60세 이상	10.1	33.2	51.4	5.3	6.1

* 주 : 진보 0, 중도 5, 보수 10으로 측정.
* 자료 : EAI · 중앙일보 · SBS, "6·2 지방선거 패널조사 전국 2차조사."

[표 4] 2007 대선 연령대별 유권자의 이념성향 분포와 평균 (단위 : %)

	진보	중도	보수	모름/무응답	평균
전체	25.4	32.3	42.4	0.0	5.5
19-29세	36.0	29.2	34.9	0.1	5.0
30-39세	32.5	30.1	37.3	0.1	5.1
40-49세	22.2	32.8	45.0	0.0	5.5
50-59세	13.5	40.0	46.7	0.0	5.8
60세 이상	17.2	31.7	51.0	0.1	6.1

* 주 : 진보 0, 중도 5, 보수 10으로 측정.
* 자료 : EAI · 중앙일보 · SBS, "2007 대선 패널조사 5차조사."

젊은 세대의 MB 정부 국정운영에 대한 높은 불만

세대별로 이념성향의 격차가 커지고 또한 투표행태의 차이가 나타난 보다 구체적인 이유는 젊은 세대일수록 현정부의 국정운영에 대한 불만이 크기 때문으로 보인다. 아래의 [표 5]가 보여주듯이 이명박 정부의 국정운영에 대해 20대와 30대는 "잘하고 있다"는 평가 비율보다 "잘못하고 있다"는 평가하는 비율이 높은 반면, 50대 이상에서는 "잘하고 있다"고 평가하는 응답자의 비율이 높았다. 또한 "이번 선거에서 이명박 정부의 실정을 심판해야 한다는 주장에 대해 어떻게 생각하셨습니까?"라는 설문에 대해 19-29세의 경우 80.4퍼센트가 공감한다고 응답한 반면, 연령대가 많아질수록 공감한다는 비율이 낮아져서 60대 이상 연령층은 42.4퍼센트만 공감한다고 응답하였다.

젊은 세대가 이명박 정부의 국정운영을 매우 부정적으로 평가하고 있다는 앞의 조사결과는 지난 대선에서 이명박 후보에게 지지를 보냈던 젊은 세대의 상당수가 이명박 정부의 국정운영에 대해 실망하였고, 그 결과로 이번 지방선거에서 한나라당에 대한 지지를 철회하였다고 추측할 수 있다. 이를 확인하기 위해 아래의 [표 6]이 보여주는 것처럼 2007년 대선에서 이명박 후보에게 투표한 유권자들이 이번 지방선거에서 어느 당 후보에게 투표했는가를 연령대별

[표 5] 이명박 정부의 국정운영에 대한 세대별 평가 (단위 : %)

	매우 잘하고 있다.	대체로 잘하고 있다.	대체로 잘못하고 있다.	매우 잘못하고 있다.	잘 모르겠다.
전체	6.6	34.1	32.2	26.0	1.1
20대	0.6	13.5	42.3	43.6	0.0
30대	3.5	27.6	35.7	31.7	1.5
40대	2.7	35.2	33.8	26.5	1.8
50대	10.5	41.2	25.5	22.2	0.7
60대 이상	17.6	53.5	22.4	5.3	1.2

* 자료 : 6·2 지방선거 전국패널 2차 조사(2010.6.3).

로 분석하였다. 우선 응답자 전체를 살펴보면 이명박 후보 투표자 가운데 65.3퍼센트가 6·2 지방선거에서 한나라당 후보에게 다시 투표했지만 12.3퍼센트는 민주당 후보에게 투표했고 12.3퍼센트는 기타 정당후보에게, 나머지 10.1퍼센트는 투표하지 않은 것으로 조사되었다. 연령대별로 살펴보면 젊은 세대일수록 2007년 대선에서 MB를 지지했더라도 2010년 지방선거에서 한나라당 후보에 대한 지지를 철회하고 민주당 등 야당 후보에게 투표한 비율이 높다는 점을 확인할 수 있다. 특히 20대의 경우 대선에서 이명박 후보를 지지했던 응답자의 34.6퍼센트만이 이번 지방선거에서 한나라당 후보에게 투표한 것으로 나타나서 이명박 후보에게 기대를 걸었던 젊은 지지층의 이탈이 나타났음을 분명하게 보여준다.[3]

[표 6] 2007년 대선 시 이명박 후보 투표자의 연령대별 지방선거 투표성향 (단위 : %)

지선투표 MB투표	한나라당 후보	민주당 후보	국민참여당 후보	기타정당 무소속 후보	비투표자
전체	65.3	12.3	5.7	6.6	10.1
20대	34.6	15.4	11.5	0.0	38.5
30대	50.0	14.7	4.4	7.4	23.5
40대	59.6	14.9	10.6	5.3	9.6
50대	66.3	9.3	7.0	11.6	5.8
60대 이상	82.6	10.6	0.8	5.2	0.8

* 자료 : 2010 지방선거 전국패널 1차 조사(2010.5.4-6), 2차 조사(2010.6.3-5).

---

3) 민주화 이후 한국 선거정치의 특징의 하나는 주요 정당의 지지층이 급격히 바뀌는 현상이다. 주요 선거마다 정당의 지지기반이 급격히 재편(realignment)되면서 선거의 변동성이 커져왔다.

국정운영 불만의 이유

젊은 세대가 이명박 정부의 국정운영에 대해 나이 든 세대에 비해 더 부정적인 평가를 하는 이유가 무엇일까? 젊은 세대가 이명박 정부의 국정운영을 비판적으로 평가한 이유는 우선 탈권위주의적 문화에 익숙한 젊은 세대가 정부 여당의 독선과 소통부재의 정치에 대해 반감을 가지고 있기 때문이라고 보인다. 특히 민주적 가치를 내면화한 세대인 20-30대들이 미네르바 사건, 연예인 김제동의 방송 하차 논란 등을 통해 현정부의 권위주의적 통치방식과 표현의 자유를 제약하는 행태에 대해 강한 반감을 가졌을 것으로 추측할 수 있다. 이러한 추측이 상당한 설득력을 가진다는 점은 [그림 1]이 보여주는 것처럼 정치적 질서와 자유에 대한 태도가 세대별로 뚜렷한 차이가 있고, 젊은 세대일수록 질서보다는 자유를 중요시하는 태도를 가지고 있다는 조사결과를 통해 확인 할 수 있다. 20대와 30대는 "정부는 정치적 질서보다는 국민의 자유를 위해 힘써야 한

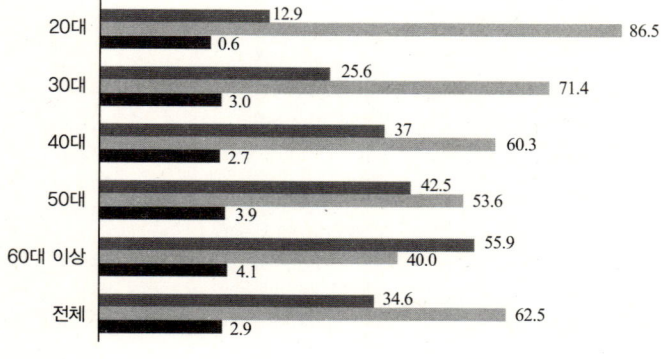

[그림 1] 정치적 질서와 자유에 대한 세대별 태도 (단위 : %)

* 자료 : 6·2 지방선거 전국패널 2차 조사.

다."는 의견이 각각 86.5퍼센트, 71.4퍼센트로 "정부는 정치적 자유보다는 질서유지에 힘써야한다."는 의견을 압도한 반면, 50대와 60대에는 질서유지를 강조하는 비율이 상대적으로 높았다.

또한 이명박 정부의 주요 정책들인 세종시수정안과 4대강사업 등에 대해 젊은 세대일수록 비판적으로 평가하는 조사 결과도 이명박 정부의 국정운영에 대한 젊은 세대의 불만의 이유로 작용하였다고 볼 수 있다. 특히 아래 [그림 2]가 보여주는 것처럼 젊은 세대일수록 4대강사업을 "추진하지 말아야 한다."는 의견의 비율이 "계획대로 추진해야 한다."는 의견의 비율보다 매우 높아서 4대강사업에 대해 강한 반대의견을 가지고 있는 것으로 나타났다. 이러한 결과가 나타난 이유는 젊은 세대일수록 환경문제에 민감한 경향이 있고 따라서 4대강사업이 환경파괴를 초래한다는 반대세력의 주장에 젊은 세대가 공감하게 되었다고 추론할 수 있다.

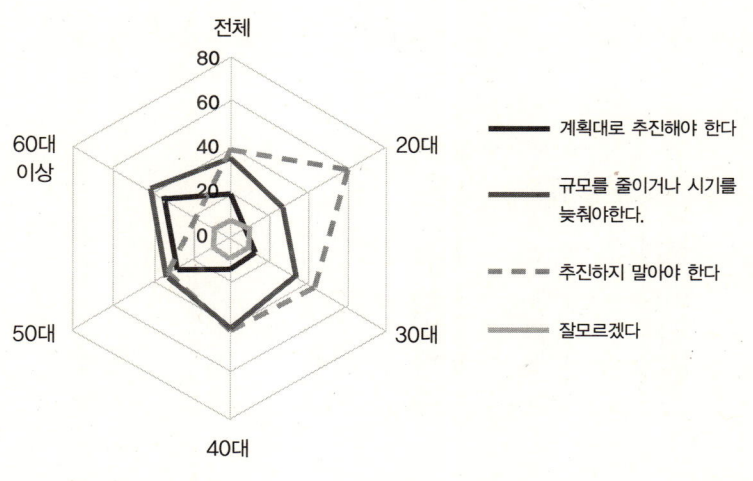

[그림 2] 4대강사업에 대한 세대별 태도 (단위 : %)

* 자료 : 6·2 지방선거 전국패널 2차 조사.

천안함사건과 역풍

천안함사건으로 촉발된 안보불안과 대북 강경정책 기조에 대해 젊은층이 상당한 거부감을 가지게 된 것도 젊은 세대의 투표성향에 적지 않은 영향을 미친 것으로 확인되었다. 우선 아래의 [그림 3]은 천안함사건과 관련하여 북한에 대한 이명박 대통령과 정부의 대응에 대해 세대별로 뚜렷하게 상이한 평가를 하고 있다는 점을 나타낸다. 20대의 경우 정부의 대북 강경정책에 대해 "잘못하고 있다."는 의견이 67.7퍼센트에 달하는 것으로 나타났고, 30대와 40대의 경우에도 각각 59.9퍼센트, 53.7퍼센트로 "잘못하고 있다."는 응답이 "잘하고 있다."는 응답보다 높았다.

또한 젊은 세대는 천안함사건에 관한 민군합동조사단의 조사결과에 대해서도 믿지 못하는 경향을 보여주었다. 아래 [표 7]이 보여주는 것처럼 민군합동조사단의 천안함사건 조사결과를 얼마나 신뢰하는가하는 질문에 대해 세대별로 신뢰의 정도가 극명하게 갈리는 현상이 나타났다. 민군합동조사단의 발표를 신뢰하는 비율이 50대에서 91.3퍼센트, 60대 이상에서 88.5퍼센트에 달했지

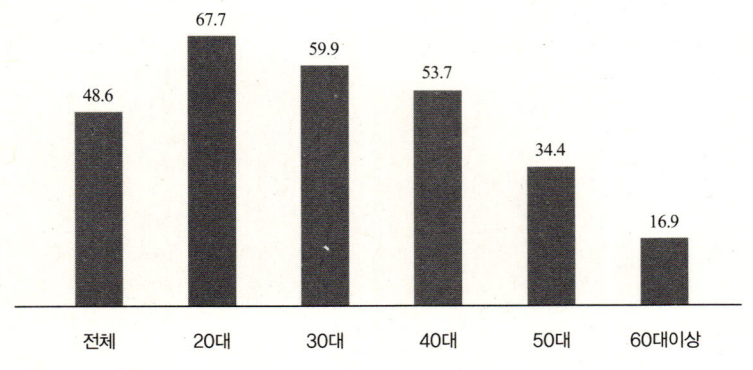

[그림 3] 천안함사건 관련 북한에 대한 이명박 대통령과 정부의 대응에 대한 세대별 평가 (단위 : %)

* 자료 : 6·2 지방선거 전국패널 2차 조사("매우 잘못하고 있다", "대체로 잘못하고 있다"는 응답비율의 합).

만, 40대에서 62.4퍼센트, 30대에서 41.8퍼센트, 20대에서 45.8퍼센트에 불과했다. 더불어 젊은 세대는 천안함사건 처리를 정부 여당이 정치적 의도를 가지고 해왔다고 의심하고 있는 것으로 나타났다. 천안함사건 발표에 지방선거에 영향을 미치고자 하는 한나라당과 이명박 정부의 정치적 의도가 있다고 보는가라는 질문에 대해 20대의 87.1퍼센트, 30대의 77.9퍼센트가 정치적 의도가 있다고 대답한데 비해, 50대는 59.5퍼센트, 60대 이상은 48.2퍼센트만이 정치적 의도가 있다고 대답하였다. 앞에서 본 것처럼 젊은 세대일수록 천안함사건의 조사결과를 믿지 못하기 때문에, 정부 여당이 천안함사건을 정치적으로 이용하려했다고 판단하고 있는 것으로 보인다.

요약하면 이번 지방선거에서 천안함사건은 한편으로는 보수층의 안보불안을 야기하여 한나라당 지지를 결집하는 효과가 있었지만, 다른 한편에서는 진보층과 젊은 세대에서는 정부 여당이 천안함사건을 정치적으로 이용한다는 의심을 가지게 되고, 정부의 대북 강경정책에 대해서도 비판적인 분위기를 일으키는 등 역풍을 가져왔다고 평가할 수 있다. 2002년 대선국면에서 여중생사망사건으로 인한 촛불시위 등 반미정서가 젊은 세대가 노무현 후보를 압도적으로 지지한 원인의 하나로 작용한 것과 매우 유사한 상황이다.

[표 7] 천안함사건 민군합동조사단 발표에 대한 신뢰도 (단위 : %)

	매우 신뢰한다	대체로 신뢰한다	별로 신뢰하지 않는다	전혀 신뢰하지 않는다
전체	26.6	36.9	25.9	10.8
19-29대	1.1	44.6	35.8	18.5
30-39대	8.8	33.0	43.9	14.4
40-49대	15.2	47.1	21.9	15.7
50-59대	50.2	41.1	8.7	0.0
60대 이상	72.8	15.7	11.5	0.0

* 자료 : 6·2 지방선거 전국패널 2차 조사 (서울), N=400명.

세대별 다른 정보취득 채널

6·2 지방선거에서 세대균열이 부활하는 보다 구조적인 이유로 주목해야 할 점은 세대별로 정보취득채널이 과거와는 크게 다르게 다양해졌다는 사실이다. 지방선거 관련 정보를 어디서 가장 많이 얻는가에 관한 질문에 대해 전체국민을 보면 인터넷이 29.6퍼센트로 TV 27.1퍼센트보다 높았고, 선거홍보물 19.3퍼센트, 신문 14.1퍼센트가 뒤를 이었다([표 8] 참조). 2006년 지방선거 패널조사의 같은 질문에서 TV가 42.1퍼센트, 선거 홍보물 21.0퍼센트, 인터넷 12.8퍼센트, 신문 12.7퍼센트로 나타났던 것과 비교하면 인터넷의 영향력이 가장 현저하게 증가하였고 TV의 영향력이 크게 감소하였다는 점을 알 수 있다([표 9] 참조). 또한 연령대별로 주요 정보취득 채널이 뚜렷하게 차이가 나타났다. 20대는 56.4퍼센트, 30대 39.2퍼센트, 40대 29.2퍼센트로 인터넷이 가장 중요한 정보 취득 경로라고 대답하였다. 50대와 60대 이상은 TV가 각각 40.5퍼센트, 38.8퍼센트, 신문 17.0퍼센트, 31.8퍼센트 순으로 중요한 정보 취득 경로라고 대답한 반면, 인터넷은 50대에서 19.6퍼센트, 60대 이상에서 8.2퍼센트에 불과했다.

세대별로 정보취득 채널이 다르다는 사실이 중요한 이유는 구세대의 주요 정보채널인 신문과 젊은 세대가 주로 의존하는 인터넷이 뚜렷하게 다른 이념

[표 8] 6·2 지방선거 관련 정보를 주로 얻는 경로 (2010년, 단위 : %)

	TV	신문	라디오	인터넷	주위사람	선거홍보물	트위터	기타
전체	27.1	14.1	1.8	29.8	5.5	19.3	0.5	2.1
19-29세	20.7	5.4	0.5	52.9	4.5	12.1	1.9	1.9
30-39세	20.3	4.7	1.3	37.0	8.7	27.6	0.0	0.5
40-49세	13.7	19.8	2.1	27.8	4.6	27.1	0.7	401
50-59세	43.7	15.6	1.1	19.1	5.0	14.4	0.0	1.1
60세 이상	42.8	25.6	3.9	8.5	4.1	12.4	0.0	2.5

* 자료 : 6·2 지방선거 전국패널 2차 조사.

[표 9] 2006년 지방선거 관련 정보를 주로 얻는 경로 (단위 : %)

	TV	신문	라디오	인터넷	주위사람	선거홍보물	기타
전체	42.1	12.7	2.0	12.8	7.4	21.0	2.0
19-29세	31.9	6.0	3.1	26.9	8.1	22.3	1.8
30-39세	32.9	12.2	1.6	18.3	5.0	27.9	2.0
40-49세	42.0	15.0	1.5	7.9	4.9	27.0	1.7
50-59세	56.4	16.2	2.0	2.2	10.4	10.5	2.4

* 자료 : 2006 지방선거 전국패널 2차 조사.

적 성향과 정치적 편향성을 보이기 때문이다. 신문의 경우에는 보수와 진보성향으로 나누어지지만 구독률과 영향력에서 보수신문이 우위를 차지하고 있다. 반면 인터넷의 정치담론을 주도하는 커뮤니티는 대개 진보적 성향을 띠고 현정부에 대해 비판적인 담론이 지배하고 있다. 따라서 인터넷을 통해 지방선거에 관한 정보를 취득하는 비율이 높은 젊은 세대는 현정부의 주요 정책들에 대해 비판적인 정보에 노출될 가능성이 높다. 예를 들면 이번 6·2 지방선거의 핵심 쟁점이었던 천안함사건에 관한 인터넷의 정보와 담론들을 살펴보면 천안함사건 초기부터 근거 없는 음모론이 제기되었고 민군합동조사단의 조사발표 이후에도 조사결과에 대한 각종 의혹을 제기하는 담론들이 압도하는 형국이었다.

요약하면 50대 이상의 연령층이 주로 신문, 방송 등 올드미디어를 통해 정보를 습득하는 반면 젊은 세대는 주류 신문과 방송에 대한 정보 의존율이 매우 낮고, 인터넷 매체와 커뮤니티 등 뉴미디어를 통해 정보를 습득하는 경향을 가진다. 따라서 상대적으로 보수적인 정치적 성향을 가지는 올드미디어가 구세대의 정치적 태도에 큰 영향을 미치는 반면, 진보적 성향이 강한 인터넷미디어와 토론방이 젊은 세대가 현정부의 국정운영에 대한 비판적 태도를 갖도록 큰 영향을 미친 것으로 보인다.

또한 이번 선거에서 사회 네트워크인 트위터나 인터넷 문자메시지를 통한 젊은층 투표독려 현상이 나타났고 이것이 젊은 세대의 투표율 증가에 적지 않은 영향을 미친 것으로 알려졌다. 아래 〔표 10〕은 최근 선거의 투표율과 이번 지방선거의 투표율을 비교한 자료이다. 2010년 6·2 지방선거의 전국 투표율은 54.5퍼센트로, 2002년 제3회 48.9퍼센트, 2006년 제4회 51.6퍼센트, 18대 총선의 46.1퍼센트에 비해 상당 폭 증가하였다. 2006년 지방선거와 비교하면 대부분의 연령대에서 투표율이 증가하였으며, 특히 19세(37.9퍼센트→47.4퍼센트), 20대 전반(38.3퍼센트→45.8퍼센트), 20대 후반(29.6퍼센트→37.1퍼센트) 등 젊은층의 투표율이 대폭 상승하였다. 젊은층의 야당지지 성향이 뚜렷하기 때문에 젊은 층의 투표율 상승이 6·2 지방선거에서 한나라당의 고전, 민주당의 약진에 기여한 이유의 하나로 볼 수 있다. 연령대별 투표율은 60세 이상이 69.3퍼센트로 가장 높고, 20대 후반이 37.1퍼센트로 가장 낮았다. 20대 후반이후 연령대가 높을수록 투표율이 높아지는 특징을 보인다. 20대의 경우, 20대 전반이 20대 후반보다 높은 투표율을 보이는데, 이는 20대 전반 군복무자의 부재자 투표가 영향을 미친 것으로 보인다.

[표 10] 최근 선거의 연령대별 투표율 추이 (단위 : %)

	19세	20대전반	20대 후반	30대 전반	30대후반	40대	50대	60세이상
2010 지방선거	47.4	45.8	37.9	41.9	50.0	55.0	64.1	69.3
2008 총선	33.2	32.9	24.2	31.0	39.4	47.9	60.3	65.5
2007 대선	54.2	51.1	42.9	51.3	58.5	66.3	76.6	76.3
2006 지방선거	37.9	38.3	29.6	37.0	45.6	55.4	68.2	70.9
2004 총선	-	46.0	43.3	53.2	59.8	66.0	74.8	71.5
2002 대선	-	57.9	55.2	64.3	70.8	76.3	83.7	78.7

* 자료 : 중앙선거관리위원회(2010).

세대균열과 한국정치의 미래

이번 지방선거에서 나타난 세대균열이 향후에도 지속될 것인가? 세대균열이 한국정치에 미치는 영향은 무엇일까? 세대 사이의 태도와 인식의 격차는 한국만의 문제는 아니고 다른 나라들에서도 자주 발견되는 일반적인 현상이다. 그러나 한국의 경우 세대격차가 주요한 정치균열로 등장하고 선거정치에 큰 영향을 미치고 있다는 점에서 향후 세대균열의 효과와 지속 여부에 관심을 가지지 않을 수 없다.

이번 지방선거에서 예상외의 참패로 인해 정부 여당은 향후 국정운영에서 상당한 부담을 가지게 되었다. 이번 선거로 자신감을 회복한 야당이 공세적으로 정부 여당을 견제할 경우, 향후 국정운영의 주도권을 유지하는 데 난항을 겪을 것이다. 특히 이번 지방선거에서 나타난 세대균열이 유지된다면 정부 여당으로서는 다음 총선과 대선에서 어려움을 겪게 될 것이다. 또한 젊은 세대의 상당수가 정부의 국정운영에 대해 불만을 가지고 있다는 점도 큰 부담이다. 특히 젊은 세대의 70퍼센트 이상이 천안함사건에 대한 민군합동조사단의 조사결과를 신뢰하지 않는다는 결과는 심각하게 받아들여야 할 것이다. 천안함사건에 관해 인터넷에서 떠도는 각종 의혹을 해소하기 위해서도 천안함사건에 관한 정보와 조사결과를 과감하게 공개할 필요가 있다고 생각한다.

또한 젊은 세대가 현정부의 국정운영을 부정적으로 평가하는 이유가 주요 정책의 내용을 반대하기 때문이기도 하지만, 정부의 권위주의적 행태와 독선적 추진 방식에 대한 반감이 크게 작용하고 있다는 점에 주목할 필요가 있다. 따라서 정부 여당으로서는 향후 국정운영에서 민주적인 절차를 존중하고 반대세력을 설득하는 적극적인 노력을 기울여야 할 필요성이 커졌다. 또한 인터넷 커뮤니티와 트위터 등의 사회 네트워크 서비스(Social Network Service: SNS) 등을 활용하여 젊은 세대와의 소통을 확대하는 방안을 적극적으로 모색해야 할 것이다.

  2006년 지방선거, 2007년 대선, 2008년 총선 등 주요 선거에서 한나라당에게 참패를 당했던 민주당으로서는 이번 지방선거를 통해 추세가 반전되었기 때문에 차기 총선과 대선에도 희망을 가지게 되었다. 무엇보다도 민주당으로서는 지난 대선과 총선에서 잃었던 젊은 세대의 지지기반을 이번 선거를 통해 회복할 수 있었다는 점이 고무적이다. 그러나 한국정치의 높은 변동성을 고려하면 세대균열이 다음 총선과 대선에서 반복될지는 불확실하다. 또한 이번 지방선거에서 젊은 세대의 민주당에 대한 압도적 지지가 민주당에 대한 긍정적 평가 때문이 아니라, 한나라당에 대한 실망과 견제심리로 인한 반사이익이었다는 점은 분명하다. 따라서 민주당으로서는 지금이 모호한 당의 정체성을 확립하고 취약한 리더십을 정비하는데 힘을 기울여야 할 시점이다. 민주당이 정부 여당을 견제하는 세력에 머물지 않고 현실적인 정책대안을 제시하는 책임있는 제1야당의 태도를 보이라는 것이 이번 선거에서 표출된 또 다른 민심이고, 이러한 민심에 어떻게 응답하는가에 따라 민주당의 미래가 달라질 것이다.

  마지막으로 이번 지방선거 정국에서 중요한 쟁점으로 등장한 천안함사건에 대해 세대별로 뚜렷한 인식의 차이가 나타난 점은 매우 우려스럽다. 지난 몇년간 한국사회에서 북한문제 등 외교안보 문제를 둘러싸고 나이 든 세대와 젊은 세대 사이에 안보의식의 양극화가 나타났는데 이는 매우 불행한 상황이다. 선진 민주주의 국가에서도 국가안보 문제에 관해서는 정치권이 여야를 넘어 초당적 협력을 하면서 국론을 통일시키는 노력을 하는 반면 한국의 경우에는 천안함사건 조사와 대응정책을 둘러싸고 여당과 야당 사이에 상이한 시각을 가지고 갈등과 대립이 나타나고 있다. 그 결과 일반국민 사이에서도 세대별, 지지정당별로 현격한 태도의 차이가 나타나고 있는 점은 안보위협이 상존하고 있는 한국의 현실을 생각하면 매우 걱정스런 상황이다.

■ 참고문헌

강경태. 2004. "17대 총선과 지역주의 : 영남권을 중심으로." 〈대한정치학회보〉 12, 1.
강원택. 2003. 《한국의 선거정치 : 이념, 지역, 세대와 미디어》. 서울 : 집문당.
_____. 2010. 《한국 선거정치의 변화와 지속》. 서울 : 나남.
김민전, 이내영 공저. 2009. 《변화하는 한국 유권자 3》. 서울 : 동아시아연구원.
김형준. 2004. "17대 총선과 세대 : 정당 지지 분석을 중심으로." 〈사회연구〉 2: 47-77.
박재홍. 2003. "세대 개념에 관한 연구: 코호트적 시각에서." 〈한국사회학〉 37, 3: 1-23.
윤상철. 2009. "세대정치와 정치균열 : 1997년 이후 출현과 소멸의 동학." 〈경제와 사회〉 81: 61-88.
온만금. 2004. "2002년 대통령 선거에서 지역과 세대." 〈사회연구〉 2: 79-96.
이갑윤. 2002. "지역주의의 정치적 정향과 태도." 〈한국과 국제정치〉 18, 2.
이남영. 2008. "지역주의와 세대갈등 : 제17대 대통령선거를 중심으로." 〈평화학연구〉 9, 3: 287-309.
이내영. 2002. "세대정치와 이념." 〈계간사상〉, 가을호.
이내영. 신재혁. 2003. "세대정치의 등장과 지역주의." 〈아세아연구〉 46, 4: 283-309.
이내영. 2009. "한국 유권자의 이념성향의 변화와 이념투표." 〈평화연구〉 17, 2: 42-72.
_____. 2010. "합리적 유권자인가, 합리화하는 유권자인가? : 17대 대선에 나타난 유권자의 이념과 후보선택." 〈한국정치학보〉 44, 2: 45-68.
이정진. 2007. "한국의 선거와 세대갈등 : 제 16대 대통령 선거과정 분석." 〈비교민주주의연구〉 3, 1.
이준한·임경훈. 2004. "과연 '중대선거'인가? : 제17대 국회의원 선거에서의 유권자 투표결정요인 분석." 〈한국정치연구〉 13, 2.
이현우·권혁용 공편. 2008. 〈변화하는 한국 유권자 2 : 패널조사를 통해 본 2007 대선〉. 서울 : 동아시아연구원.
정진민. 1992. "한국선거에서의 세대요인." 〈한국정치학회보〉, 26, 1: 145-167.
중앙선거관리위원회 편. 2010. 《제5회 전국동시지방선거 투표율 분석》. 서울 : 중앙선거관리위원회.
최준영·조진만 공저. 2005. "지역균열의 변화 가능성에 대한 경험적 고찰 : 제17대 국회의원선거에서 나타난 이념과 세대 균열의 효과를 중심으로." 〈한국정치학회보〉 39, 3: 375-394.
황아란. 2009. "정치세대와 이념성향 : 민주화 성취세대를 중심으로." 〈국가전략〉 15, 2:

123-151.

Park, Chan Wook. 2009. "Effects of Social and Ideological Cleavages on Vote Choice in the Korean Presidential Election of December 19, 2007." 〈현대정치연구〉 2, 1: 85-121.

Inglehart, Ronald. 1990. *Culture Shift in Advanced Industrial Countries*. Princeton: Princeton University Press.

Manheim, Karl. 1952. "The Sociological Probelm of Generations." *Essays on the Sociology of Knowledge*. New York: Oxford University Press.

8. 지역주의 분열의 완화 가능성은?

임성학

서론

지역주의가 한국정치의 문제점 중 가장 심각한 문제라는 데에는 이견이 없을 것이다. 지역주의는 국민적 통합을 막고 갈등을 증폭시키고 있으며, 지역중심 정당이나 정치지도자는 정략적 이익을 위해 이런 현상을 조장하고 있다. 기존의 지역정당할거체제는 정당의 합리적 정책경쟁을 막고 지역 이기주의에 호소하게 되어 한국정치 선진화에 가장 큰 걸림돌이었다. 지금까지 지역주의 해결 혹은 완화를 위해 정치제도적 사회문화적 대안들이 제시되고 실행되기도 하였으나 눈에 띄게 개선되었다고 할 수 없다. 그러나 최근 선거나 정치문화적 측면에서 지역주의는 변화되고 점차 완화되고 있는 조짐을 보이고 있어 관심이 모아지고 있다.

지역주의의 구조적 측면의 변화도 확인되고 있다. "한국의 지역주의가 사회를 양분하는 이분법적 구조가 아니라 셋 이상(영남, 호남, 충청)으로 가르는 어느 정도 분절화된 구조를 유지"하고 있다(장훈 2010, 84). 또한 지역주민들이 자신들의 지역정당에 대해 실망하면서 과거와 같이 몰표를 주는 현상은 점차 줄어들고 있다. 지역에 적절한 대안이 제시된다면, 즉 타 정당의 후보 혹은 무소속후보를 선택하여 기존의 지역정당을 심판하는 사례가 늘어나고 있다. 지역정당을 지지하는 이유가 연고주의에 기초하기보다는 이념이나 이익에 기초하는 경향을 보이기도 한다. 따라서 지역주의의 구조, 투표행태뿐만 아니라 정치의식적 측면과 세대별 측면에서 살펴보면 실질적인 지역주의는 점차 완화되고 변화하고 있다는 사실을 알 수 있다. 이런 지역주의의 변화를 6·2 지방선거의 결과와 패널자료를 통해 살펴보려는 것이 이 논문의 목적이다.

이번 6·2 지방선거에서 지역주의와 관련해 관심을 가져야 하는 것은 먼저 지역주의가 강했던 지역에서 다른 정당 혹은 무소속후보가 선출된 것이다. 광역단체장만을 살펴보면 한나라당의 텃밭인 경남은 무소속후보, 전통적으로 여당 혹은 한나라당 지지지역이었던 강원에서 민주당 후보, 자유선진당의 지역인 충남에서 민주당 후보의 당선은 지역주의 투표행태의 변화를 잘 보여주고 있다. 호남 지역에서 민주당 이외의 정당의 후보가 선출되지는 않았지만 출마한 한나라당 후보들이 10퍼센트대 득표를 하여 이 지역의 지역감정의 변화도 조심스럽게 예측해볼 수 있다.

둘째, 투표율과 연령대별 투표율의 변화이다. 95년 지방선거의 투표율 68.4퍼센트 이후 계속 하락하는 추세였지만 2006년 4회 지방선거 51.6퍼센트에서 이번 지방선거는 54.5퍼센트로 상승하고 있다. 또 다른 특징은 일반적으로 30대 후반의 투표율이 30대 전반의 투표율보다 높지만 젊은 세대의 투표율이 가파르게 상승하고 있다. "2006년 제4회 지방선거에서 처음 선거권이 부여된 19세의 투표율은 당시의 37.9퍼센트보다 9.5퍼센트나 올라 가장 큰 폭으로 상승하였고, 30대 이하의 투표율이 전반적으로 상승한 반면, 40대 이상 투표율은 하락하였으며, 특히 50대의 투표율은 4.1퍼센트 하락한 것으로 나타났다."[1] 젊은 세대의 선거참여가 확대된다면 지역균열이 점차 세대균열로 대체되면서 지역주의가 완화될 수도 있다는 점에서 이번 지방선거는 의미가 있다.

이 논문은 이런 변화를 지역주의의 공급적 측면과 수요적 측면에서 살펴보

---

[1] 중앙선거관리위원회 보도자료(2010). "제5회 전국동시지방선거 투표율 분석 결과" http://www.nec.go.kr/nec_new2009/nec_html/notice/notice03.jsp(검색일 : 2010. 9. 10).

고자 한다. 활용자료는 2010년 6·2 지방선거 패널조사를 토대로 하며 지역주의의 변화가 분석의 대상이다.

이론적 틀

6·2 지방선거의 선거결과와 지역주의의 변화를 살펴보기 위해 두 가지 측면에서 접근하려고 하는데 그 이유는 지역주의적 투표행태의 발생원인이 공급적인 측면과 수요적인 측면이 있기 때문이다. 공급적 측면에서 지역주의는 특정 정당이 특정지역을 독점적으로 대표하기 때문에 유권자는 다른 대안이 없어 지속적으로 지역정당에 투표할 수 밖에 없는 현상이라고 볼 수 있다. 반면에 수요적 측면의 지역주의는 유권자의 이해, 문화, 인식 등으로 인해 자신의 지역정당을 선호하고 따라서 지역정당에 투표하는 것을 뜻한다. 따라서 공급적 측면에서 지역주의를 살펴보기 위해서는 정치체제적 접근으로 선거경쟁 구도와 선거결과를 살펴보아야 한다. 두 번째 수요 측면의 지역주의를 살펴보기 위해서는 지역의 이해, 정치의식, 감정, 이념 등의 유권자의 변화를 살펴보는 것이다. 한국 지역주의는 이런 수요, 공급의 두 가지 차원에서 서로 영향을 주고 이를 강화하면서 생긴 현상이라고 볼 수 있다. 한국의 지역주의를 보다 정확하게 살펴보기 위해서는 두 측면을 종합적으로 분석해야 한다.

지역주의의 공급적 접근

지역주의의 공급적 접근은 정치세력 혹은 정당에 의해 지역주의가 고착화되고 있기 때문에 유권자에게 다양한 대안을 제공한다면 지역주의는 완화될 수 있다는 것을 의미한다. 최장집은 "한국사회에서 민주주의가 사회의 다양한 갈등과 이익을 정치적으로 표출하고 대표하여 대안을 조직함으로써, 한편으로 대중참여의 기반을 넓히고 다른 한편으로 정치체제의 안정에 기여하는 본래의 기능을 하지 못"하고 있다고 주장하면서 보수정당은 지역당체제가 분할해 놓은 지역의 독점시장의 유지에만 관심을 가지고 있다고 주장한다. 보수 지역정당을 해결하기 위해 선거제도가 유권자의 선호를 대표해야 해야 하고 대표의 범위가 충분히 넓어져야 한다(최장집 2005). 지역주의 투표의 일차적 책임은 지역적 계산과 선택 이외에 아무런 대안도 제공해 주지 않는 정치세력에 있다고 할 수 있다(조기숙 2000). 임혁백은 한국의 지역주의는 박정희 정권의 "한 국가 두 국민" 전략 때문에 발생하였다고 지역감정에 호소해 표를 동원하려는 전략이 효과를 발휘하면서 그 이후 모든 정치세력이 지역주의 전략에 치중하면서 지역균열이 전국적으로 확산되었다고 주장한다(임혁백 2000). 한국의 지역주의는 '위로부터' 발생하였고 점차 지역주의에 기초한 동일체가 형성되었다.

지역주의를 합리적 선택의 측면에서 설명하는 문우진의 연구에 따르면 정당들의 정책적 차별성이 적은 경우 지역변수는 유권자의 투표결정에 지대한 영향을 미치게 된다. 따라서 정당 간의 정책결정의 차이가 커지거나 이념정당의 등장으로 인한 정당다양성 확장은 지역주의를 감소시킬 것이라 예상한다(문우진 2005). 위의 지역주의 공급적 측면의 학자들은 공급, 즉 정당의 이념적 다양성이 확대되면 유권자의 이해를 대표할 수 있는 후보나 정당이 확대되어 투표율도 높아질 것으로 예상한다. 따라서 공급적 접근에서 지역주의의 변화를 살펴보기 위해서는 대안의 제공 혹은 다양성과 지역주의의 관계를 조사해야 할 것이다.

아직도 지역적 문화가 강하게 자리잡은 한국의 경우 이념적 다양성의 증가가 지역주의 투표행태를 줄이기는 역부족인 것으로 보인다. 한국적 상황에서 다양성의 확대가 공급측면의 지역주의를 줄인다고 단정하기 어렵다. 다양한 정당이 서로 경쟁하면 결국 지역정당은 반지역정당 간의 경쟁과 분열로 인한 반사이익을 얻기 쉬워 지역정당의 기득권 유지가 용이해진다. 다양성의 증가, 즉 다양한 정당의 후보가 출마하는 것 자체를 지역주의의 완화로 보기는 어렵다. 지역주의 문제가 하나의 특정 정당이 특정 지역을 정치적으로 독점하는 현상이라고 정의한다면 특정 정당의 대표성이 낮아지는 것, 즉 다른 대안인 무소속, 우호정당 혹은 다른 지역정당 지지도가 높아지는 것도 다양성을 높이진 것으로 판단할 수 있다. 17대 총선을 분석한 연구에서도 공급주의적 측면의 지역주의의 변화를 나타났다. 호남지역의 내적 동질성 분석에서 진보적이고 급진적인 열린우리당과 상대적으로 덜 진보적이고 온건한 새천년민주당이 호남지역의 선거에서 경쟁함으로써 진보적인 성향일수록, 그리고 탄핵에 반대할수록 열린우리당 후보자에 투표하는 호남유권자가 많았다(최준영·조진만 2005). 18대 총선에서 영남지역에서 친박연대의 약진은 영남이 더 이상 한나라당에 의해 독점되지 않는다는 것을 보여주었다.

지역주의의 수요적 접근

지역주의의 수요적 접근은 유권자의 측면에서 살펴보는 것이다. 유권자가 지역정당을 선호하는 경우 지역주의적 투표행태가 나타나고 이에 따라 지역주의적 정치체제가 형성되는 것이다. 유권자가 지역정당을 선호하는 이유에 대해서는 크게 두 가지로 나타나고 있다. 먼저 정치문화적 접근이다. 한국정치가 정서적으로 지역에 기반하고 있기 때문에 이런 투표행태가 나타난다고 주장한다. 자신의 경제적 위치, 이념적 성향 등과는 상관없이 같은 지역정당이나 후보를 지지하는 것으로 이런 현상을 전통적이고 비합리적인 행태로 보는 근대화론에 기초하고 있다. 영국의 선거에서도 지역주의가 유권자의 정치적 태도나 이념 성향에 많은 영향을 끼치기 때문에 매우 중요한 요소라는 것이 밝혀졌다(Pattie and Johnston 1998). 2002년 대선을 분석한 연구에 따르면 "출신지역이 영호남이라는 사실이 2002년 대통령 선거 당시 노무현 후보와 이회창 후보를 구분하는 주요한 기준"이라고 밝혀져 지역주의는 유권자의 투표행태에 많은 영향을 미친다는 것을 알 수 있다(백준기 외 2003). 지난 지방선거를 분석한 소순창은 1995년과 1995년 지방선거를 분석하면서 호남과 영남은 투표 과정에서 지역할거주의가 동일한 성향을 보이고 있다고 주장한다. 직업, 학력, 소득수준, 도시화수준, 출신지역 등의 사회경제적 배경 중 출신지역의 변수가 가장 중요한 변수로 나타났다. 재미있는 사실은 자신의 정당이 여당인 경우 지역정당을 선호해서 선거하는 긍정적 투표보다는 상대 정당에 대한 경계심으로 자신의 지역정당을 뽑는 부정적 투표 성향이 나타났다(소순창 2002).

둘째는 지역주의적 투표행태는 유권자의 합리적 선택이라는 주장이다. 유권자들이 현재 사는 곳이 아니라 출생지에 따라 뚜렷한 차별을 경험하는 경우 출생지에 근거한 투표행위는 합리적이라고 볼 수 있다. 과거 영남 출신의 박정희 정권 시절 자신과 후계자들은 영남지역에 유리한 분배정책과 인사정책을 펼쳤기 때문에 지역주의적 투표행태가 발생했다(조기숙 2000). 김진하에 따르면 지역주의는 한국정치문화의 후진성을 보여주는 문제점이 아니라 사회정치적 균열의 결과이며 이로 인해 형성된 정치의식의 합리적 투영이라고 주장한다. 기존의 호남-영남 — 혹은 충청지역까지 — 의 단순한 지역균열에 대한 인식은 실질적으로는 다극화되고 있는 지역주의를 보여주지 못하고 있다고 비판하고 있다. 그 근거로 2005년 여론조사 자료분석을 들고 있다. 이 연구에 따르면 진보성을 기준으로 본 지역주의는 존재하지만 기존의 믿음과 달리 광주, 전라지역과 부산, 울산, 경남지역이 유사한 진보성을 보이고 있다(김진하 2006). 충청지역의 지역주의를 연구한 유재일의 연구에 따르면 대전지역민의 지역주의적 투표행태가 연고투표에서 이익투표로 변모하고 있다(유재일 2004). 장수찬의 연구도 신행정수도 이전이라는 쟁점 하에서 충청지역 유권자는 정책적 지역주의를 선택하게 되었고 이는 합리적 선택으로 설명할 수 있다고 주장한다(장수찬 2006).

최근 연구는 출생지보다는 거주지가 투표행태에 미치는 영향이 커지면서 지역주의가 완화되고 있다는 주장이 제기되고 있다. 강원택은 "거주지역에 따라 정치적 선택이 달라지고 있는 것은 거주지역별로 유권자들이 중요하게 생각하는 이슈가 서로 달라졌기 때문"이고 "각 지역별로 중요하게 생각하는 이슈가 다를 뿐만 아니라, 같은 지역 출신 유권자라고 해도 거주지역에 따라 중시하는 이슈가 각각 다르게 나타났다."고 주장한다. 예를 들면 같은 충청권 출신이라도 충청지역에 거주하는 유권자와 충청지역 외부에 거주하는 유권자는 다른 행태와 선호를 보이고 있다(강원택 2010, 65).

이런 현상이 발생하는 이유로 지역보다는 점차 세대와 이념이 중요한 역할을 하기 때문이라는 주장이 대두되고 있다. 임혁백은 "영남지역에서 태어나고 성장한 노무현 후보가 호남지역을 기반으로 하는 새천년민주당의 대통령후보가 되어 대통령에 당선되었다는 것은 미래에 지역주의가 약화될 것이라는 신호"라고 평가하고 결국 지역주의가 퇴조하고 세대균열이 지역균열을 대체하고 있다고 주장한다(임혁백 2009, 119). 16대와 17대 총선을 비교한 연구에서도 이념과 세대 균열이 유권자의 투표행태에 중요한 영향을 미쳐 지역균열이 과거와는 같은 영향력을 발휘하기 어려울 것이라고 결론짓고 있다(최준영·조진만 2005).

분석내용

지역주의의 공급적 측면

지역주의 공급적 측면은 공급, 즉 정당의 이념적 다양성이 확대되면 유권자의 이해를 대표할 수 있는 후보나 정당이 선호되어 결국 지역독점체제가 사라질 것이라 주장한다. 그러나 현실적으로는 정당이나 후보의 수적 증가는 지역독점체제를 줄이지는 못하고 강화하기까지 했다. 그 이유는 이들 간의 치열한 경쟁으로 기존 지역정당을 물리칠 만큼의 지지를 끌어내지 못했기 때문이다. 그러나 최근 선거에서는 이런 현상이 변화하기 시작하였다. 가장 큰 원인은 지역과 정서적 이념적으로 가까운 정당이 기존 지역정당에 대해 도전하기 시작하면서 기존 지역정당의 위치가 흔들리기 시작했다는 것이다. 17대 총선의 경우 한나라당의 텃밭인 영남지역에서 친박연대라는 또 다른 지역정당이 출현하면서 다른 의원을 당선시켰다. 기존 지역정당은 지역민의 이해를 잘 대표하지 못하는 것에 대한 불만 그리고 독점적 지위에 대한 불만이 쌓여 기존과는 다른 투표행태를 보여 주었다. 친박연대와 같이 지역정당과 정서적 이념적 혹은 지역적 유사성을 갖고 있는 정당을 지역우호정당이라고 정의하고, 이들의 득표율과 지역정당과 적대정당의 득표율을 비교하여 지역주의의 변화를 살펴보려고 한다.

  지역주의가 가장 강력한 호남과 영남을 17, 18대 총선과 4, 5회 지방선거의 결과를 토대로 지역주의의 공급적 측면을 살펴보면 다음과 같다. 먼저 호남지역의 경우 17대 총선과 4회 지방선거에서 지역정당의 득표율은 크게 하락한 것으로 나타났다. 반면에 우호정당인 열린우리당은 지역정당이 있음에도 불구하고 많은 표를 얻었다. 우호정당이 없었던 18대 총선에서는 다시 지역주의 정당의 득표율이 높아져 지역주의가 강화되는 것으로 나타났다. 그러나 2010년 지방선거에서는 적대정당인 한나라당의 지지율이 과거에 비해 높아졌다. 광주의 경우 17대 총선 1.8퍼센트, 4회 지방선거 4.0퍼센트, 18대 총선 5.9퍼센트로 한 자리수에 머물렀지만 5회 지방선거에서는 14.2퍼센트로 급격히 상승했다. 광주뿐만 아니라 전남의 경우 13.4퍼센트, 전북의 경우 18.2퍼센트로 나타나 호남 전체적으로 한나라당의 지지가 높아진 것을 볼 수 있다([표 1] 참조). 특히 전북의 경우 "한나라당의 정운천 후보는 무려 18.2퍼센트의 지지를 얻었으며, 이는 후보자를 아예 공천하지 못했던 1998년과는 매우 대조적인 것이다."(지병

[표 1] 호남지역 국회의원 및 광역단체장 및 총선 득표율 (단위 : %)

	광주			전남			전북		
	지역정당	적대정당	우호정당	지역정당	적대정당	우호정당	지역정당	적대정당	우호정당
2004 (17대총선)	31.1	1.8	51.6	33.8	2.9	46.7	13.6	3.4	67.3
2006 (4회지방)	51.6	4.0	33.9	67.7	5.9	19.2	36.5	7.8	48.1
2008 (18대총선)	70.4	5.9		66.9	6.4		64.3	9.2	
2010 (5회지방)	56.7	14.2		68.3	13.4		68.7	18.2	

* 주 : 17대 총선과 4회 지방선거 호남지역에서 열린우리당은 우호정당이고 적대정당은 한나라당임. 17대와 18대 총선자료는 정당투표에 대한 자료이고 4회와 5회 지방선거는 광역단체장에 대한 투표율 자료임.

근 2010, 500) 과거의 경험에 비추어보면 매우 이례적인 현상으로 기존의 지역정당에 대한 실망과 지역주의의 약화가 이런 결과를 가져온 것이라고 조심스럽게 추측해볼 수 있다.

영남의 공급측면의 지역주의에는 변화가 있었는가?[2] 부산의 국회의원 및 광역단체장 득표율을 살펴보면 17대 총선, 4회 지방선거, 5회 지방선거의 경우 적대정당의 득표율이 38.3퍼센트, 24.1퍼센트, 44.6퍼센트로 매우 높게 나타났다. 18대 총선의 경우 12.7퍼센트로 낮았지만 이유는 우호정당(친박연대)에 대한 상대적 투표가 늘어났기 때문이라고 분석할 수 있다. 경남, 대구, 경북도 비슷한 유형을 보이고 있다. 우호정당이 없는 대부분의 경우 적대정당은 20퍼센트 이상의 득표를 하였다. 5회 지방선거에서는 적대정당의 김두관 후보가 경남지사로 선출되었고, 부산의 경우 한나라당 허남식 후보와 민주당 김정길 후보의 격차는 10퍼센트 미만으로 밝혀졌다. 5회 지방선거 지역정당 후보와 적대정당 후보의 득표율 차이에서 대구는 56퍼센트포인트, 경북은 63.6퍼센트포인트로 나타났다. 전체적으로 영남지역에서도 적대정당이나 우호정당의 득표율이 높아지면서 지역주의가 완화되는 경향을 보이고 있다. 한 가지 흥미로운 사실은

---

[2] 영남 지역주의가 강화되고 있다는 주장은 득표율이 아닌 정당의 의석점유율로 평가받기 때문에 잘못된 평가라는 주장도 있다(하세헌 2005).

[표 2] 영남지역 국회의원 및 광역단체장 및 총선 득표율 (단위 : %)

		2004 (17대총선)	2006 (4회지방)	2008 (18대 총선)	2010 (5회 지방)
부산	지역정당	49.4	65.5	43.5	55.4
	적대정당	38.3	24.1	12.7	44.6
	우호정당			22.6[1]	
경남	지역정당	47.3	63.1	45.0	46.5
	적대정당	31.7	25.4	10.5	53.5[2]
	우호정당			18.0	
대구	지역정당	62.1	70.2	46.6	72.9
	적대정당	22.3	21.1	4.9	16.9
	우호정당			32.7	
경북	지역정당	58.3	76.8	53.5	75.4
	적대정당	23.0	23.2	5.6	11.8
	우호정당			23.6	

* 주 : 1) 한나라당이 지역정당임. 17대 총선, 4회 지방선거의 적대정당은 열린우리당, 18대 총선 영남지역에서는 친박연대가 우호정당이고 통합민주당이 적대정당임.
2) 5회 지방선거에서 경남의 경우 야권단일화로 후보가 된 무소속 김두관 후보를 적대정당으로 간주함.

지역주의가 매우 빠르게 줄어드는 부산, 경남지역과는 대조적으로 매우 천천히 줄어드는 대구, 경북지역이 있어 지역주의 변화의 역내 편차가 심하다는 것을 알 수 있다.[3]

6·2 지방선거에서 야권승리의 원인 중 하나로 후보단일화의 위력을 꼽는 평가가 있다. 사실상 전 지역에서 민주당, 민주노동당, 창조한국당, 국민참여당(경기지역에서는 진보신당)이 후보를 단일화하여 야권 후보의 경쟁력을 높인 것이 선거승리의 중요한 요인이다. 경쟁력 있는 후보의 등장은 기존의 지역정당 후보에 대한 대안선택과 기존정당에 대한 비판을 가능하게 하였고 이로 인해 지

---

3) 기초단체장 선거의 경우 대구, 경북지역의 지역주의도 타격을 받는 것으로 나타났다. 한나라당 공천에서 탈락해 무소속으로 출마한 후보의 상당수가 당선되어 한나라당의 독점적 영향력이 줄어들고 있다(류재성 2010).

역주의적 투표행태는 줄어들고 있다. 현재와 같은 지역독점체제에서는 지역주의 공급적 측면, 즉 정당의 이념적 다양성의 확대보다는 소수의 경쟁력 있는 후보나 정당의 출현이 단기적으로 지역주의 완화에 도움을 줄 것으로 보인다.

지역주의의 수요적 측면

유권자가 지역정당을 선호하는 경우 지역주의적 투표행태가 나타나고 이에 따라 지역주의적 정치체제가 형성되는 것이 지역주의의 수요적 측면이다. 유권자의 선호, 정서 등의 변화를 살펴보면 지역주의의 수요적 측면의 변화를 볼 수 있다. 최준영과 조진만은 로지스틱 회귀분석을 통해 이념, 세대, 지역, 탄핵에 대한 의견 등이 유권자 투표결정에 미친 영향을 살펴보았다(최준영·조진만 2005). 또 다른 연구도 로지스틱 회귀분석을 이용해 이념, 세대, 정당지지, 지역, 회고적 평가 등의 영향을 조사하였다(백준기 외 2003). 이 연구도 위의 연구와 유사한 방법으로 이념, 세대, 안정론, 지역 등의 변수가 유권자 투표행태에 어떤 영향을 미쳤는지를 살펴보려고 한다. 다양한 변수의 상대적 중요성을 살펴보면서 지역변수의 중요성을 비교분석하는 작업이다. 그 다음으로 지역정서의 변화를 살펴보려고 한다. 지역주의의 형성은 지역주민의 정서, 문화와 밀접한 관련이 있다. 지역정서를 가장 잘 보여줄 수 있는 정당에 대한 호감도와 혐오도의 변화를 통해 지역주의의 변화를 살펴 볼 것이다.

분석을 위해 사용된 데이터는 2010년 6·2 지방선거 패널조사 자료이다. 2006년 4회, 2010년 5회 지방선거조사는 전국단위로 두 차례, 5개 지역단위로 세 차례 조사를 하였다. 2010년 조사한 5개 지역은 서울, 경기, 충남, 전북, 그리고 경남지역이었고, 로지스틱 회귀분석을 위해 5개 지역의 1, 2, 3회 조사를 통합한 자료를 분석하였고, 지역정서를 분석하기 위해 4회와 5회의 전국자료를 사용하였다.

지역주의와 투표행태에 대한 로지스틱 회귀분석

6·2 지방선거에서 지역, 세대, 이념 등의 효과를 분석하기 위해 아래와 같은 로지스틱 회귀분석 모델을 만들고 위의 자료를 분석하였다. 광역단체장(V1)과 광역의원비례대표(V2)에 대한 투표가 종속변수를 의미한다. 광역단체장의 경우 한나라당과 자유선진당의 후보에게 투표한 경우 1, 민주당, 국민참여당 혹은 무소속후보에게 투표한 경우 0으로 코딩하였다.[4] 광역의회 비례대표의 경우 한나라당, 자유선진당, 미래희망연대의 후보자에게 투표한 경우 1, 민주당, 민주노동당, 창조한국당, 진보신당, 국민참여당에 투표한 경우 0으로 코딩하였다. 이념변수는 진보는 1, 중도는 2, 보수는 3으로 코딩하였다. 세대변수는 19세는 1, 21-30세는 2, 31-40세는 3, 41-50세는 4, 51-60세는 5, 61세 이상은 6으로 코딩하였다. 안정론의 경우 1은 안정과 잘모르겠음, 견제 0으로 코딩하였으며, 견제론의 경우 1은 견제와 잘 모르겠음, 안정은 0으로 코딩하였다.

모델 I : V1 = α + β_1 세대 + β_2 이념 + β_3 경기 + β_4 충남 + β_5 전북 + β_6 경남 + β_7 안정론 + β_8 견제론 + ε

모델 II : V2 = α + δ_1 세대 + δ_2 이념 + δ_3 안정론 + δ_4 견제론 + δ_5 경기 + δ_6 충남 + δ_7 전북 + δ_8 경남 + ε

[표 3]은 위의 모델을 로지스틱 회귀분석 결과를 보여주고 있다. 먼저 광역단체장의 경우를 살펴보자. 지역주의의 영향(서울을 기준으로)을 살펴본 결과 경기, 충남, 전북, 경남 중에서 전북과 경남만 통계적으로 유의미하게 나타났다. 특히 경남의 경우 회귀계수가 음의 값 -0.838로 나타나 기존의 상식과는 정반대의 결과가 나왔지만 경남지사선거에서 무소속 김두관 후보가 53.5퍼센트, 한

---

[4] 서울, 경기, 충남, 전북, 경남지역의 경우 주요 후보가 한나라당, 자유선진당, 민주당, 국민참여당, 무소속이기 때문에 분석의 편의를 위해 다른 정당 후보에 대한 투표는 고려하지 않음

나라당 이달곤 후보가 46.5퍼센트를 얻어 김두관 후보가 당선된 사실을 뒷받침하고 있다. 전북의 경우도 음의 값 -0.691로 나타나 전북지역의 유권자들은 민주당 후보를 더 지지하는 것으로 나타났다. 경기와 충남은 서울지역 유권자들과 비교해 볼 때 통계적으로 유의미한 차이를 보이지 않았다.

세대, 이념, 안정, 견제 모두 통계적으로 유의미한 영향을 미친 것으로 조사되었다. 나이가 많을수록, 보수적일수록, 안정론을 지지할수록 한나라당(혹은 자유선진당)의 후보를 찍는 경향이 나타났다. 젊고 진보적이며 견제론을 지지할수록 민주당(국민참여당 혹은 무소속)의 후보를 선택하는 경향을 보이고 있다. 기존의 예상과 달리 경남은 정반대의 결과가 나왔고, 세대, 이념, 안정 대 견제의 변수가 투표행태에 있어 중요한 요인으로 나타난 것만으로도 지역주의가 변화 혹은 완화되고 있다고 평가할 수 있다.

두 번째 모델인 광역의회 비례대표를 분석한 결과를 살펴보자. 광역의회 비례대표를 뽑기 위해 유권자는 정당투표를 한다. 위의 광역단체장 모델의 결과

[표 3] 5회 지방선거 광역단체장, 광역의원비례대표 로지스틱 회귀분석 결과

	모델 I			모델 II	
독립변수	한나라당자유선진당/민주당국참당무소속	Exp(β)	독립변수	한나라당자유선진당/민주당국참당무소속	Exp(β)
세대	0.405(0.055)***	1.499	세대	0.354(0.060)***	1.425
이념	0.474(0.095)***	1.606	이념	0.467(0.105)***	1.595
안정	1.757(0.214)***	5.795	안정	1.713(0.241)***	5.545
견제	-1.869(0.256)***	0.154	견제	-2.051(0.285)***	0.129
경기	-0.261(0.221)	0.770	경기	-0.013(0.247)	0.987
충남	0.237(0.213)	1.268	충남	1.386(0.229)***	4.000
전북	-0.691(0.227)***	0.501	전북	-0.892(0.267)***	0.410
경남	-0.838(0.226)***	0.432	경남	0.305(0.244)	1.356
상수	-1.962(0.408)***	0.141	상수	-1.989(0.452)***	0.137
적중률	60.4%		적중률	56.5%	
Nagelkerke R^2	0.572		Nagelkerke R^2	0.606	
N	1743		N	1510	

와 매우 유사하면서도 다르다는 점을 알 수 있다. 먼저 유사한 점을 살펴보면 세대, 이념, 안정, 견제 모두 통계적으로 유의미한 영향을 미친 것으로 조사되었다. 광역단체장 모델과 같이 나이가 많을수록, 보수적일수록, 안정론을 지지할수록 한나라당(혹은 자유선진당)의 후보를 찍는 경향이 나타났다. 젊고 진보적이며 견제론을 지지할수록 민주당(국민참여당 혹은 무소속)의 후보를 선택하는 경향을 보이고 있다.

그러나 지역주의는 다소 다른 양상을 보이고 있다. 먼저 충남과 전북만이 통계적으로 유의미하게 나타났다. 충남지역 유권자들은 한나라당 혹은 자유선진당 후보자에게 투표하는 경향을 보이고 특히 승산비 Exp(β) 4.000 으로 서울 유권자보다 네 배로 이들 정당에 투표할 가능성이 높은 것으로 나타나 지역주의적 특성이 매우 강한 것으로 조사되었다. 전북의 경우 유권자들은 민주당 후보자에게 투표하는 경향을 보이고 있다. 반면 경기와 경남은 통계적으로 유의미한 차이를 보이지 않았다. 이는 전통적으로 지역주의적 투표행태를 보인 경남지역의 경우 지역주의가 매우 약해지고 있다는 것을 의미한다.

위의 두 모델을 조사한 결과 지역주의가 계속 변화하고 있음을 알 수 있다. 심지어 같은 선거 하에서도 광역단체장과 광역의원비례대표 선거에서도 다른 모습을 보이고 있다. 변화하기 어려울 것으로 보였던 지역주의가 선거별, 지역별로 다른 양상을 보이면서 새로운 형태로 변화하는 과정에 있는 것으로 보인

---

5) 지역정서나 의식을 조사하기 위해 지역발전 이슈에 어떻게 반응하는지를 지표로 사용한 연구도 있다(유재일 2004).
6) 국민중심당, 좋아하는(혹은 싫어하는) 정당 없음은 교차분석을 하기 위해 결측값으로 처리하였다.
7) 0-4를 혐오, 5를 보통, 6-10을 호감으로 코딩하여 교차분석을 하였다
8) 2006년 선호하는 정당과 지역을 교차분석한 경우 피어슨(Pierson)의 카이제곱값은 172.124이고 자유도가 18일 때 P=.000으로 유의수준 1%에서 유의미하게 영가설을 기각한다. 혐오하는 정당과 지역을 교차분석한 경우도 피어슨(Pierson)의 카이제곱값은 94.566이고 자유도가 18일 때 P=.000으로 유의수준 1%에서 유의미하게 영가설을 기각한다. 두 경우 모두 우도비도 비슷한 결과를 보여주었다.
9) 2010년 한나라당의 경우 피어슨(Pierson)의 카이제곱값은 63.535이고 자유도가 12일 때 P=.000으로 유의수준 1%에서 유의미하게 영가설을 기각한다. 민주당의 경우도 피어슨(Pierson)의 카이제곱값은 63.122이고 자유도가 12일 때 P=.000으로 유의수준 1%에서 유의미하게 영가설을 기각한다. 두 경우 모두 우도비도 비슷한 결과를 보여주었다.

다. 이런 변화의 원인과 특성에 대한 과학적 연구가 필요하다.

지역주의와 지역정서

유권자의 지역주의적 정서를 가장 잘 보여줄 수 있는 지표로 지역정당에 대한 호감도와 타지역정당에 대한 혐오도가 있다.[5] 4회와 5회 지방선거 전국패널조사에서 정당의 호감도와 혐오도를 질문하였다. 4회의 경우 "○○○님께서 가장 좋아하는 정당, 그리고 가장 싫어하는 정당은 어느 정당인가?"를 물었다.[6] 5회의 경우에는 각 정당에 대한 호감도를 응답자가 0에서 10까지 답하도록 하였다. 0에 가까울수록 싫어하는 것이고 10에 가까울수록 좋아하는 것이다.[7] 4회와 5회 모두 지역은 서울, 인천/경기, 대전/충청, 광주/전라, 대구/경북, 부산/울산/경남, 강원/제주 7개 지역으로 구분하였다. 지역과 정당 호감도를 교차분석을 통해 살펴보았더니 4회 지방선거[8]와 5회 지방선거[9] 모두 지역에 따른 정당 호감/혐오도 사이에는 관계가 있는 것으로 나타났다.

다음의 [그림 1]과 [그림 2]는 제5회 지방선거 패널조사 전국 1차조사 자료에서 한나라당과 민주당에 대한 호감도와 혐오도를 나타낸 것이다. 먼저 한나라당에 대한 호감도와 혐오도([그림 1] 참조)를 살펴보면 광주/전라와 대구/경북의 차이가 가장 심하게 나타났다. 각 지역의 한나라당에 대한 호감도에서 혐오도를 뺀 후 절대값을 살펴보면 광주/전라 49.2, 대구/경북 47.0, 부산/울산/경남은 28.3으로 나타났다. 강원/제주 12.2, 대전/충청이 10.7로 나타났고 인천/경기 9.5, 서울은 6.3으로 나타나 가장 차이가 적었다. 민주당에 대한 호감도와 혐오도([그림 2] 참조)도 위의 방식을 똑같이 적용해 보면 다음과 같다. 광주/전라와 대구/경북의 차이가 가장 심하게 나타났지만 대구/경북의 차이는 매우 줄었다. 각 지역의 민주에 대한 호감도에서 선호도를 뺀 후 절대값 을 살펴보면 광주/전라 42.8, 대구/경북 21.2, 강원/제주 14.3, 부산/울산/경남은 14.2로 나타났다. 대전/충청이 10.7로 나타났고, 서울은 5.5, 인천/경기 2.4로 나타나 가장 차이가 적었다.

정서적 측면의 지역주의는 아직도 매우 강하게 남아 있는 것으로 보인다. 특히 광주/전라 지역과 대구/경북 지역에 지역주의 정서가 가장 강한 것으로 나타나 이 지역의 지역주의를 감소시키기 위한 노력이 필요하다. 반면 부산/울산/경남 지역과 대전/충청 지역의 지역정서는 상대적으로 약화되는 것으로 보여 전반적인 지역주의 정서는 줄어들고 있다고 평가할 수도 있다.

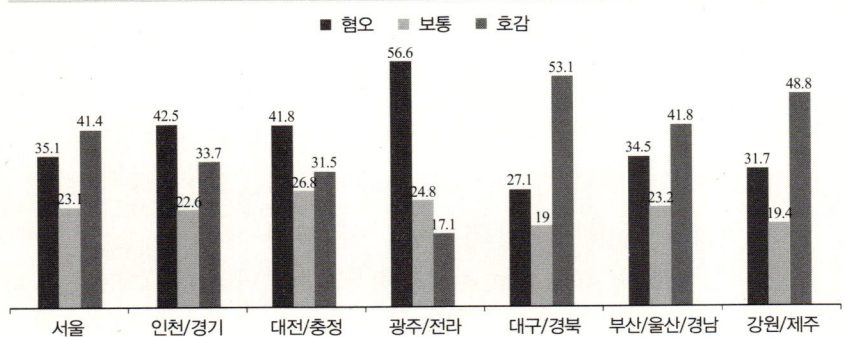

[그림 1] 6·2 지방선거 한나라당 호감도

* 주 : "모름/무응답"은 제외.

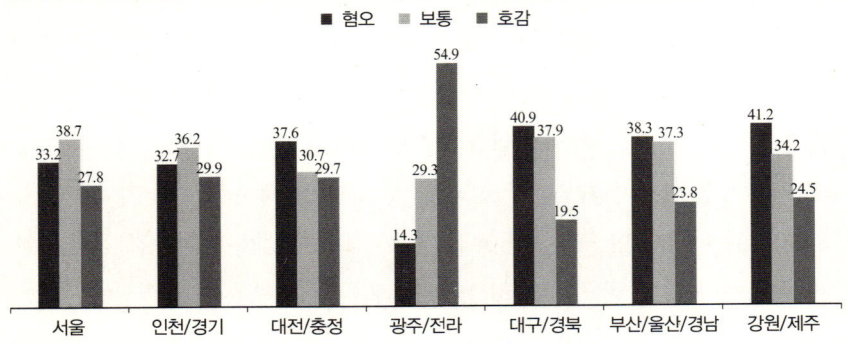

[그림 2] 6·2 지방선거 민주당 호감도

* 주 : "모름/무응답"은 제외.

결론

이 연구는 한국정치의 최대 문제인 지역주의는 완화되고 있는가라는 질문에 대한 대답을 찾는 것이 목적이었다. 결론적으로 지역주의는 과거에 비해 완화되고 있다고 볼 수 있다. 지역주의의 공급적 측면에서 지역정당에 대한 지지는 감소한 반면 지역에 우호적인 정당, 심지어 적대정당에 대한 지지가 늘어나는 현상이 나타나고 있다. 지역주민에게 경쟁력 있고 대안을 제시할 수 있는 정당이나 후보가 나타난다면 기존 지역독점체제는 점차 와해될 것으로 보인다. 이를 위해 지역정당을 허용하자는 주장이 제기되고 있다. 기존의 정당법을 개정하여 지역 수준에서 정치를 할 수 있는 정당을 허용하고 설립요건도 완화하는 것이 필요하다(강원택 2009). 단기적으로 지역독점체제를 완화하는 방안으로 지역정당의 허용은 매우 효과적일 것으로 예상된다. 지역주의의 수요적 측면에서도 지역주의는 완화되고 있다. 로지스틱 회귀분석 결과에서도 지역 이외에 세대, 이념, 안정론 등의 이슈가 투표행태에 많은 영향을 미친 것으로 조사되었다. 경남의 경우 지역과 지역정당 지지가 역관계 혹은 상관관계가 없는 것으로 조사되는 등 기존의 지역주의로는 설명할 수 없는 현상들이 나타나고 있다. 점차 지역 이외의 변수들의 중요성이 확대되면서 지역의 상대적 중요성은 낮아지고 있다. 지역주의 정서도 광주/전라, 대구/경북 지역을 제외하면 점차 줄어들고 있는 것으로 보인다.

이런 지역주의의 완화의 원인은 무엇인가? 이 논문의 연구 범위는 벗어나지만 다음 연구를 위해 몇 가지 제시해보고자 한다. 먼저 첨예했던 지역균열은 최초로 호남 출신인 김대중이 대통령으로 선출되면서 다소 완화될 수 있었다. 영남 출신의 지도자가 독점한 권력이 민주화 이후 호남출신 지도자에게 이양되면서 지역갈등은 다소 완화되었다. 두 번째는 지방자치의 확대이다. 지역주의의 원인을 지역 간의 갈등이 아니라 중앙-지방의 갈등으로 상정하고 지역주의를 완화하기 위해 지방정치를 활성화해야 한다는 주장이 있다. 특히 임혁백은 이를 위해 연방주의형 권력구조를 도입해야 한다고 주장한다(임혁백 2009; 최장집 2005). 물론 다른 국가와 비교해 보면 지방자치의 수준은 낮지만 과거에 비해 지방정부의 권한과 기능은 확대되고 있으며 이로 인해 지역주의가 완화되고 있다고 평가할 수도 있다. 마지막으로 지역주의를 완화하려는 지도자의 노력과 정치적 전략이다. 현직 대통령은 많은 보조금 혹은 정부사업을 자신의 지역뿐만 아니라 주요 경쟁자의 지역에도 제공한다. 반면 자신과 경쟁자에게 유사한 지지를 보낸 지역에 가장 적은 지원을 한 것으로 나타났다. 이런 현상이 발생하는 이유는 은퇴 이후의 정치적 고려와 국정운영을 위해 주요 경쟁자의 도움이 필요했기 때문(Horiuchi and Lee 2008)이고 이는 지역주의의 완화에 영향을 미쳤다. 지역정당의 경쟁, 지역적 정서의 변화, 지방자치, 정치적 노력 등이 지속된다면 한국의 지역주의는 점차 줄어들 것이다.

■ 참고문헌

강원택. 2009. "지역 단위 정당 설립을 위한 정당법 개정의 방향."《정보화와 정치관계법의 변화 방향》. 서울 : 국회입법조사처.
강원택. 2010.《한국 선거정치의 변화와 지속》. 서울 : 나남.
김진하. 2006. "정치의식의 지역차이."〈한국정당학회보〉5, 1: 199-234.
류재성. 2010. "영남지역 지방선거."《제5회 전국동시지방선거 외부평가 용역보고서》. 서울 : 한국정치학회.
문우진. 2005. "지역본위투표와 합리적 선택이론 : 공간모형분석."〈한국과 국제정치〉21, 3: 151-86.
백준기·조정관·조성대. 2003. "이데올로기와 지역주의, 그리고 2002년 대통령선거."〈국가전략〉9, 4: 139-68.
소순창. 2002. "한국 지방선거에서의 지역 할거주의와 정당투표 : 시민(지역주민)의 긍정적 투표와 부정적 투표."〈한국지방자치학회보〉14, 3: 21-42.
유재일. 2004. "지역주의 정치지형의 동태와 과제 : 대전지역을 중심으로."〈한국정치정보학회〉7, 2: 135-59.
임혁백. 2000.《세계화시대의 민주주의 : 현상, 이론, 성찰》. 서울 : 나남.
임혁백. 2009.《신유목적 민주주의 : 세계화, IT혁명 시대의 세계와 한국》. 서울 : 나남.
장수찬. 2006. "충청 지역주의의 변화와 지역정당해체."〈한국정당학회보〉5, 1: 147-69.
장 훈. 2010.《20년의 실험 : 한국 정치개혁의 이론과 역사》. 서울 : 나남.
조기숙. 2000.《지역주의 선거와 합리적 유권자》. 서울 : 나남.
지병근. 2010. "호남지역의 6·2 지방선거."《제5회 전국동시지방선거 외부평가 용역보고서》. 서울 : 한국정치학회.
최장집. 2005.《민주화 이후의 민주주의 : 한국민주주의의 보수적 기원과 위기》. 서울 : 후마니타스.
최준영·조진만. 2005. "지역균열의 변화 가능성에 대한 경험적 고찰 : 제17대 국회의원선거에서 나타난 이념과 세대 균열의 효과를 중심으로."〈한국정치학회보〉39, 3: 375-94.
하세헌. 2005. "영남 지역주의의 변화."〈한국정치외교사논총〉27, 1: 161-91.

Horiuchi, Yusaku, and Seungjoo Lee. 2008. "The Presidency, Regionalism, and Distributive Politics in South Korea." *Comparative Political Studies* 41, 6: 861-82.

Pattie, Charles, and Ron Johnston. 1998. "The Role of Regional Context in Voting: Evidence from the 1992 British Genral Election." *Regional Studies* 32, 3: 249-63.

부록

1. 6·2 지방선거 지역패널조사 설문지 구성

2. 6·2 지방선거 전국패널조사 설문지 구성

3. 6·2 지방선거 결과

부록 1. 6·2 지방선거 지역패널조사 설문지 구성

2010 6·2 지방선거 패널조사의 모든 설문지와 빈도표는 EAI 웹사이트 여론분석 페이지에서 찾아보실 수 있습니다.

주제	질문내용	1차조사 문항	2차조사 문항	3차조사 문항
정치 관심 투표의향	지방선거 관심	문1, 2	문1, 2	문0, 1
	지방선거 투표 여부	–	–	문1-1
	투표하지 않은 사유	–	–	문1-2
선거지지 및 투표요인	투표할 후보/투표한 후보의 소속정당	문3	문3	–
	광역단체장 선거 투표(후보)	–	–	문2
	투표이유(후보)	문3-1	문3-1-2	문2-1-2
	후보 투표 결정일	–	–	문2-3
	시장/군수/구청장 투표(후보)	–	–	문2-4
	광역의원 비례대표 투표(당)	문3-2	문3-3	문2-5
	당선 가능성	–	문3-4	–
	지지후보 바꿀 의향	–	문3-5	–
	경기도지사 투표(후보)	문3-3-4	–	–
후보 이미지	후보 이미지 평가	–	문4	–
후보요인	후보들의 도덕성 평가	–	문4-1	문5-1
	후보들의 이념성향 평가	문4-2	문5-2	–
	대선후보들의 운영능력 평가	분4-3	문5-3	–
지방선거의 의미와 전망	지방선거 의미평가	문5, 6, 7	문6, 7	문3, 4, 5, 6, 7
정보취득경로	지방선거 정보를 가장 많이 취득한 경로	문8	문8, 8-1	–
TV 토론	TV 토론 시청 여부	–	문9	–
	가장 잘했다고 생각하는 후보	–	문9-1	–
선거 어젠다 와 이슈	지방선거에서 가장 중요한 이슈	문9-1	–	–
	무상급식 이슈	문10	–	–
	세종시 이슈	문11	–	문21
	4대강 이슈	문12	–	문22
	광역단체장 선거 지지후보 요인	문13	문13	문11
	이명박 정부 평가	–	문10-1	문8, 8-1
	노무현 정부 평가	–	문10-2	문9
	야권후보(서울, 경기, 경남)단일화에 대한 인식	–	문11	문10
	지역개발 복지정책 관련 공감도	–	문12	–
	천안함 관련 합동조사단 발표 신뢰도 평가	–	문14	–
	천안함 이슈	–	문15, 16	문11-1
	인터넷, 여론조사 등에서 지지하는 사람 공개 여부	–	–	문12

222

	노무현 전대통령의 정치철학 계승의 대한 공감도	-	문17	-
	노무현 전대통령 1주기 추모제와 야당의 정치의도	-	문18	-
	전교조 교사 파면 및 해임발표에 대한 인식	-	문19	-
경제요인	지난 4년간 경제변화 인식	문14	-	-
	변화의 주된 동력	문14-1	-	-
	지난 4년간 다른 지역 대비 개선 정도	문15	-	-
	지난 1년간 가정살림 개선 정도	문16	-	-
	가정살림 변화의 주된 동력	문16-1	-	-
	지난 1년간 한국경제 변화 인식	문17	-	-
	한국경제 변화의 주된 동력	문17-1	-	-
대통령 및 현직자 평가	이명박 대통령과 노무현 전대통령 호감도 평가	-	문20	-
	이명박 대통령 국정운영 평가	문23	문21	문12
	노무현 전 대통령 국정운영 평가	-	문22	-
	지난 4년간 현 시장/도지사 수행평가	문24	-	-
정당요인	정당 평가	문25	문23	문13
	좋아하는 정당과 싫어하는 정당	문26	-	문14
	정당과 사람 이념성향 평가	-	-	문15
	지역의 이익을 가장 잘 대변하는 정당	-	-	문16
정치적 태도	외교안보정책 관련 인식	-	-	문17
	북한에 대한 정책인식	-	-	문18
	경제성장과 소득분배	-	-	문19
	정치적 질서와 자유에 대한 인식	-	-	문20
공전 평가	각 지역별 공천과정이 민주적이었는지에 대한 평가	-	문24	-
역대 투표행태	광역단체장선거 투표(당)	문28	-	-
	2007년 대통령선거 투표(후보)	문29	-	-
	2008년 국회의원선거 투표(당)	문30	-	-
배경문항	직업	배문1	-	-
	종교	배문2	-	-
	고향	배문3	-	-
	학력	배문3	-	-
	소득	배문4	-	-
	지역	배문5	-	-
	계층	-	-	배문1
	거주형태	-	-	배문2

부록 2. 6·2 지방선거 전국패널조사 설문지 구성

주제	질문내용	1차조사 문항	2차조사 문항
정치 관심 투표의향	지방선거 관심	문1	-
	지방선거 투표 여부	문2	문0, 0-1
	투표하지 않은 사유	-	문0-2
선거지지 및 투표요인	광역단체장 선거투표(후보)	문3	문1
	투표이유(후보)	문3-1	문2-1
	후보자 결정 시기	-	문2-2
	시장/군수/구청장 선거 투표(후보)	-	문2-3
	교육감과 교육위원 선거 투표(후보)	문4	-
	광역의원 비례대표 투표(당)	-	문2-4
지방선거의 의미	지방선거에 대한 인식	문5	문3, 3-1, 4, 5
	한나라당 독주를 막기 위한 야당지지 공감도	문6	-
정보 취득경로	지방선거를 가장 많이 취득한 경로	문7, 8	문11, 12
	지지후보 선택에 여론조사 결과가 미친 영향	-	문13
선거 어젠다 와 이슈	정부가 가장 중점을 두고 추진해야 할 국정과제	문9	문24
	국정과제를 잘 해결할 것이라고 생각되는 정당	문9-1	-
	무상급식 이슈	문10	-
	세종시 이슈	문11	문25
	전교조 교사명단 공개 찬성/반대	문12	-
	전교조 교사 134명 해임안에 대한 인식	-	문10-3
	한나라당 의원들이 전교조 교사 명단 공개의 대한 인식	문13	-
	4대강 이슈	문14, 18	문26
	천안함 이슈	문15, 15-1, 17	문10-1-2
	광역단체장선거 지지후보 요인	문16	-
	이명박 정부 평가	-	문6, 6-1
	참여정부 평가	-	문7
	야권후보 단일화에 대한 인식	-	문8
	광역단체장 선거 지지후보 결정요인	-	문9
경제요인	지난 4년간 경제변화 인식	문19	-
	변화의 주된 동력	문19-1	-
	지난 4년간 다른 지역 대비 개선 정도	문20	-
	지난 1년간 가정살림 개선 정도	문21	-

	가정살림 변화의 주된 동력	문21-1	-
	지난 1년간 한국경제 변화 인식	문22	-
	한국경제 변화의 주된 동력	문22-1	-
대통령 및 현직자 평가	이명박 대통령 국정운영 평가	문23	문15, 15-1
	이명박 대통령에게 원하는 리더십	-	문16
	노무현 전대통령 국정운영 평가	-	문14
	지난 4년간 현 시장/도지사 수행 평가	문24	-
정치적 태도	외교안보정책 관련 인식	-	문19
	북한에 대한 정책인식	-	문20
	경제성장과 소득분배	-	문21
	정치적 질서와 자유에 대한 인식	-	문22
정당요인	정당 평가	문25	문17
	이념성향 평가	-	문18
	좋아하는 정당과 싫어하는 정당	문26	문23
역대 투표행태	광역 단체장 선거 투표(당)	문27	-
	2007년 대통령 선거투표(후보)	문28	-
	2008년 국회의원 선거투표(당)	문29	-
배경문항	직업	배문1	-
	종교	배문2	-
	고향	배문3	-
	학력	배문4	-
	거주형태	배문5	-
	소득	배문6	-
	계층	-	배문1
	지역	-	배문2

부록 3. 6·2 지방선거 결과

(1) 6·2 지방선거 선출인원

시도명	계	시·도지사 교육감 선거	교육의원 선거	구·시·군 의장 선거	시·도의회의원선거				구·시·군의회의원선거			
					지역구수	의원정수			지역구수	의원정수		
						소계	지역구	비례대표		소계	지역구	비례대표
총계	3,991	16	82	228	680	761	680	81	1,039	2,888	2,512	376
서울	560	1	8	25	96	106	96	10	160	419	366	53
부산	253	1	6	16	42	47	42	5	70	182	158	24
대구	160	1	55	8	26	29	26	3	44	116	102	14
인천	162	1	5	10	30	33	30	3	40	112	97	15
광주	101	1	4	5	19	22	19	3	25	68	59	9
대전	96	1	4	5	19	22	19	3	21	63	55	8
울산	83	1	4	5	19	22	19	3	19	50	43	7
경기	581	1	7	31	112	124	112	12	151	417	363	54
강원	236	1	5	18	38	42	38	4	51	169	146	23
충북	180	1	4	12	28	31	28	3	46	131	114	17
충남	241	1	5	16	36	40	36	4	61	178	152	26
전북	256	1	4	14	34	38	34	4	72	197	173	24
전남	329	1	5	22	51	57	51	6	82	243	211	32
경북	372	1	5	23	52	58	52	6	102	284	247	37
경남	338	1	5	18	49	54	49	5	95	259	226	33
제주	43	1	5		29	36	29	7				

(2) 광역자치단체장 선거결과

지역	기호	후보	정당	득표수	득표율	비고
서울특별시	1	오세훈	한나라당	2,059,715	47.43%	재선
광주광역시	2	강운태	민주당	297,003	56.73%	초선
대구광역시	1	김범일	한나라당	633,118	72.92%	재선
대전광역시	3	염홍철	자유선진당	276,122	46.67%	재선
부산광역시	1	허남식	한나라당	770,507	55.42%	3선

울산광역시	1	박맹우	한나라당	279,421	61,26	3선
인천광역시	2	송영길	민주당	556,902	52,69	초선
강원도	2	이광재	민주당	388,442	54,36	초선
경기도	1	김문수	한나라당	2,271,492	52,20	재선
경상남도	7	김두관	무소속	807,698	53,54	초선
경상북도	1	김관용	한나라당	913,812	75,36	재선
전라남도	2	박준영	민주당	629,984	68,30	3선
전라북도	2	김완주	민주당	569,980	68,67	재선
충청남도	2	안희정	민주당	367,288	42,25	초선
충청북도	2	이시종	민주당	349,913	51,22	초선
제주특별자치도	9	우근민	무소속	110,588	41,40	초선

(3) 광역의회의원 선거결과

구분	한나라당		민주당		선진당		민노당		진보신당		참여당		미래연합		친박연합		무	계
	지역	비례	지역	비례	지역	비례	지역	비례	지역	비례	지역	비례	지역	비례	지역	비례	지역	
서울	22	5	74	5														106
광주			18	2			1	1										22
대구	25	2													1	1		29
대전		1	4	1	15	1												22
부산	37	3		2													5	47
울산	11	2					6	1									2	22
인천	5	1	23	2			1				1						2	35
강원	20	2	12	2													6	42
경기	36	6	71	5			1		1		1	1					2	124
경남	35	3	2	1			4	1	2		1						5	54
경북	44	4		1									1	1	1		6	58
전남		1	45	4			2	1									4	57
전북		1	33	2			1	1										38
충남	5	1	12	1	19	2												40
충북	2	1	20	2	4		1											30
제주	9	3	17	2			2	1				1						36
합계	252	35	330	32	38	3	18	6	3		3	2	1	1	2		36	762

부록 227

부록 3(계속). 6·2 지방선거 결과

(4) 기초자치단체장 선거결과

지역	한나라당	민주당	선진당	민노당	중심연합	미래연합	무소속	계
서울	4	21						25
광주		4					1	5
대구	1	1	3					5
대전	6						2	8
부산	13						3	16
울산	3			1			1	5
인천	1	6		2			1	10
강원	10	4					4	18
경기	10	19					2	31
경남	11	1					6	18
경북	16					1	6	23
전남		15					7	22
전북		13					1	14
충남	4	3	7		1		1	16
충북	3	5	3				1	12
제주								없음
합계	82	92	13	3	1	1	36	228

(5) 교육감 선거결과

지역	후보	성향	득표수	득표율	비고
서울특별시	곽노현	진보	1,459,535	34.3%	
광주광역시	장휘국	진보	206,264	39.8%	
대구광역시	우동기	보수	269,762	31.3%	
대전광역시	김신호	보수	240,804	41.6%	
부산광역시	임혜경	보수	271,699	20.0%	
울산광역시	김복만	보수	169,212	37.4%	
인천광역시	나근형	보수	259,888	25.4%	
강원도	민병희	진보	281,805	39.9%	

경기도	김상곤	진보	1,846,083	42.3%
경상남도	고영진	보수	385,466	25.9%
경상북도	이영우	보수	817,019	73.9%
전라남도	장만채	진보	453,760	55.0%
전라북도	김승환	진보	236,937	29.0%
충청남도	김종성	보수	578,991	69.2%
충청북도	이기용	보수	310,358	46.3%
제주특별자치도	양성언	보수	129,543	47.9%

(6) 연령대별 투표율 변화 (단위 : %)

	19세	20대 전반	20대 후반	30대 전반	30대 후반	40대	50대	60세 이상
'10 5회 지선	47.4	45.8	37.1	41.9	50.0	55.0	64.1	69.3
'08 18대 국선	33.2	32.9	24.2	31.0	39.4	47.9	60.3	65.5
'07 17대 대선	54.2	51.1	42.9	51.3	58.5	66.3	76.6	76.3
'06 4회 지선	37.9	38.3	29.6	37.0	45.6	55.4	68.2	70.9
'04 17대 국선	-	46.0	43.3	53.2	59.8	66.0	74.8	71.5
'02 16대 대선	-	57.9	55.2	64.3	70.8	76.3	83.7	78.7

(7) 시도별 투표율 변화 (단위 : %)

구분	서울	부산	대구	인천	광주	대전	울산	경기	강원	충북	충남	전북	전남	경북	경남	제주
'10 5회 지선	53.8	49.5	46.0	50.9	50.9	53.5	54.5	52.1	63.0	59.9	58.0	60.9	64.8	61.2	62.4	64.8
'08 18대 국선	45.8	42.9	45.1	42.5	42.4	45.3	45.8	43.7	51.5	49.3	48.2	47.5	50.0	53.1	48.3	53.5
'07 17대 대선	62.9	62.1	66.8	60.3	64.3	61.9	64.6	61.2	62.6	61.3	60.3	67.2	64.7	68.5	64.1	60.9
'06 4회 지선	49.8	48.5	48.5	44.3	46.3	49.4	52.8	46.7	58.7	54.7	55.8	57.9	64.3	61.5	57.8	67.3
'04 17대 국선	62.2	61.9	59.3	57.4	60.2	58.9	62.0	59.7	59.7	58.2	56.0	61.2	63.4	61.5	62.3	61.1
'02 16대 디선	71.4	71.2	71.1	67.8	78.1	67.6	70.0	69.6	68.4	67.0	66.0	74.6	76.4	71.6	72.4	68.6
'02 3회 지선	45.8	41.8	41.4	39.3	42.3	42.3	52.3	44.6	59.4	55.8	56.2	55.0	65.6	60.4	56.5	68.9

찾아보기

1992년 대선 38
1996년 총선 38, 40
1997년 대선 38
2002년 대선 38, 40, 154, 179('노대통령의 승리'), 180, 181, 183, 184, 193, 196, 205
2006년 지방선거 21, 22, 23, 24, 25, 26, 32, 98, 179, 180, 194, 195, 196, 198, 202, 209, 210, 211, 214
2007년 대선 21, 26, 29, 32, 39, 40, 154, 180, 181, 184, 185, 186, 187, 188, 189, 196, 198, 223, 225
2008년 총선 21, 26, 32, 58, 107, 180, 181, 184, 185
63세대 183
419세대 183
386세대 182, 183, 184, 185
4대강사업 22, 41, 42, 62, 87, 125, 181, 191, 222, 224

가
가중값 25
견제론 212, 213, 214
경제학적 학파 77
공급적 측면 202, 203, 204, 207, 208, 211, 217
공동체주의(communitarianism) 174
과소대표 96, 97
국정운영 22, 44, 46, 47, 89, 95, 101, 110, 125, 135, 145, 181, 188, 190, 191, 195, 197, 218, 223, 225

근대화론 205
근접이론 40

나
남북정상회담 38, 39, 40
내적 가치충돌 107
노무현 110, 144, 145, 154, 180, 181, 183, 184, 193, 205, 207, 222, 223, 225

다
다중회귀분석 156, 175
단순다수제 55, 58, 61
더미변수 156

라
로지스틱회귀분석 142, 145, 211, 212, 213, 217

마
무당파 78, 81, 82, 92, 109, 111, 112, 113
무상급식 22, 41, 42, 87, 222, 224
묻지마 투표 56, 70
미네르바 효과 96, 97
미시간 학파 77
민주세대 183

바
박정희 204, 206
반사이익 198, 205
반MB 106, 108, 109, 110, 111, 112, 113, 114, 115, 116, 117, 118, 119

찾아보기

방향성모델 58
보수 60, 74, 112, 145, 154, 157,159, 174, 186, 187, 195, 212, 228, 229
보수성향 112, 161, 162, 172, 175, 186
부동층 73, 74, 75, 76, 77, 78, 79, 81, 83, 84, 85, 87
북풍 37, 38, 39, 40, 43, 44, 45, 46, 47, 51, 52, 74, 118, 144
북한 변수 38, 40
분할정부 98
분할투표 55, 56, 57, 58, 59, 60, 61, 62, 63, 64, 66, 67, 68, 69, 70
불균형현상 73
비표본오차 28
브래들리효과 96, 97

사

사회네트워크 195, 197
사회학적 학파 75, 77
상반된 압력 76
상충적 유권자 95, 98, 103, 106, 107, 108, 111, 112, 113, 115, 116, 117, 119, 120
선호형성모델 39
세대균열 168, 169, 179, 180, 181, 183, 184, 185, 186, 187, 194, 197, 198, 202, 207
세종시 41, 42, 61, 62, 67, 87, 125, 181, 191, 222, 224
수요적 접근 205
순수투표 55, 60, 65
숨은표효과 120
신세대 182, 183

아

안보결집효과 100
안정론 89, 90, 108, 109, 110, 111, 112, 113, 114, 115, 116, 117, 118, 119, 211, 212, 213, 214, 217
N세대 183
여당견제론 179
연령집단 182
우파정당 160
이념 58, 60, 66, 153, 154, 155, 156, 157, 158, 160, 161, 162, 163, 165, 169, 170, 171, 172, 173, 176, 177, 184, 186, 201, 203, 207, 211, 213, 214, 217
이념성향 100, 111, 112, 142, 143, 156, 158, 159, 161, 162, 168, 172, 174, 175, 184, 185, 186, 187,188, 222, 223, 225,
이념적 위치 39, 40, 165, 169, 173, 186
이념충실도 165, 172, 173
이분형 로지스틱 회귀분석 142
일관투표 55, 57, 61, 63, 64, 65, 68, 69, 70

자

자유주의(libertarianism) 67, 174
전교조 41, 42, 118, 119, 120
전략적투표 55, 59, 60, 61, 63, 64, 68, 86
전망적기대 135, 142, 147
전쟁상황 48
정권심판론 97, 108, 109, 110, 119, 125
정당선호감
정당투표 125, 126, 135, 139, 142, 144, 148, 147,

찾아보기

181, 209, 213
정당일체감 58, 62, 68, 77, 81, 82, 88, 135, 143, 145, 146, 177
정책위치 156, 157
정치균형 155
정치세대(political generation) 182, 183, 184
정치적 경쟁 68, 155
좌파정당 160
중간심판론 95
중간투표론 146
중도성향 161, 162, 172
G세대 183
지역독점체제 207, 211, 217
지역정당 201, 203, 204, 205, 206, 208, 209, 210, 211, 215, 217, 218
지역주의 57, 82, 125, 144, 184, 201, 202, 203, 204, 205, 206, 207, 208, 209, 210, 211, 212, 213, 214, 215, 216, 217, 218
진보 58, 61, 74, 100, 112, 113, 154, 157, 159, 168, 172, 174, 184, 186, 212
진보성향 74, 112, 161, 162, 172, 175, 184, 185, 186

차

천안함사건 38, 40, 41, 42, 43, 44, 45, 46, 47, 48, 49, 50, 51, 67, 100, 101, 103, 104, 118, 119, 125, 144, 153, 181, 192, 193, 195, 197, 198
친노 119
친MB 97, 106, 108, 109, 110, 112, 113, 114, 116, 117, 118, 119

침묵의 나선 96

타

탈냉전의식 182
탈물질주의 182
투표성향 25, 86, 117, 144, 160, 162, 179, 180, 189, 192
투표행태 23, 26, 45, 55, 73, 75, 78, 79, 82, 92, 93, 97, 127, 129, 136, 162, 173, 176, 180, 183, 185, 188, 202, 203, 204, 205, 206, 207, 208, 211, 212, 213, 214, 217, 223, 225

하

할당추출(quota sampling) 24, 26
합리적 선택 69, 204, 206
현직효과(incumbency advantage) 125, 126, 127, 128, 131, 133, 135, 141, 146, 147
혐오도 215
호감도 215, 216, 223
후보단일화 62, 65, 82, 84, 115, 134, 210, 111, 155
호텔링-다운스(Hotelling-Downs) 모형 155
회고적평가 98, 135, 136, 138, 139, 142, 143, 147, 211

필자약력

가나다순

강원택
현 서울대학교 정치외교학부 교수. 동아시아연구원 시민정치패널 위원장. 서울대학교 지리학과 졸업. 영국 런던정치경제대학교(LSE) 정치학 박사. 숭실대학교 정치외교학과 교수 역임. 주요 논저로는 《한국 선거정치의 변화와 지속》, 《보수정치는 어떻게 살아남았나》, "Protest Voting and Abstention in Plurality rule elections: An Alternative Public Choice Approach" 등이 있다.

김춘석
현 한국리서치 여론조사부 수석부장. 고려대학교 신문방송학과 졸업. 성균관대학교 국정관리대학권 박사과정. 주요 논저로는 "10·26 국회의원 재선거 사후 여론조사를 통해 본 유권자 표심", "18-19세 유권자의 사회의식 및 정치의식 : 20세 이상과의 비교", "제4회 전국동시지방선거 여론조사에 대한 반성" 등이 있다.

유성진
현 이화여자대학교 스크랜튼학부 교수. 서울대학교 외교학과 졸업. 뉴욕주립대학교(스토니브룩) 정치학 박사. 주요 논저로는 "Two Types of Neutrality: Ambivalence vs. Indifference and Political Participation," "국민의 사법부에 대한 인식과 신뢰", "국회의 사회통합기능과 국민의 신뢰수준" 등이 있다.

이곤수
동아시아연구원 선임연구원. 대구대학교 행정학과 행정학 박사. 대구대학교 행정학과 겸임교수. 최근 논저로는 "The Politics of the Disability Rights Movements," "사회적 위험과 위기대응적 사회정책의 평가", "Economy President?: Exploring Determinants of Presidential Approval of Myung-bak Lee" 등이 있다.

이내영
현 고려대학교 정치외교학과 교수. 고려대 아세아문제연구소 소장. 동아시아연구원 여론분석센터 소장. 고려대학교 정치외교학과 졸업. 미국 위스콘신대학교(메디슨) 정치학

필자약력

박사. 주요 논저로는 《변화하는 한국 유권자 1, 3》(공편), "Assessment of 5.31 Local Elections and Prospects for the Next Presidential Election," "The Politics of Generation in South Korea" 등이 있다.

이우진
현 고려대학교 경제학과 교수. 서울대학교 국제경제학과 졸업. 미국 캘리포니아대학교 (데이비스) 경제학 박사. 주요 논저로는 *Racism, Xenophobia, and Distribution: Multi-Issue Politics in Advanced Democracies,* "Moral values and distributive politics in the US," "Inequality and redistribution revisited," "Income distribution, redistributive politics and economic growth" 등이 있다.

임성학
현 서울시립대학교 국제관계학과 교수. 연세대학교 정치외교학과 졸업. 미국 펜실배니아주립대학교 정치학 박사. 주요 논저로 "17대 총선의 선거자금과 정치개혁의 효과", "동서양 거버넌스 : 수렴과 분화", "대통령과 권력구조" 등이 있다.

정한울
현 동아시아연구원 선임연구원. 고려대학교 서어서문학과 졸업. 고려대학교 정치외교학과 박사과정 수료. 주요 논저로는 《박근혜 현상》(공저), "이슈와 한국정당지지의 변동"(공저), "국제여론을 통해 본 중국위협론의 평가와 전망"(공저), "Fluctuating Anti-Americanism and ROK-US Alliance"(공저) 등이 있다.

지병근
현 조선대학교 정치외교학부 교수. 고려대학교 중어중문학과 졸업. 미국 미주리대학교 정치학 박사. 주요 논저로는 "Economic Origins of Electoral Support for Authoritarian Successors," "Anti-Americanism and Electoral Politics in Korea," "Democratization and Changing Voting Behavior"(공저) 등이 있다.

동아시아연구원EAI를 후원해주고 계신 분들입니다.

강국연	김건훈	김시연	김은영	김현전	문성환	박재시	선승훈
강문선	김경순	김신숙	김은지	김형국	문윤성	박재준	성정은
강영삼	김경지	김양규	김인섭	김형재	문지욱	박정호	소치형
강영준	김관호	김연옥	김인혜	김형준	문진성	박준형	손대현
강윤관	김국형	김영구	김재두	김형찬	민병문	박진원	손명정
강찬수	김기정	김영목	김 정	김효신	민선식	박찬근	손 영
강흥렬	김기준	김영미	김정수	김희동	민선영	박찬선	손재키
고병희	김남이	김영섭	김정온	김희정	민지숙	박휘락	송대창
고승수	김동건	김영원	김정은	김희진	박경수	방효은	송우엽
고은희	김동은	김예자	김정하	김희진	박규호	방효은	송원진
고형식	김만호	김용규	김종진	나상원	박근아	변기호	송지연
고혜선	김미영	김용남	김준희	나정원	박대균	배기욱	송홍선
공성원	김병국	김용수	김준홍	남윤호	박동선	배위섭	신관수
공창위	김병표	김용준	김지영	남태희	박미나	백송현	신권식
곽노전	김부용	김용직	김지정	노영훈	박병우	백승태	신동원
곽준엽	김상기	김용호	김지현	노익상	박상민	백진규	신동준
구상환	김상우	김우상	김진기	노재경	박상용	백혜영	신부희
구윤정	김석우	김 욱	김진아	노현정	박상준	서미혜	신성수
구준서	김석준	김 원	김진영	노호식	박상홍	서봉교	신성용
권용순	김석진	김 원	김진혁	노환길	박성만	서상민	신성호
권지원	김성경	김월명	김창수	라종일	박성은	서영민	신영준
금영수	김설화	김유상	김창욱	류길재	박수진	서용주	신영환
김 담	김성수	김유주	김철영	류재희	박순휘	서은숙	신윤경
김 욱	김세종	김윤호	김하정	마금회	박용준	서의석	신준희
김 준	김송주	김윤희	김한기	마정재	박이나	서정원	심윤보
김건호	김수진	김은숙	김현성	명정모	박장호	서창식	안건영

235

동아시아연구원EAI를 후원해주고 계신 분들입니다.

안용찬	윤용집	이선주	이지원	임홍재	정영진	채규호	한정원
안준모	윤정림	이성량	이지원	장대환	정원칠	채혜경	한준희
안중익	윤혜성	이소영	이지희	장동우	정재호	채성일	한지현
안현정	은종학	이숙종	이진아	장순희	정주연	최 건	한하람
양순화	이 근	이승화	이창원	장원호	정주환	최관주	한홍일
양주명	이기황	이시연	이창헌	장의영	정 준	최동규	현정은
양호실	이경애	이여희	이충형	장재훈	정진영	최병규	황효진
엄찬섭	이곤수	이영주	이태석	장진호	정해일	최복대	홍병철
여동찬	이규호	이영복	이 항	장태곤	조규완	최신림	홍석현
예병민	이근우	이영호	이해완	장희진	조동현	최신영	홍성원
오명학	이기황	이용자	이현옥	전경수	조성재	최영아	홍승복
오미순	이내영	이원종	이현우	전기호	조소영	최윤준	홍정현
옥우석	이달원	이윤미	이현희	전명선	조은희	최은혜	홍주희
왕 서	이동욱	이인옥	이혜민	전명호	조홍식	최종호	황석희
우미경	이동찬	이재섭	이홍구	전혜경	주 한	최철원	황성진
우병익	이동훈	이재원	이홍규	전혜진	주미야	최현순	황 수
원종숙	이마리	이정민	이홍미	정금라	주영아	추기능	황의숙
원종애	이미혜	이정은	이홍재	정기용	주원사우회	하영호	황정원
유문종	이민교	이정은	이효재	정랑호	주진균	하형일	Stephen Ranger
유성수	이민자	이정호	이희정	정무섭	지만수	한계숙	
유승훈	이범주	이정희	임명수	정병갑	지혜리	한금현	
유욱상	이병인	이종수	임상균	정석희	진선희	한상철	
유정석	이봉재	이종진	임성빈	정아영	진재욱	한선호	
유창수	이상구	이종진	임재환	정연태	진지운	한숙현	
육은경	이상협	이주헌	임현모	정영국	차국린	한승혜	
윤상민	이상호	이중구	임현진	정영국	차순만	한일봉	

EAI 외교안보대전략시리즈
1. 21세기 한국외교 대전략 : 그물망국가 건설
2. 한미동맹의 비전과 과제
3. 북핵위기와 한반도 평화
4. 2020 중국 리스크 : 중국경제 중장기예측과 리스크분석
5. 변환시대의 한미 안보협력 : 미래를 향한 지휘관계 재건축
6. 동아시아 공동체 : 신화와 현실
7. 21세기 신동맹 : 냉전에서 복합으로
8. 북한 2032 : 선진화로 가는 공진전략

EAI 민주대전략시리즈
1. 대통령의 성공조건 I : 역할 · 권한 · 책임
2. 대통령의 성공조건 II : 회고와 제언
3. 정치개혁의 성공조건 : 권력투쟁에서 정책경쟁으로
4. 정치개혁과 국회개혁 : 현장에서의 회고와 전망
5. 국회의 성공조건 : 윤리와 정책
6. 경제를 살리는 민주주의
7. 분권헌법 : 선진화로 가는 길
8. 대통령직 인수의 성공조건 : 67일이 5년을 결정한다
9. 보수정치는 어떻게 살아남았나? : 영국 보수당의 역사
10. 세계화 제2막 : 한국형 세계화의 새 구상

EAI 여론분석시리즈
1. 노무현 정부의 딜레마와 선택 : 국민여론 · 소수정부 · 정책선택
2. 한국인의 국가정체성과 한국정치
3. 변화하는 한국유권자 : 패널조사를 통해 본 5 · 31 지방선거
4. 변화하는 한국유권자 2 : 패널조사를 통해 본 2007 대선
5. 변화하는 한국유권자 3 : 패널조사를 통해 본 18대 국회의원선거
6. 변화하는 한국유권자 4 : 패널조사를 통해 본 2010 지방선거

EAI 영문서적
1. *Between Compliance and Conflict: East Asia, Latin America, and the "New" Pax Americana*
2. *Power and Security in Northeast Asia: Shifting Strategies*
3. *Party Politics in East Asia: Citizens, Elections, and Democratic Development*
4. *Collective Violence in Indonesia*

EAI 영문저널
Journal of East Asian Studies (SSCI 등재지) 2001-

EAI에서 발간하는 각종 보고서는 EAI 홈페이지(www.eai.or.kr)에서 다운로드 받을 수 있습니다.

Changing Korean Voters 4
Analysis of the 2010 Korean Local Election Panel Studies

2010년 6·2 지방선거에서는 2006년 5·31 지방선거 당시 한나라당이 싹쓸이했던 수도권에서 민주당이 예상외의 약진을 한 반면, 한나라당은 기초단체장과 지방의회는 물론 교육감 선거에서 전국적으로 참패하였다. 그 결과 이전까지 한나라당이 장악했던 지방권력이 상당 폭 민주당으로 이동하여 지방권력의 균점화가 이루어졌다. 역대 지방선거에서 집권여당은 국민들의 견제심리로 고전해왔다는 점을 감안하면 6·2 지방선거에서 한나라당이 고전하고 민주당이 약진한 것이 예상 밖의 결과는 아니다. 그러나 선거 직전까지 대통령 국정지지도가 50퍼센트 가까이 되었고, 여당지지도 역시 야당에 비해 높았기 때문에 여당 견제론의 위력은 제한적일 것이라는 전망이 제기되었었다. 또한 주요 신문과 방송사의 선거전 여론조사와는 매우 상이한 표심이 투표장에서 표출되었기에 여당으로서는 그만큼 패배의 충격이 컸다. 이러한 결과가 나타난 주요 이유로는 현 정부 여당의 국정운영 방식에 대한 불만과 세종시수정안, 4대강사업 등 핵심 정책에 대한 비판여론, 젊은 세대의 야당에 대한 압도적 지지, 천안함사건으로 인한 안보 불안의 증대, 이전 지방선거에 비해 높아진 투표율 등이 복합적으로 작용한 것으로 보인다.

_ 서문 중에서

값 15,000원

ISBN 978-89-92395-13-7